Christian Ude (Hrsg.)
Wege aus der Wohnungsnot

Serie Piper
Band 1277

Zu diesem Buch

Die Alarmmeldungen aus der Wohnungspolitik überschlagen sich: Einer ständig steigenden Nachfrage nach Wohnungen steht ein völlig unzureichendes Angebot gegenüber. Der bekannte Münchner Mieteranwalt Christian Ude hat Experten aus allen politischen Lagern und Interessengruppen versammelt, die Wege aus der Wohnungsnot aufzeigen, indem sie die drängendsten Fragen beantworten: Wie kann der soziale Wohnungsbau reformiert und angekurbelt werden? Was muß zum Schutz des Mieters und zum Erhalt preiswerten Wohnraums getan werden? Wie muß das Baurecht verändert werden, wie das Boden- und das Steuerrecht? Und vor allem: *Wo* und *wie* soll gebaut werden?

Christian Ude, geb. 1947, ist als ›Mieteranwalt‹ bekannt geworden; unter anderem wurde er für sein Engagement mit dem Großstadtpreis ›Die Löwenpfote‹ ausgezeichnet. Seit Mai 1990 ist er Zweiter Bürgermeister Münchens.

WEGE AUS DER WOHNUNGSNOT

Herausgegeben von
Christian Ude

Mit 33 Fotos von
Edith von Welser-Ude

Piper
München Zürich

Von Christian Ude herausgegeben
liegt in der Serie Piper außerdem vor:
Münchner Perspektiven (1230)

ISBN 3-492-11277-3
Originalausgabe
September 1990

Umschlag: Federico Luci
Gesamtherstellung: Clausen & Bosse, Leck
Printed in Germany

Inhalt

CHRISTIAN UDE

Einspruch gegen kurzatmige Antworten

Vorwort

I. Szenen aus einem reichen Staat. In Hamburg testen die Behörden, wie nach einem Bordell auch ein Zivilschutzbunker zu Wohnzwecken genutzt werden könnte. In Kiel wird eine alte Brauerei für die Unterbringung von Landsleuten aus dem Osten hergerichtet. Der Berliner Senat erforscht, wieviele Lauben in Schrebergärten als Notunterkünfte taugen, im rheinischen Langenfeld nächtigen Obdachlose bereits in der Leichenhalle.[1] Die bayerische Landeshauptstadt mietet Zelte und mobile Baracken an, um Aussiedler und Asylbewerber unterzubringen – die Betten in Pensionen sind (meist zu Wucherpreisen) bereits alle ausgebucht. Die Aussiedler haben das Problem verschärft, aber nicht geschaffen: Schon 1987, also vor dem großen Ansturm aus dem Osten, waren

- 100000 alleinstehende Wohnungslose
- 200000 Menschen in kommunalen Obdachlosen-Unterkünften
- über eine Million Menschen in unzumutbaren Wohnverhältnissen registriert worden.[2] Mieterbund und Städtetag haben deshalb längst den nationalen Notstand ausgerufen.

II. Vertreibung im eigenen Land. Die Not trifft aber nicht nur Flüchtlinge und Übersiedler, die hier ein Dach über dem Kopf finden wollen, sie bedrängt zunehmend auch Mieter, die sich bislang sicher fühlten und jetzt zu »Vertriebenen im eigenen Land« werden, weil sie mit dem sprunghaften Mietanstieg in ihren begehrt gewordenen Wohnlagen nicht mehr mithalten können oder weil ihr Heim zum Spekulationsobjekt wurde. Dies ist das groteske an der gegenwärtigen Entwicklung: Während alle Welt über den Mangel an preiswertem Wohnraum klagt, wird der preiswerte Bestand laufend verringert. Seit Jahren gehen jährlich – per Saldo aus Neubau und Verlusten! – rund 100000 Einheiten bundesweit durch Luxusmodernisierung und Umwandlung, Zusammenlegung oder Zweckentfremdung als preiswerter Wohnraum dem Markt verloren.[3] Anfangs warnten nur einzelne Mahner in der Wüste vor dieser Entwicklung – Anfang Juni 1990 sah sich endlich sogar der Bundespräsident zu der Feststellung genötigt, daß Wohnraum »nicht zum Spielobjekt für flinke, finanztechnische Jonglierkünste werden darf«, drohten doch »vor allem jene auf der Strecke zu bleiben, die es am härtesten trifft: Mieter, die auf preisgünstige Wohnungen angewiesen sind«.[4]

III. Die Explosion der Mieten. Auch wer eine Wohnung hat und sich in ihr halten kann, zählt zu den Opfern der sich zuspitzenden Notsituation, denn der Mangel treibt die Mieten hoch. Allein 1989 sind die Mieten für neuvermietete Wohnungen in Hamburg um 7,4, in Köln um 9,3, in Stuttgart um 13,4, in München um 14,5 und im Bankenzentrum Frankfurt um 17,3 Prozent gestiegen.[5] Selbst im Bundesdurchschnitt sind die Zahlen alarmierend: 10,1 Prozent bei erstmals vermieteten Wohnungen und 13 Prozent bei Mieterwechsel im Altbaubestand.[6] Während in den 20er und nochmals in den 50er Jahren die Mietbelastung zwischen 10 und 12 Prozent des Einkommens lag, hat sie inzwischen die 20-Prozent-Marke überschritten, mit sprunghaft steigender Tendenz.[7] Besonders hart betroffen ist dabei das untere Fünftel der Einkommensbezieher, dessen Mietbelastung von 24 Prozent im Jahr 1978 auf 38 Prozent im Jahre 1985 gestiegen war[8] und mittlerweile über 40 Prozent liegen dürfte. Studien der Münchner Stadtverwaltung haben ergeben, daß in einigen Quartieren am Rande der Innenstadt die Mietbelastung unterer Einkommensgruppen bereits über 50 Prozent liegt – mit steigender Tendenz. Noch ein bis zwei Erhöhungswellen, und immer mehr Mieter, die eine sichere Stellung oder durchschnittliche Rente haben, werden von der Explosion der Mieten trotzdem in eine Verelendung getrieben.

IV. Die Ursachen sind schnell beschrieben. Daß die geburtenstarken Jahrgänge der 60er Jahre – seit langem wohlbekannt als »Babyboom« und später als »Schülerberg« – jetzt ihre eigenen Haushalte gründen würden, war für jeden verständigen Politiker vorauszusehen (und nicht erst aus der Volkszählung 1987 ersichtlich). Ebenso ist es seit Jahrzehnten bekannt, daß die Nachfrage nach Wohnfläche pro Kopf der Bevölkerung kontinuierlich steigt: Im statistischen Durchschnitt jährlich um einen halben Quadratmeter.[9] Waren es 1950 noch 15 Quadratmeter, so sind es jetzt über 36. Der Zuzug der Aus- und Übersiedler hat die Nachfrage nach zusätzlichem Wohnraum weiter verschärft: Circa 90000 Personen kamen 1987, im folgenden Jahr eine Viertelmillion, im Jahr darauf schon über 350000. Für die 90er Jahre rechnet das Deutsche Institut für Wirtschaftsforschung mit weiteren 1,3 Millionen Einwanderern.[10]

Während die Nachfrage voraussehbar sprunghaft stieg, wurde das Angebot gedrosselt. Die Zahl der Fertigstellungen sank von 1983 bis 1988 auf die Hälfte (von 420000 auf 214000), die Förderung des Baus von Sozialmietwohnungen wurde vom Bund im Jahre 1986 gänzlich eingestellt!

V. Alarmzeichen und Trugschlüsse. Seit den erdrutschartigen Stimmverlusten der Unionsparteien in West-Berlin, Frankfurt, Stuttgart und zuletzt in München wird der Wohnungsmangel nicht mehr abgestritten, sondern eingestanden. Für den sozialen Wohnungsbau wurden eilig neue Programme aufgelegt. Doch es wäre ein Trugschluß zu glauben, damit sei die Welt wieder in Ordnung. Die Krise geht tiefer, es reicht einfach nicht aus, einige Haushaltsmittel aufzustocken, den sozialen Wohnungsbau etwas anzukurbeln und zusätzlich die Gemeinden zu schelten, weil sie nicht genügend Neubauflächen ausweisen oder beim Ausbau der Dachgeschosse angeblich bremsen.

VI. Der tatsächliche Bedarf. Wer das Wohnungsproblem dauerhaft lösen will, muß sich über den Bedarf im klaren sein. Das Münchner Ifo-Institut hat errechnet, daß bis zum Jahr 2000 über 5 Millionen Wohnungen – jährlich also rund 500000 Einheiten – gebaut werden müßten, und auch andere Forschungseinrichtungen wie das Darmstädter Institut Wohnen und Umwelt halten diese Annahme für »ziemlich realistisch«.[11] Für diese Aufgabe müßte der Bund jährlich 10 Milliarden DM aufwenden – fünfmal mehr als bisher vorgesehen! *Gerhard Jahn*, der Präsident des Deutschen Mieterbundes, hält in seinem Beitrag zu diesem Buch dieses verstärkte finanzielle Engagement für unverzichtbar.

VII. Grundlegende Korrekturen sind unerläßlich, wenn das Wohnungsproblem im letzten Jahrzehnt dieses Jahrhunderts entspannt und nicht verschärft werden soll. Das vorliegende Buch versteht sich – bei aller Pluralität seiner Autoren – als Einspruch gegen kurzatmige Antworten auf die gegenwärtige Krise. Dabei geht es zunächst einmal darum, daß die öffentliche Hand sich zu ihrer Verantwortung bekennt und nicht auf die Selbstheilungskräfte des Marktes verweist. Auch nach dem Zusammenbruch der umfassend unfähigen Planwirtschaften gilt das Wort des US-Ökonomen John Kenneth Galbraith: »Die unzulängliche Versorgung mit Wohnungen zu mäßigen Preisen – im Gegensatz etwa zur Versorgung mit Automobilen und Kosmetika – darf als der größte Mangel des modernen Kapitalismus gelten.« *Ernst Wolowicz* stellt den Meinungsstreit zwischen »Mehr Markt!« und »Mehr Staat!« in der bundesdeutschen Geschichte dar. Der Beitrag »Retten, was zu retten ist« beschreibt die vorrangige staatliche Aufgabe, preiswerten Wohnraum als solchen zu erhalten, *Kurt Mühlhäuser* zeigt die Mängel des Bodenrechts auf und belegt, wie viele Milliarden durch die geltenden Steuergesetze fehlgeleitet werden. *Josef Deimer*, der Präsident des Bayerischen Städtetags, der Echinger Bürgermeister *Joachim Enßlin* und der Leiter des Kölner Wohnungsamtes, *Uwe Kessler*, fordern mit guten Argumenten zusätzliche Instrumente für die Gemeinden, die zwar als erste am Pranger stehen, wenn Wohnraum fehlt, aber kaum die Möglichkeit haben, die Entwicklung vor Ort wirksam zu steuern.

VIII. Es geht auch um die Qualität! So dringlich es ist, die Neubauraten zu vervielfachen, so wahr ist es auch, daß es keineswegs nur um quantitative Fragen geht. Im Gegenteil: Es wäre verhängnisvoll, wenn man alle Aufmerksamkeit nur noch darauf lenken würde, Rekordzahlen im Neubau zu produzieren. Einen städtebaulichen Rückfall zu den Wohnsilos und Betonburgen der 50er und 60er Jahre darf es nicht geben! Es wäre unverantwortlich, alle Einsichten über sinnvolle Siedlungsstrukturen und verträgliche Dimensionen, über ökologisches Bauen und Wohnqualität, über sensible Planung und demokratische Mitsprache über den Haufen zu werfen, um möglichst schnell die Untätigkeit der vorangegangenen Jahre wieder wettzumachen. Das Gegenteil ist richtig: die Einsichten der letzten zwei Jahrzehnte müssen jetzt, wo wirklich wieder in großem Umfang gebaut werden soll, zum Tragen kommen, sonst würden wir jetzt die »Slums von morgen« (Josef Deimer) errichten. Deshalb kommt in diesem Buch mit *Christoph Hackelsberger* ein Architekt und mit *Wolfgang Jean Stock* ein Architekturkritiker zu Wort. Es geht nicht um Baumassen allein, es geht um soziale, kulturelle, ökologische und gestalterische Herausforderungen. Grundstücke, Fördermittel und Planungen sollten »vorrangig den Innovationen gewidmet werden: Jede Normallösung ist eine verspielte Chance«.[12]

IX. Die Not der Wohnungslosen. Nochmals zurück zu den sichtbarsten Opfern der Wohnungsnot, zu den Menschen ohne Zuhause. Ihnen ein Dach über dem Kopf zu verschaffen, muß in einem Sozialstaat Vorrang haben vor wahlpolitisch vielleicht ergiebigeren Maßnahmen wie der Förderung der Eigentumsbildung gut verdienender Bausparer. Deshalb sind zwei Beiträge der Obdachlosigkeit gewidmet. *Maria Knauer*, Leiterin des Münchner Sozialamts, beschreibt, wie Obdachlosigkeit zustande kommt und wie bislang mit ihr umgegangen wird, der Bremer Rechtsprofessor *Peter Derleder* fordert detaillierte Gesetzesänderungen, damit es bei den gefährdeten Personenkreisen erst gar nicht zum Verlust der Wohnung kommt.

X. Die Lage in der DDR, die Sondersituation Berlins. Die Bestandsaufnahme und die Beschreibung der Aufgaben wäre unvollständig ohne einen Blick auf die DDR und ihren verwahrlosten Wohnungsbestand (der übrigens zeigt, daß nicht nur Luxussanierungen und saftige Mieterhöhungen, sondern auch Mietenstop und deshalb unterlassene Instandsetzungen zur Verzweiflung und schließlich Vertreibung der Bewohner führen können). Ein weiteres Kapitel befaßt sich mit der Sondersituation Gesamt-Berlins, in dem – wie Bausenator *Wolfgang Nagel* feststellt – alle Wohnungsprobleme wie unter einem Brennglas gebündelt sichtbar werden. Für Berlin gilt in besonderem Maße, daß die Öffnung der Mauer und der Grenzen neue Chancen, aber auch schwierigste Herausforderungen mit sich brachte.

Anmerkungen:

1 Stern, Nr. 9/1990, S. 20
2 Darmstädter Institut Wohnen und Umwelt, Frankfurter Rundschau Nr. 283 vom 6. 12. 1989, S. 10
3 »Hamburger Manifest« des 4. Internationalen Kongresses »Neue Wohnformen in Europa«, Frankfurter Rundschau Nr. 201 vom 31. 8. 1989, S. 14
4 Abendzeitung Nr. 131 vom 9. 6. 1990, S. 1
5 Spiegel Nr. 38/1989, S. 32
6 Süddeutsche Zeitung Nr. 93/1990 vom 23. 4. 1990, S. 23
7 »Hamburger Manifest«, a. a. O.
8 Darmstädter Institut Wohnen und Umwelt, a. a. O.
9 a. a. O.
10 Spiegel, a. a. O.
11 Darmstädter Institut Wohnen und Umwelt, a. a. O.
12 »Hamburger Manifest«, a. a. O.

Ernst Wolowicz

Zwischen Staatsintervention und freiem Spiel

Entwicklung der Wohnungsbau- und Mietrechtspolitik in der Bundesrepublik Deutschland

I. Aufgaben und Ziele der Wohnungspolitik

Im marktwirtschaftlichen Wirtschaftssystem sind Wohnungen Privateigentum. Rund 40 % der Haushalte in der Bundesrepublik sind inzwischen im Besitz einer Wohnung, die ihnen selbst gehört.

Etwa 60 % wohnen zur Miete. Diese Wohnungen erfüllen eine Doppelfunktion. Für die Eigentümer sind sie eine Kapitalanlage, die sich amortisieren und verwerten muß, also eine Ware wie andere auch. Andererseits sind sie für die Mieter deren Lebensmittelpunkt und ein existentielles Grunderfordernis.

Die liberale Vertragstheorie unterstellte idealtypisch, daß sich auf dem Wohnungsmarkt, in dem Angebot und Nachfrage die Tendenz zum Ausgleich hätten, Vermieter und Mieter als freie und gleiche Vertragspartner gegenüberstünden und ihre unterschiedlichen Interessen (Bedürfnis nach einer Wohnung und Erzielung eines Entgeltes für die Überlassung der Nutzung der Wohnung) sich ausgleichen würden.

Das 1900 in Kraft getretene *Bürgerliche Gesetzbuch* ging von dieser Vertragstheorie bei der Gestaltung der Mietrechtsparagraphen 535 ff. aus, in denen die Rechte und Pflichten der Vermieter und Mieter geregelt sind.

Schon bald zeigte sich, daß – besonders in Zeiten eines zu niedrigen Angebotes an preiswerten Wohnungen – Wohnungsuchende strukturell gegenüber den Eigentümern der Wohnungen benachteiligt und daher staatliche Eingriffe zur Stärkung der Position der Mieter und zur Förderung des Wohnungsbaues notwendig sind.

1919 fehlten in Deutschland 2 Millionen Wohnungen. Dies war der Beginn einer staatlichen Wohnungspolitik, die direkte Hilfen zur Wohnungsbauförderung leistete (in Form von unverzinslichen Darlehen und von Zuschüssen) und in die Eigentümerrechte bezüglich der zulässigen Miethöhe und Mietpreissteigerung und der Belegung der Wohnungen massiv durch Gesetze und Verordnungen eingriff. Es erfolgten umfassende Eingriffe in die Rechte der Vermieter. Der Gesetzgeber erließ in den Jahren 1918 bis 1923 das *Mieterschutzgesetz*, das *Reichsmietengesetz* und das *Wohnungsmangelgesetz*, in denen Vorschriften zur Beschränkung des Kündigungsrechts, zur Begrenzung des Mietzinses und über die Wohnraumbewirtschaftung enthalten waren. Obwohl zunächst als vorübergehende Regelungen intendiert, wurden viele dieser Regelungen in abgeänderter Form nicht nur im Mietrecht der Weimarer Republik und der NS-Zeit aufrechterhalten, sondern auch in dem der Bundesrepublik Deutschland. Als Gegenposition zur wirtschaftsliberalen Konzeption (z. B. der Nationalökonomen Ludwig von Mises und Friedrich von Hayek), die staatliche Eingriffe in den freien Wohnungsmarkt äußerstenfalls als zeitlich befristeten Eingriff zur sozialverträglichen Abfederung von Notsituationen duldete und gegen die »Wohnungszwangswirtschaft« kämpfte, bildete sich in der Arbeiterbewegung (in ihrer sozialdemokratischen, kommunistischen und christlichsozialen Variante gleichermaßen) in der Weimarer Republik eine Wohnreformbewegung heraus. Ziel dieser Konzeption war es, die Wohnung aus ihrem Charakter als Ware auf dem Markt weitgehend herauszulösen und einen möglichst großen staatlichen und genossenschaftlichen Wohnungssektor zu schaffen.

Dieser Widerstreit zwischen einer wirtschaftsliberalen Position zur Wohnungs- und Mietenpolitik und einer sozialstaatlichen Position prägt die wohnungspolitische Debatte in Deutschland bis heute.

Idealtypisch lassen sich diese beiden Grundpositionen so charakterisieren:

Auch auf dem Wohnungsmarkt gleichen sich langfristig Angebot und Nachfrage immer wieder aus. Das freie Spiel der Marktkräfte gewährleistet am besten die Versorgung aller mit Wohnungen.

Unterstellt wird dabei ein Markt, auf dem Angebot und Nachfrage immer zum Gleichgewicht tendieren, wenn nur der Preis weitestgehend frei gestaltet werden kann. Bei steigenden Preisen steigt das Angebot und gleichzeitig sinkt die Nachfrage, umgekehrt geht bei fallenden Preisen das Angebot zurück und die Nachfrage steigt. Durch diesen Prozeß bildet sich strukturell immer wieder der Preis (Miethöhe und Preis für Eigenheime und Eigentumswohnungen) heraus, bei dem Angebot und Nachfrage identisch sind.

Abweichungen vom Gleichgewicht in die eine oder andere Richtung (Überangebot oder Unterangebot an Wohnungen) sind also immer nur temporäre Erscheinungen, die kein Anlaß für »übertriebene« Aktivitäten des Staates sein dürfen.

Der rechtliche Rahmen für die Eigentümer von Wohnungen muß auf Dauer angelegt sein und darf nur behutsam verändert werden.

Staatliche Eingriffe in diesen Markt sind gering zu halten und nur in Notsituationen tolerierbar, wenn ein großes Unterangebot an Wohnungen existiert.

Der Staat darf in die Rechte der Wohnungseigentümer zugunsten der Mieter nicht zu sehr eingreifen, da dies die Investitionsbereitschaft gefährdet.

Interventionen des Staates darf es nur aus zwei Gründen geben:

Zur Förderung der Investitionsbereitschaft von Privaten (Steuererleichterungen, zinslose Darlehen, Zuschüsse) und zur Förderung der Mietzahlungsfähigkeit von einkommenschwachen Mietern (Wohngeld).

Ziel der Wohnungspolitik soll es sein, die Zahl der Privateigentümer an Wohnungen zu erhöhen.

In seiner Grundtendenz wird diese wohnungspolitische Konzeption von CDU/CSU und FDP seit der Gründung der Bundesrepublik geteilt, in seiner marktradikalen Zuspitzung nur vom rechten Flügel von CDU/CSU und FDP.

Die sozialstaatliche Position

Sie bestreitet die Grundprämissen der wohnungswirtschaftlichen Angebotstheorie mit folgenden Argumenten[1]:

Erstens weist der Mietpreis eine mangelhafte Nachfrageelastizität auf. Er steigt zwar tatsächlich bei steigender Nachfrage bzw. verknapptem Angebot, aber aufgrund der Marktmacht der Vermieter sinkt er bei einem Überangebot an Wohnungen in der Regel nicht, da ein vorübergehendes Leerstehenlassen in der Erwartung einer wieder möglichen Mietpreiserhöhung für die Vermieter oft attraktiver ist als eine Mietpreisreduzierung.

Zweitens gibt es am Wohnungsmarkt keine vollkommene Konkurrenz. Die Ware Wohnung ist nicht beliebig teilbar und vor allem nicht beliebig vermehrbar.

Die Markttransparenz ist für Mieter oft nicht gegeben.

Drittens ist die Wohnung für die Mieter kein Wirtschaftsgut wie andere auch, sondern ein existenzwesentliches Gut. Es ist kein normaler Gebrauchsgegenstand, sondern in der Regel der Lebensmittelpunkt mit einer Reihe von sozialen, kulturellen und psychischen Bezügen.

Für die Vermieter ist die Wohnung oft in erster Linie nur eine Kapitalanlage, mit der eine möglichst hohe Verzinsung des eingesetzten Kapitals erwirtschaftet werden soll.

Die Ware Wohnung hat also für Mieter und Vermieter eine völlig unterschiedliche Bedeutung.

Viertens besteht auf dem Wohnungsmarkt ein struktureller Machtvorteil zugunsten der Vermieter. Der Mieter ist auf das Wirtschaftsgut Wohnung angewiesen und muß das Nutzungsrecht für die Wohnung vom Vermieter gegen ein Entgelt (Miete) erwerben.

Im Rahmen der bestehenden Eigentums- und Rechtsverhältnisse wird der Mieter bei Vertragsverhandlungen und -änderungen immer eher geneigt sein, die Vertragsbedingungen des Vermieters zu akzeptieren, aus der Angst heraus, die Wohnung nicht zu erhalten oder sie zu verlieren.

Fünftens weist das Gut Wohnung ein sehr unterschiedliches Qualitätsspektrum auf, das häufig mit den qualitativen Anforderungen der Nachfrageseite nicht übereinstimmt. Was nützen z. B. Tausende von teuren, qualitativ gut ausgestatteten 3-Zimmer-Wohnungen, wenn in erster Linie preiswerte 1- oder 2-Zimmer-Wohnungen gefragt sind?

Ein globaler Ausgleich des Wohnungsmarktes auf nationaler Ebene nützt Wohnungsuchenden dann nichts, wenn auf dem lokalen oder regionalen Wohnungsmarkt ein Unterangebot an preiswerten Wohnungen existiert. Der »Wohnungsmarkt« ist eine Abstraktion, die seiner qualitativen und räumlichen Differenzierung nicht gerecht wird.

Sechstens unterschätzt die Angebotstheorie den Einfluß anderer Märkte (Bodenmarkt, Baumarkt, Kapitalmarkt) auf die Bildung des Marktpreises am Wohnungsmarkt.

Die sozialstaatliche Position weist daher dem Mietrecht auch eine kompensierende Funktion gegenüber den Machtvorteilen der Vermieter zu und sieht in der staatlichen Wohnungsbaupolitik kein notwendiges Übel, sondern eine grundlegende Aufgabe des Staates zur Sicherung eines Grundbedürfnisses der Bürger, das allein über den Marktmechanismus wegen der unterschiedlichen Kaufkraft der Nachfrager und der zyklischen Entwicklung des Wohnungsbaus nicht gewährleistet werden kann.

Nach Hans-Joachim Fischer-Dieskau umschließt der Begriff Wohnungspolitik »die Erhaltung, Bewirtschaftung und die richtige Verteilung des vorhandenen Wohnungsbestandes ebenso wie die Schaffung neuer Wohnungen und die ganze Fülle der damit zusammenhängenden Aufgaben«.[2]

Die Ziele der Wohnungspolitik faßt Jürgen H. B. Heuer so zusammen:

»1. Schaffung und Gewährleistung eines quantitativ hinreichenden Wohnungsangebotes;
2. Schaffung und Gewährleistung qualitativ wünschenswerter Wohnverhältnisse;

3. Sicherung von unter wirtschafts- und sozialpolitischen Aspekten tragbaren Mietbelastungen.«[3]

Als weitere Aufgaben nennt er die Förderung des privaten Wohnungseigentums und die Einflußnahme auf die regionale Entwicklung (Stadtentwicklung und Raumordnung) durch gezielten Mitteleinsatz und die Sicherung von Arbeitsplätzen in der Bauwirtschaft.

Die sozialstaatliche Position fordert, daß der Staat seine Einflußmöglichkeiten auf den Wohnungsmarkt (Mietrecht, Steuerrecht, Wohnungsbauförderung und Wohngeld) voll ausschöpft.

Staatliche Gelder sollen in erster Linie Mietern und Erwerbern von Wohnungseigentum zur Selbstnutzung und gemeinwirtschaftlich handelnden Wohnungsunternehmen direkt zugute kommen.

Das Mietrecht soll so gestaltet werden, daß es durch Einschränkungen der Vertragsfreiheit hinsichtlich der Miethöhe, der Mietpreissteigerungen, des Kündigungsrechtes und der Disposition über die Ausstattung der Wohnung die strukturelle Benachteiligung der Mieter gegenüber den Vermietern kompensiert.

Diese Position wird in ihren Grundzügen von SPD und Grünen geteilt, ebenso vom linken CDU-Flügel.

Obwohl im ideologischen Bereich die Kontroverse zwischen der wirtschaftsliberalen und der betont sozialstaatlichen Philosophie der Wohnungspolitik seit 1945 immer scharf geführt wurde und wird, spielte in der praktischen Wohnungspolitik in der Regel keine der beiden Konzeptionen in ihrer reinen Form die entscheidende Rolle, vielmehr war das politische Leitbild eine Mischung aus diesen beiden Konzeptionen, bei der CDU/CSU und der FDP eher mit einer Betonung der wirtschaftsliberalen Markttheorie, bei der SPD eher mit einem Schwerpunkt auf den wohnungspolitischen Interventionsaufgaben des Sozialstaates.

Die Konzeption der »Sozialen Marktwirtschaft«, die von CDU/CSU und FDP seit 1949 und von der SPD seit 1959 uneingeschränkt vertreten wird, vertraut allerdings im Prinzip auf die Selbstregelungskräfte auch des Wohnungsmarktes und sieht in wohnungspolitischen Maßnahmen des Staates doch eher eine systemfremde, wenn auch sozial notwendige Komponente der Marktwirtschaft, die nach Möglichkeit zu reduzieren ist.

Klaus Novy beschreibt die reale Entwicklung der Wohnungs- und Mietpolitik seit 1949 in ihrer Grundtendenz, die natürlich temporäre Gegentendenzen nicht leugnet, aber in ihrer Wirkung relativiert, meiner Ansicht nach treffend so: »Die Geschichte der bundesrepublikanischen Wohnungspolitik ist die einer vorprogrammierten Deregulierung zugunsten der freien Kräfte des Marktes und der Eigentumsbildung.«[4]

Im folgenden sollen die Hauptetappen der Wohnungs- und Mietrechtspolitik in der Bundesrepublik in ihren Grundzügen dargestellt werden.

Der Schwerpunkt dieses Überblicks liegt auf der Darstellung der politischen und rechtlichen Entwicklung sowie der Ergebnisse dieser Politik.

Auf die ökonomischen Rahmenbedingungen der Wohnungspolitik (z. B. Staatshaushalt, Steuereinnahmen, Steuerpolitik, Subventionen, Bodenmarkt, Baumarkt und Kapitalmarkt) kann daher nicht in derselben Intensität eingegangen werden, ebenso können die planungsrechtlichen und städtebaulichen Rahmenbedingungen nur gestreift werden.[5]

II. Von der »Wohnraumzwangswirtschaft« zum »Abbaugesetz« (1945 bis 1960)

Die Ausgangssituation für die Wohnungspolitik war nach dem Zweiten Weltkrieg katastrophal. Durch den Krieg waren 2,3 Millionen Wohnungen völlig zerstört und weitere 2,3 Millionen schwer beschädigt worden. Durch die Flüchtlinge stieg die Zahl der Einwohner in den Westzonen um 25 % an.

1949 standen in der Bundesrepublik den 12,8 Millionen Haushalten nur 8 Millionen Wohneinheiten zur Verfügung. Die Belegungsdichte der Wohnungen stieg von 3,6 Personen im Jahr 1936 auf 6 Personen im Jahr 1948 an.

Diese Notsituation machte zunächst die Fortführung der von den Nazis seit 1936 installierten Wohnraumbewirtschaftung unvermeidlich. Es ging vorerst lediglich darum, den Mangel einigermaßen gerecht zu verwalten.

Mit dem *Kontrollratsgesetz Nr. 18* vom 08.03.1946 legten die westlichen Siegermächte die Grundlagen einer dirigistischen Wohnungspolitik: Alle Wohnungen wurden von staatlichen Behörden erfaßt und von ihnen neu belegt, d. h. es wurden in belegte Wohnungen zusätzliche Personen oder Familien eingewiesen. Die Miethöhe wurde auf den Stand des Jahres 1936 eingefroren, Kündigungen von Mietern waren weitgehend ausgeschlossen.

Basis dieser totalen Wohnraumbewirtschaftung war nicht eine politische Ideologie, sondern der Sachzwang, alle Bürger in einer Wohnung unterbringen zu müssen.

Mit dem Wahlerfolg der »bürgerlichen« Parteien bei der ersten Bundestagswahl 1949 war klar, daß von der Regierung Adenauer eine schrittweise Abkehr von der als »Wohnraumzwangswirtschaft« kritisierten Regelung forciert werden würde.

In seiner Regierungserklärung am 20.09.1949 kündigte Bundeskanzler Konrad Adenauer neben einer energischen Wohnungsbauförderungspolitik des Bundes bereits eine Politik des Abbaus der Regulierungen im Wohnungsbereich an: »Wir werden weiterhin dazu übergehen, durch entsprechende, in vorsichtiger und nicht überstürzter Weise durchgeführte Lokkerungsvorschriften der Raumbewirtschaftung und der Mietfestsetzung das Privatkapital für den Bau von Wohnungen wieder zu interessieren. Wenn es nicht gelingt, das Privatkapital wieder für den Wohnungsbau zu interessieren, ist eine Lösung des Wohnungsproblems nicht möglich.«[6]

Das Wohnungsbaukonzept der CDU/CSU und FDP sah also vor, durch steuerliche und mietrechtliche Anreize die Investitionsbereitschaft des Privatkapitals zu wecken. Hinzukommen sollte die direkte Subventionierung durch staatliche Kredite und Zuschüsse.

Die politische Bedeutung des Wohnungsproblems drückte

sich auch darin aus, daß 1949 ein eigenes Bundesministerium für Wohnungsbau geschaffen wurde, das allerdings zunächst nicht als dauernde Einrichtung geplant war.

Im Eiltempo wurde ein grundsätzlicher gesetzlicher Rahmen für den Wohnungsbau geschaffen.

Bereits am 27.04.1950 trat das vom Bundestag fast einstimmig beschlossene *Erste Wohnungsbaugesetz* in Kraft. Es traf Entscheidungen und rechtliche Regelungen, die bis heute fortwirken.

Ausdruck der Grundsatzentscheidung für die freie Marktwirtschaft auch im Wohnungsbereich war die sofortige Aufhebung der Wohnraumbewirtschaftung für einen Teilbereich des Wohnungsmarktes, nämlich für die seit 1949 gebauten freifinanzierten Wohnungen. Diese Wohnungen konnten frei vermietet werden, also ohne staatliche Belegungsrechte, und die Miethöhen waren von Vermieter und Mieter frei auszuhandeln, unterlagen lediglich noch den Schranken des Preiswuchers.

Der Regierung Adenauer war jedoch klar, daß der Wohnungsmarkt nicht allein den Investitionsentscheidungen des Privatkapitals überlassen werden konnte und eine massive finanzielle Intervention des Staates zur Ankurbelung des Wohnungsbaus erforderlich war.

Im *Ersten Wohnungsbaugesetz* wurde bereits eine Unterteilung des Wohnungsbaus in drei Formen vorgenommen, die heute noch gültig ist: in öffentlich geförderten Wohnungsbau (Sozialwohnungsbau), in steuerbegünstigten Wohnungsbau und in frei finanzierten Wohnungsbau. Alle drei Arten werden dabei vom Staat subventioniert. Die Eingriffsmöglichkeiten des Staates in bezug auf die Miethöhe und die Belegung sind jedoch sehr unterschiedlich.

a) Der öffentlich geförderte Wohnungsbau: Probleme vorprogrammiert

Der Staat (Bund, Länder und Gemeinden) gewährt hierbei an Wohnungsbauunternehmen in erheblichem Umfang öffentliche Darlehen, die nicht verzinst und nur in einem sehr langen

Zeitraum (ca. 30 Jahre) zurückgezahlt werden müssen. Wegen dieser Konditionen sind diese Darlehen weit günstiger als auf dem freien Kapitalmarkt aufgenommene Darlehen.

Als Äquivalent für die gewährten Sonderkonditionen muß der Wohnungseigentümer gegenüber der öffentlichen Hand zwei Bindungen eingehen: Diese Wohnungen sind für Personen mit geringem Einkommen vorbehalten (Sozialwohnungsberechtigte). Die Miethöhe für diese Wohnungen wird vom Staat festgelegt (Richtsatzmiete, später Kostenmiete). Diese Bindungen laufen jedoch mit der fristgerechten Rückzahlung des öffentlichen Darlehens aus, bei vorzeitiger Rückzahlung nach einer bestimmten Nachwirkungsfrist.

Durch diesen vorgesehenen Wegfall der Belegungs- und Mietpreisbindung war ein zentrales Problem der Wohnungsversorgung bereits vorprogrammiert. Denn nach dem Wegfall der Bindungen steigen in diesem Bereich die Mieten, was dazu führt, daß die einkommenschwächeren Mieter entweder ausziehen müssen oder nur durch eine erneute staatliche Subvention (Wohngeld) in diesen Wohnungen gehalten werden können.

Auch ein weiteres grundlegendes Problem wurde 1950 geschaffen, die sogenannte Fehlbelegung von Sozialwohnungen. Denn das Einkommen der Sozialwohnungsberechtigten wird nur vor dem Bezug der Sozialwohnung festgestellt. Nach dem Bezug der Sozialwohnung können dort auch diejenigen weiterhin wohnen, deren Einkommen mittlerweile weit über den für den Bezug von Sozialwohnungen gültigen Höchstgrenzen liegen.

Dadurch wurde damals bereits die Grundlage dafür gelegt, daß etwa 15 bis 20% der Sozialwohnungen fehlbelegt sind.

Bei der Auswahl der zu fördernden Wohnungsunternehmen wurde keine Einschränkung gemacht, es kommen daher auch private Investoren zum Zug, die die staatliche Förderung zur Finanzierung »mitnehmen« und nach Ablauf der Bindungen möglichst schnell die erzielbare höhere Marktmiete anstreben. Vorschläge von Teilen der SPD, diese öffentlichen Mittel nur an gemeinnützige bzw. kommunale Wohnungsbauunternehmen zu geben, wurden im *Ersten Wohnungsbaugesetz* nicht berücksichtigt.

b) Der steuerbegünstigte Wohnungsbau: Keine langfristige Bindung

Die Subventionierung dieser Art des Wohnungsbaus besteht in einem Verzicht des Staates auf die Grundsteuer (für einen zehnjährigen Zeitraum) und im Erlaß von Steuern und Gebühren, die beim Bau eines Hauses anfallen (v. a. die Grunderwerbsteuer).

Diese Wohnungen waren nicht auf einen bestimmten Kreis von Mietern (Einkommenschwache) beschränkt. Ihre Miete war jedoch damals zunächst auf die vom Staat festgelegte Kostenmiete begrenzt.

c) Der freifinanzierte Wohnungsbau: ein irreführender Begriff

Dieser Begriff ist etwas mißverständlich, denn er erweckt den falschen Anschein, diese Art des Wohnungsbaus komme ohne staatliche Subventionen aus.

Rechtlich definiert wurde dieser Begriff im *Ersten Wohnungsbauförderungsgesetz*.

Die rechtliche Grundlage für die indirekte öffentliche Subventionierung durch Steuererleichterungen auch des freifinanzierten Wohnungsbaus wurde 1951 gelegt.

Der §7b des *Einkommensteuergesetzes* erlaubte seit 1951, die Ausgaben für den Bau einer Wohnung (ohne Grundstückskosten) in den ersten zwölf Jahren seit dem Bezug der Wohnung zu 50% abzuschreiben, was das zu versteuernde Einkommen erheblich reduzierte. Später wurde der §7b dahingehend geändert, daß in den ersten acht Jahren 40% abgeschrieben werden können.

Der §7c des *Einkommensteuergesetzes* ermöglichte es, das für den Wohnungsbau aufgenommene Darlehen von der Steuer abzusetzen.

Bereits seit 1948 konnten Mittel, die für den Zweck des Wohnungsbaus angespart wurden, bis zu einer bestimmten Höhe von der Einkommensteuer abgesetzt werden. 1951 wurde auch das *Wohnungsbauprämiengesetz* beschlossen, durch das der Staat die Ersparnis von Kapital für den Wohnungsneubau massiv subventioniert.

Allein in den Jahren 1951 bis 1986 vergab der Staat knapp 37 Milliarden DM an Bausparprämien. Dies ist etwa 40 % der Gesamtsumme der staatlichen Mittel zur Finanzierung des Wohnungsbaus in diesem Zeitraum.

Diese staatlichen Mittel zur Förderung des Wohnungsbaus dienen der privaten Eigentumsbildung.

Ihre soziale Verteilungswirkung ist höchst ungerecht, denn sie wirken nach dem Mechanismus: Je höher das Einkommen des Sparers bzw. des Steuerzahlers, desto höher die Subventionierung durch den Staat.[7]

Zudem handelt es sich hierbei um eine öffentliche Förderung ohne Bindungsäquivalent hinsichtlich der Miethöhe oder der Belegung.

Im Laufe der Entwicklung der Bundesrepublik wurden diese indirekten Formen der Subventionierung des Wohnungsbaus unter Verzicht auf Bindungen immer bedeutsamer, während der Sozialwohnungsbau im Vergleich dazu an Bedeutung einbüßte.

Die Bevorzugung dieser Form der Förderung durch CDU/CSU und FDP hatte auch das Ziel, durch die Schaffung eines Eigentümerbewußtseins größere Teile der Bevölkerung gegenüber »sozialistischen Experimenten« zu immunisieren. Der CDU-Abgeordnete von Brentano erklärte am 28. 10. 1953 dazu im Bundestag: »Je mehr Eigentümer wir haben, desto ausgewogener wird auch das soziale Gefüge, desto gesicherter der soziale Frieden und desto sicherer auch die Unabhängigkeit des einzelnen von totalitären Einflüssen und Bestrebungen.«[8]

Am 15.03.1951 trat auch das *Gesetz über das Wohnungseigentum und das Dauerwohnrecht* in Kraft, das vor allen Dingen die Aufteilung von mehreren Wohneinheiten eines Wohnhauses in Eigentumswohnungen rechtlich regelte und in seinen Grundzügen heute noch gilt.

Durch das am 31.03.1953 in Kraft getretene *Wohnraumbewirtschaftungsgesetz* wurde die weiterhin vorhandene staatliche Regulierung etwas abgebaut, aber angesichts der weiter vorhandenen Wohnungsnot nicht abgeschafft. Die Eingriffsmöglichkeiten der öffentlichen Behörden in den Altwohnungsbestand wurden etwas eingeschränkt.

Durch die *Mietenverordnung* vom 20.11.1950 wurden behutsame Mieterhöhungen im Althausbestand ermöglicht.

Die bisher vorhandene Mietpreisbindung an die Kostenmiete wurde im Bereich des steuerbegünstigten Wohnungsbaus durch die *Novelle zum Ersten Wohnungsbaugesetz* am 25.08.1953 abgeschafft.

In seiner Regierungserklärung am 20.10.1953 kündigte Bundeskanzler Adenauer an, daß seine durch den großen Wahlerfolg gestärkte Regierung ihren Kurs konsequent fortsetzen werde.

Er betonte, daß der Schwerpunkt des Wohnungsbaus auf den Bau von Familienheimen gelegt werden sollte: »Der Rahmen für die Entfaltung eines gesunden Familienlebens ist das Heim... Um ein gesundes Familienleben zu stärken und seine ideellen Werte unserer heranwachsenden Jugend zu geben, wird die Bundesregierung in den nächsten Jahren in erster Linie den Bau von Eigenheimen, Kleinsiedlungen und Eigentumswohnungen fördern.«

Bald nach der Konstituierung des zweiten Bundestags brachte die CDU/CSU-Fraktion den *Entwurf eines Gesetzes zur Schaffung von Familienheimen* ein.

Die SPD-Fraktion legte den *Entwurf eines Zweiten Wohnungsbaugesetzes* vor.

Nach längeren Debatten wurde 1956 vom Bundestag beinahe einstimmig das *Zweite Wohnungsbaugesetz* mit dem bezeichnenden Untertitel *Wohnungs- und Familienheimgesetz* verabschiedet, das das *Erste Wohnungsbaugesetz* aus dem Jahr 1950 ablöste und in mehrfach novellierter Form heute noch gilt.

Neben dem Ziel, die Wohnungsnot »namentlich auch Wohnungsuchender mit geringem Einkommen zu beseitigen«, nennt das *Zweite Wohnungsbaugesetz* in seiner Präambel auch das Ziel, »weite Kreise des Volkes durch Bildung von Einzeleigentum, besonders in Form von Familienheimen, mit dem Grund und Boden zu verbinden«.

Kritiker wie Klaus von Beyme erklären, daß mit dem *Zweiten Wohnungsbaugesetz* bereits die ursprüngliche Zielsetzung der Förderung des Wohnungsbaus für alle aufgegeben worden sei. Diese allgemeine wohnungspolitische Zielsetzung sei durch eine Sozialpolitik für sozial Schwache (Sozialer Mietwohnungsbau) und eine Vermögensbildungs- und Familienpolitik für die Mittelschichten (Sozialer Eigentumswohnungsbau, Bausparförderung, Steuererleichterungen) ersetzt worden.

An der Dreiteilung in öffentlich geförderten, steuerbegünstigten und freifinanzierten Wohnungsbau wurde festgehalten.

Zur Berechnung der Miete in den Sozialwohnungen wurde die bisherige Richtsatzmiete durch die Kostenmiete ersetzt, die anhand einer Wirtschaftlichkeitsrechnung zu ermitteln ist. Basis hierfür ist die *Zweite Berechnungsverordnung*, die am 17. 10. 1957 erlassen wurde und in mehrfach novellierter Form noch heute gilt.

Als Gegenleistung für die Förderung durch öffentliche Mittel muß sich der Bauträger verpflichten, nur diese Kostenmiete zu verlangen, solange die Wohnung gebunden ist. Die Kostenmiete ist dynamisch, da sie bei steigenden Kosten auch steigende Mieten ermöglicht. Sie enthält aber auch relativ starre pauschale Kostenansätze, wie z. B. für Instandhaltungskosten und für laufende Verwaltungskosten, die der Gesetzgeber nur in größeren Zeitabständen neu festlegt.

Die Kostenmiete liegt in der Regel unter der Marktmiete für vergleichbare Wohnungen. Sie darf nur dann erhöht werden, wenn die Kosten steigen.

Von den gesetzlichen Bestimmungen her gibt es hinsichtlich der gesetzlichen Regelungen in bezug auf Mieterhöhungen daher zwei Sektoren: den Bereich der Sozialmietwohnungen, in denen die Kostenmiete gilt, und den Bereich der frei finanzierten Wohnungen, in denen die Marktmiete gilt (seit 1974 durch das *Gesetz zur Regelung der Miethöhe* geregelt).

Schwergewicht auf der Eigentumsförderung

In der Wohnungsbauförderung verlagerte sich nunmehr das Schwergewicht immer mehr zugunsten der Eigentumsförderung und zu Lasten des sozialen Mietwohnungsbaus.

Im Rahmen der Wohnungsbauförderung gibt es zwei Arten der öffentlichen Förderung:

1. Die Kapitalsubvention, bei der öffentliche Baudarlehen (in der Regel zinslos mit ein- bis zweiprozentiger Tilgung) zur Finanzierung des Wohnungsbauvorhabens eingesetzt werden. Dies wirkt mieten- und lastensenkend. Bis 1969 war dies die vorherrschende Form.
2. Die Ertragssubvention oder Aufwandssubvention wird in Form von Aufwendungshilfen gewährt, um die aus Kapital- und Bewirtschaftungskosten bestehenden laufenden Aufwendungen des Bauherrn zu vermindern (1967 eingeführt). Dadurch wird die sich aus den laufenden Aufwendungen ergebende Miete gesenkt. Diese Aufwendungshilfen werden in der Regel nur für einen bestimmten Zeitraum (z. B. 15 Jahre) und jährlich sukzessive vermindert (Förderungsdegression) gewährt, was die Miethöhe dementsprechend erhöht. In den siebziger Jahren war dies die dominierende Förderungsform.

Festgehalten wurde an der Belegungsbindung für Sozialwohnungen für Einkommenschwache und an der Begrenzung der Miethöhe durch die Kostenmiete. Auch die Wohnungsgröße (Wohnfläche und Zimmerzahl) und die Ausstattung der Wohnungen werden durch staatliche Verordnungen auf Grundlage des *Zweiten Wohnungsbaugesetzes* normiert.

Wegen der positiven gesamtwirtschaftlichen Rahmenbedingungen, der hohen Nachfrage und der massiven Subventionspolitik der öffentlichen Hand entwickelte sich der Wohnungsbau in den fünfziger Jahren sehr erfolgreich.

1949 bis 1952 wurden jährlich 370000 Wohnungen fertiggestellt, davon mehr als zwei Drittel Sozialwohnungen (69%). 1952 bis 1959 wurden jährlich sogar 563000 Wohnungen gebaut, davon noch knapp über die Hälfte (53%) Sozialwohnungen.

Der Anteil der öffentlichen Mittel an der Finanzierung des Wohnungsbaues ging jedoch relativ zurück, von 47,1% im Jahr 1951 auf 18,7% im Jahr 1960. Die Belegungsdichte pro Wohneinheit ging von 5,0 Personen 1950 auf 4,0 1956 zurück.

Durch mehrere seit 1955 beschlossene *Bundesmietgesetze* ermöglichte die Bundesregierung eine schrittweise Anhebung der weiterhin gebundenen Altbaumieten. Die Mietpreisbindung in diesem Bestand und im Bereich der Sozialwohnungen führte jedoch dazu, daß sich der Anteil der Mietausgaben am Nettoeinkommen eines Arbeitnehmerhaushaltes in engen Grenzen hielt: 1950 bei 10,1%, 1955 bei 8,5% und 1960 bei 9,6%.[9]

Diese positive wohnungspolitische Gesamtbilanz trug sicherlich auch zum großen Wahlsieg Adenauers bei der Bundestagswahl 1957 bei.

In seiner dritten Regierungserklärung kündigte Adenauer am 29.10.1957 an, daß nunmehr nach der Überwindung der Wohnungsnot mehr Marktwirtschaft in der Wohnungspolitik angesagt sei:

»In den kommenden Jahren wird auch die Frage der Überführung der Wohnungswirtschaft in die Marktwirtschaft akut werden. In dem Maße, in dem die Wohnungsnot beseitigt wird, kann die Wohnraumbewirtschaftung entfallen. Ein soziales Mietrecht muß den Schutz berechtigter sozialer Belange gewährleisten.«

Ergebnis dieser Konzeption zur schrittweisen Freigabe der Miethöhe auch im Altwohnungsbestand war der nach dem damaligen Wohnungsbauminister Paul Lücke (CDU) benannte »Lücke-Plan«, der in Form des zum 01.07.1960 in Kraft tretenden *Gesetzes zum Abbau der Wohnungszwangswirtschaft und über ein soziales Miet- und Wohnrecht* geltendes Recht wurde.

Dieses *Abbaugesetz*, das auf den Protest von Mietervereinen und der SPD stieß, zielte auf die Beendigung der Wohnraumbewirtschaftung und auf die Anhebung der Mieten im Altwohnungsbestand.

Es ermöglichte für alle Altbauwohnungen eine prozentuale Mieterhöhung um 15 bis 30%. Ab dem Jahr 1963 sollten die

Altbaumieten (also in den Wohnungen, die vor 1950 errichtet wurden) völlig freigegeben werden, allerdings nicht überall gleichzeitig. In den Gebieten, in denen das rechnerische Wohnraumdefizit weniger als 3% betrug (weiße Kreise), wurde ab 1963 die Mietpreisbindung aufgehoben. In den Gemeinden mit einem rechnerischen Wohnraumfehlbedarf von mehr als 3% (schwarze Kreise) sollte ab 1966 die Mietpreisbindung aufgehoben werden.

Wegen der weiterhin schlechten Versorgungslage mit Wohnraum in vielen Gemeinden wurde dieser Termin 01.01.1966 nicht eingehalten. Die Zahl der Gemeinden mit Sonderregelungen wurde jedoch immer geringer, bis schließlich 1975 auch München und Hamburg aus der Mietpreisbindung für den Altwohnungsbestand als letzte (außer dem Sonderfall Westberlin) herausfielen.

Von der Herstellung der Marktwirtschaft auch in diesem Wohnungsbestand versprachen sich CDU/CSU und FDP durch die ermöglichten Mieterhöhungen verstärkte Instandsetzungs- und Modernisierungsinvestitionen der Vermieter und damit eine Verbesserung des Ausstattungsstandards dieser Wohnungen. Die dafür in Kauf genommenen Mieterhöhungen sollten durch eine neue Subjektförderung des Staates (Mietbeihilfe bzw. Wohngeld) teilweise kompensiert werden.

Der Vermieter erhielt nunmehr das freie Kündigungsrecht, womit er in die Lage versetzt wurde, im Wege sogenannter Abänderungskündigungen unter Berufung auf die auch hier geltende Vertragsgestaltungsfreiheit dieses Druckmittel zur Erzielung eines höheren Mietzinses zu benutzen.

Die beschlossenen rechtlichen Möglichkeiten des Mieters, sich dagegen zu wehren, waren unzureichend: zwingende Kündigungsfristen von 3 bis 12 Monaten, vorübergehende Vertragsfortsetzung in sozialen Härtefällen (Einführung der »Sozialklausel« in § 556 a–c *BGB*) und Gewährung einer Räumungsfrist (§ 721 *Zivilprozeßordnung*).

Diese »Sozialklausel« wurde in der Folge noch viermal novelliert. Am Grundprinzip wurde jedoch festgehalten. Der Mieter kann die Fortsetzung eines vom Vermieter ordnungsgemäß gekündigten Mietverhältnisses dann verlangen (heute gültige Fassung vom 04. 11. 1971), »wenn die vertragsgemäße Beendigung des Mietverhältnisses für den Mieter oder seine Familie eine Härte bedeuten würde, die auch unter Würdigung der berechtigten Interessen des Vermieters nicht zu rechtfertigen ist« oder »wenn angemessener Ersatzwohnraum zu zumutbaren Bedingungen nicht beschafft werden kann«.

Zu einem wirksamen Instrument zum Schutz des Mieters entwickelte sich diese »Sozialklausel« erst nach ihrer Neufassung im Jahr 1971. In den sechziger Jahren war sie wenig geeignet, Mieter zu schützen.

Kündigungen mit dem Ziel der Mieterhöhung sollten durch eine Änderung des *BGB* (Aufnahme von Kündigungsschutzregeln) erschwert werden.

Mit der Verabschiedung dieses *Abbaugesetzes* wurde die staatliche Wohnraumbewirtschaftung völlig abgeschafft und die bisherige Mietpreisbindung im Altwohnungsbestand schrittweise beseitigt.

Eine Folge dieser Politik waren hohe Mietpreissteigerungen und ein Anstieg der Kündigungen (mit dem Ziel der Mieterhöhung).

Nach zehnjähriger Diskussion wurde 1960 das am 01.07.1960 in Kraft getretene *Bundesbaugesetz* beschlossen, das endlich die planungsrechtlichen Rahmenbedingungen für den Wohnungs- und Städtebau bundesweit regelte.

III. Die Phase der Konsolidierung (1961–1969)

Mit dem *Zweiten Wohnungsbaugesetz*, dem *Abbaugesetz* und dem *Baugesetzbuch* waren Anfang der sechziger Jahre die Grundsatzentscheidungen getroffen. Das Ziel der Deregulierung des Wohnungsmarktes und des Abbaus direkter staatlicher Eingriffe wurde von den Regierungen Adenauer IV, Erhard und Kiesinger weiterverfolgt.

In seiner Regierungserklärung vom 29. 11. 1961 verkündete Bundeskanzler Adenauer das Bestreben, die »letzte Wohnungsnot« zu beseitigen. Betont wurde wiederum die Notwendigkeit der Schaffung von Familieneigenheimen. Als Fernziel wurde die völlige Überführung des Wohnungsmarktes in die Marktwirtschaft propagiert: »In dem Maße, in dem die Wohnungsnot beseitigt wird, soll der ganze Wohnungsbestand in die soziale Marktwirtschaft überführt werden.« Der Qualität des Wohnungsbaus sollte nunmehr höheres Gewicht gegeben werden, zum Beispiel durch eine gezielte Städtebaupolitik und eine Modernisierungspolitik des Altwohnungsbestandes.

Zu Beginn der IV. Legislaturperiode des Bundestages herrschte ein Wohnungsbauboom, der zu einer Überhitzung führte. Aus konjunkturpolitischen Gründen mußte die Bundesregierung mit restriktiven Maßnahmen intervenieren.

Im Herbst 1962 wurde der § 7b des *Einkommensteuergesetzes* dahingehend eingeschränkt, daß der Mietwohnungsbau aus dieser Förderung herausfiel. Durch administrative Maßnahmen wurde erreicht, daß bis Ende 1964 fast nur noch neue Bauvorhaben im Eigenheimbau und Sozialwohnungsbau möglich waren.

Das *Abbaugesetz* führte zu einer Welle von Mieterhöhungen und Kündigungen. Die Bundesregierung reagierte darauf mit Gesetzesänderungen, die die Mieterrechte etwas stärkten, und führte erstmals eine Subjekthilfe für einkommenschwache Mieter und Wohnungseigentümer ein.

Durch die beiden *Gesetze zur Änderung mietrechtlicher Vorschriften* vom 29.07.1963 und 14.07.1964 wurden die wichtigsten im *BGB* festgelegten Rechte der Mieter »unabdingbar« gestaltet, d. h. sie konnten nun nicht mehr durch mietvertragliche Regelungen ausgeschlossen werden.

Die zweite Säule: Das Wohngeld

Durch das *Wohnbeihilfegesetz* und das *Wohngeldgesetz* wurde anerkannt, daß es Aufgabe des Sozialstaates ist, Einkommenschwächeren einen Teil der Miete zu erstatten, um eine unerträglich hohe Mietbelastung zu reduzieren. Dies ist sozialpolitisch sicher sinnvoll, um zu verhindern, daß die Mietausgaben einen zu hohen Anteil der Haushaltsausgaben erreichen. Kritiker weisen jedoch darauf hin, daß dies auch eine indirekte Subventionierung der Vermieter ist, die einen Teil ihrer Mieteinnahmen nunmehr vom Staat finanziert bekommen.

Durch das Wohngeld entstand eine zweite Säule der bundesdeutschen Wohnungsbaupolitik. Neben der bisher betriebenen Objektförderung (staatliche Hilfen für den Bau von Wohnungen) kam nun die Subjektförderung (staatliche Hilfen für Mieter und einkommenschwache Eigentümer) hinzu.

Am 24.08.1965 trat das *Gesetz zur Sicherung der Zweckbestimmung von Sozialwohnungen – Wohnungsbindungsgesetz* in Kraft. Mit diesem Gesetz wurde die Bindung der öffentlich geförderten Wohnungen für Einkommenschwächere und die Begrenzung der Miethöhe auf die Kostenmiete, zum Leidwesen wirtschaftsliberaler Kritiker, festgeschrieben.

In seiner Regierungserklärung kündigte Bundeskanzler Erhard am 10.11.1965 an, daß der soziale Wohnungsbau fortgeführt werden solle, allerdings solle dabei weiterhin die Bildung von Wohnungseigentum Vorrang haben.

Die im Dezember 1966 gebildete Regierung der Großen Koalition unter Bundeskanzler Georg Kiesinger war wohnungspolitisch nicht sonderlich aktiv.

Die öffentlichen Mittel wurden ab 1967 auch für Aufwendungszuschüsse für die laufenden Kapital- und Bewirtschaftungskosten der Bauträger des Sozialwohnungsbaus verwendet und nicht mehr für zinslose Baudarlehen. Da diese Aufwendungsdarlehen degressiv angelegt sind, d. h. diese zeitlich befristeten staatlichen Zuschüsse in einem bestimmten Zeitabstand (jährlich oder alle drei Jahre) reduziert werden, bedeutet dies für die Mieter dieser Wohnungen eine eingebaute Mietpreissteigerungsautomatik.

Aufgrund der Proteste der betroffenen Mieter sahen sich daher Länder und Kommunen später genötigt, »Nachfinanzierungsmittel« als Ersatz für die planmäßig wegfallenden Subventionen bereitzustellen, um die hohen Mieterhöhungen wieder auszugleichen (»Härteausgleich«).

Die niedrigen Einkommensgrenzen des *II. Wohnungsbaugesetzes* führten aus Sicht der Bundesregierung dazu, daß die Eigentumsförderung für die mittleren Einkommensbezieher unzureichend war.

Der Zweite Förderungsweg

Aus diesem Grund wurde im Sozialwohnungsbau neben dem Ersten Förderungsweg (Einkommensgrenze des *§5 II. WoBauG*) der Zweite Förderungsweg (Einkommensgrenze um 40% höher als im Ersten Förderungsweg) als »gehobener sozialer Wohnungsbau« eingeführt. Dieser Förderungsweg dient fast nur der Förderung des Eigenheimbaus bzw. des Erwerbs von Eigentumswohnungen von mittleren Einkommensbeziehern. Für diese Schichten legte der Bund sogar ein eigenes Wohnungsbauprogramm, das Regionalprogramm, auf (bis 1981).

Bund und Länder verlagerten in den nächsten Jahren ihre Wohnungsbauförderungsmittel zunehmend auf diesen Zweiten Förderungsweg, der fast ausschließlich der Wohneigentumsförderung dient. Dies ging zu Lasten des Ersten Förderungsweges, der vorwiegend dem sozialen Mietwohnungsbau für die unteren Einkommenbezieher dient, die sich trotz staatlicher Hilfe kein Wohnungseigentum leisten können. Der soziale Mietwohnungsbau wurde so auf ein Sonderprogramm für Ärmere reduziert.

Aufgrund der trotz der kleinen Rezession 1966/67 konjunkturell positiven wirtschaftlichen Gesamtentwicklung und der immer noch vorhandenen Nachfrage verlief die Wohnungsbauentwicklung in den sechziger Jahren weiterhin stürmisch; die Fertigstellungsraten der fünfziger Jahre konnten gehalten werden. Von 1960 bis 1969 wurden im Jahresdurchschnitt jeweils 570000 Wohneinheiten errichtet.

Der Anteil der öffentlich geförderten Wohnungen daran ging jedoch im Vergleich zu den fünfziger Jahren stark zurück. Im Zeitraum 1960–1969 betrug er nur noch 39%. Die Belegungsdichte pro Wohneinheit konnte von 3,4 Personen 1961 auf 2,9 Personen 1970 gesenkt werden.

IV. Zwischen Kapitalförderung und sozialem Mieterschutz – die sozial-liberale Koalition (1969–1982)

Die SPD/FDP-Bundesregierung unter Bundeskanzler Willy Brandt versprach in ihrer Regierungserklärung vom 28.10. 1969 ein langfristiges Programm für den sozialen Wohnungsbau, die Förderung der Eigentumsbildung, die Verbesserung des Wohngeldgesetzes und die Verabschiedung eines Städtebauförderungsgesetzes.

Am 01.08.1971 trat dieses *Städtebauförderungsgesetz* in Kraft. Es sollte dazu dienen, die Bausubstanz zu erhalten, Modernisierungen und Neubau zu fördern und die planungs- und bodenrechtlichen Kompetenzen der Kommunen zu erweitern.

Trotz dieser Fortschritte brachte es im Bodenrecht nicht den Durchbruch, den Bundeskanzler Brandt in seiner Regierungserklärung 1969 noch angekündigt hatte: »Dieses Gesetz soll eine Reform des Bodenrechts einleiten, die den Gemeinden eine sachgerechte Durchführung ihrer Planungen ermöglicht und die Bodenspekulation verhindert.«

Am 04.11.1971 wurde das *Gesetz über das Verbot der Zweckentfremdung von Wohnungen* beschlossen, das den Landesregierungen den Erlaß von Rechtsverordnungen ermöglicht, nach denen in Gemeinden mit Wohnungsmangel Wohnraum nur mit Genehmigung der Gemeinde abgerissen oder einer anderen Nutzung zugeführt werden darf.

Bei konsequenter Anwendung ist dies ein effektives Mittel, um Wohnraum in Großstädten zu erhalten. Das Problem der ungenehmigten »schwarzen« Zweckentfremdung ist aber weiterhin vorhanden.

Anfang der siebziger Jahre stiegen aufgrund der Realisierung des *Lücke-Plans* (Wegfall fast aller »grauen Kreise«) und einer Nachfrageerhöhung (z.B. durch »Gastarbeiter«) die Mietpreise im Altwohnungsbestand stark an. Die Bundesregierung reagierte darauf mit zwei Gesetzen, die Mieter vor zu hohen Mietpreissteigerungen und vor Kündigungen schützen sollten:

Das *Gesetz zur Verbesserung des Mietrechts und zur Begrenzung des Mietanstiegs* vom 01.11.1971 und das *Gesetz über den Kündigungsschutz für Mietverhältnisse über Wohnraum – Kündigungsschutzgesetz* vom 25.11.1971.

Dieses *Kündigungsschutzgesetz* war zunächst auf drei Jahre befristet, wurde aber dann 1974 in Form des *Zweiten Gesetzes über den Kündigungsschutz für Mietverhältnisse über Wohnraum* ab 01.01.1975 zum Dauerrecht.

Diese Gesetze stärkten eindeutig die Position der Mieter und stießen deshalb auf heftige Kritik der Hauseigentümer und der Wirtschaftsliberalen.

Durch Änderungen der Mietrechtsparagraphen des *BGB* wurden die Kündigungsrechte der Vermieter eingeschränkt. Der Vermieter darf nurmehr bei Vorliegen ganz bestimmter Gründe (z. B. Eigenbedarf oder grobe Pflichtverletzungen des Mieters) kündigen. Kein zulässiger Grund ist der Wunsch des Vermieters, die Wohnung teurer zu vermieten. Daher ist die sogenannte Änderungskündigung (Kündigung des Mietvertrages mit dem Angebot an den bisherigen Mieter, einen neuen Mietvertrag mt einer höheren Miete abzuschließen) nicht zulässig.

Die zulässige Mieterhöhung wurde auf den Richtwert der ortsüblichen Vergleichsmiete hin orientiert, die von Gemeinden in den Mietspiegeln ermittelt wird. Diese Einführung des Begriffs der »ortsüblichen Vergleichsmiete« zur Ermittlung der in einer Gemeinde erzielbaren Marktmiete als Vergleichsmaßstab dafür, ob verlangte Mietzinserhöhungen im Rahmen des Ortsüblichen liegen, stieß auf den Protest der Hauseigentümerverbände, da es ein Eingriff in die Eigentumsgarantie des Grundgesetzes sei. In einer Entscheidung vom 23.04.1974 stellte aber das Bundesverfassungsgericht fest, daß dieses Prinzip verfassungskonform ist.

Nach dem Kanzlerwechsel 1974 löste Bundeskanzler Helmut Schmidt mit dem *Zweiten Kündigungsschutzgesetz* sein in der Regierungserklärung vom 17.05.1974 gegebenes Versprechen ein, das soziale Kündigungsschutzgesetz für die Mieter zum Dauerrecht zu machen. Die bereits von der Regierung Brandt im Januar 1973 angekündigte Bodenwertzuwachssteuer schob er jedoch auf die lange Bank und avisierte sie für die nächste Legislaturperiode, in der sie dann wegen des Widerstandes des Koalitionspartners FDP endgültig »begraben« wurde. Eine Chance, damit die riesigen Spekulationsgewinne aus den durch planerische Maßnahmen der Gemeinden ausgelösten Bodenwertsteigerungen wenigstens teilweise abzuschöpfen und dann für den Sozialen Wohnungsbau zu verwenden, wurde damit vertan. Dieses Problem ist bis heute nicht gelöst.

Die Regierung Schmidt verlagerte ihr Augenmerk zunehmend von der Förderung des Wohnungsneubaus auf die Modernisierung und Sanierung des Althausbestandes, da dieser Sektor bisher vernachlässigt worden sei und auf dem Wohnungsmarkt erste Sättigungstendenzen festzustellen seien.

Neben der ersten Säule der Objektförderung für den Wohnungsneubau und der zweiten Säule der Subjektförderung für Einkommenschwache sollte nunmehr als dritte Säule der Wohnungspolitik die Förderung der Modernisierung des vorhandenen Wohnungsbestandes hinzukommen.

Die dritte Säule: Modernisierungsförderung

Zu diesem Zweck wurde das *Gesetz zur Förderung der Modernisierung von Wohnungen (Wohnungsmodernisierungsgesetz)* vom 23.08.1976 beschlossen. Ziel dieses Gesetzes ist es, die Modernisierung von Wohnungen für privates Kapital attraktiver zu machen, und zwar durch staatliche Subventionen wie durch Steuererleichterungen.

Als weiterer Anreiz wurde 1976 die Möglichkeit für die Vermieter geschaffen, die jährliche Miete nach der Modernisierung um 14% der Modernisierungskosten zu erhöhen. Ab Juli 1978 wurde dies auf 11% gesenkt.

Dieses Modernisierungsprogramm leistete zwar einen wichtigen Beitrag zur Erneuerung der Wohnhaussubstanz, hatte aber eine hohe Mietpreissteigerung zur Folge; zudem war der »Mitnahmeeffekt« für ohnehin geplante Maßnahmen hoch.

Der Sanierung des Wohnungsbestandes sollte auch die von Bundeskanzler Schmidt bereits in seiner Regierungserklärung vom 16.12.1976 angekündigte Ausdehnung der Sonderabschreibung nach §7b des *Einkommensteuergesetzes* vom Wohnungsneubau auf den Erwerb von Altbauten dienen.

Am 11.07.1977 trat nach zügiger Beratung in Bundestag und Bundesrat das *Gesetz über steuerliche Vergünstigungen bei der Herstellung oder Anschaffung bestimmter Wohngebäude* in Kraft, das rückwirkend ab 01.01.1977 galt. Erklärte Absicht der sozial-liberalen Regierung war es, privates Kapital damit für den Erwerb und die Sanierung alter Wohngebäude verstärkt zu interessieren, um einen Verfall der Innenstädte zu verhindern.

Dies wurde durch dieses Steuergeschenk auch erreicht, allerdings zu einem hohen Preis für die Mieter.

Clevere Spezialisten, sogenannte »Umwandler«, kauften unter Ausnutzung der steuerlichen Vorteile Althausbestand, modernisierten ihn und wandelten ihn dann in teure Eigentumswohnungen um.

Folge dieser Regelung war also eine Vertreibung der weniger zahlungskräftigen Mieter aus ihren angestammten Wohnungen, in die neue Mieter oder Eigentümer einzogen, die sich die hohen Mieten bzw. Preise dieser aufgewerteten Wohnungen leisten konnten.

Zudem bewirkte diese Entwicklung einen rasanten Preisanstieg im Altbaumarkt und Bodenmarkt der Städte.

Diese steuerliche Gleichstellung des Wohnungsneubaus und des Gebrauchtimmobilienerwerbs führte auch zu einer deutlichen Umschichtung der Investitionen vom Neubau zum Altbauerwerb, was die Eigentumsbildung förderte, aber den Mietwohnungsneubau reduzierte und damit auf Kosten der sozial Schwachen ging.

Die Regierungserklärung Helmut Schmidts am 24.11.1980 machte deutlich, daß die SPD/FDP-Regierung nunmehr – sicherlich auf Druck der FDP, aber auch aufgrund der Mitwirkungsbereitschaft des rechten SPD-Flügels – daran gehen wollte, den Wohnungsneubau zunehmend privaten Trägern zu überlassen, den Sozialwohnungsbau zu drosseln und Anreize für die Vermieter zu geben. Dies war ein deutlicher Kurswechsel in Richtung mehr Markt und weniger Staat im Wohnungsbereich.

Helmut Schmidt kündigte die Verbesserung der Rahmenbedingungen für den frei finanzierten Wohnungsmarkt an und die Zulassung von Staffelmieten. Die direkte Förderung des sozialen Wohnungsbaus sollte in die Zuständigkeit der Länder verlegt werden. Der §7b *Einkommensteuergesetz* wurde vom Kanzler gegen Kritik ausdrücklich in Schutz genommen.

Ende der siebziger Jahre wurde das Problem der Mietenverzerrung im Bereich des sozialen Wohnungsbaus immer größer. Die steigenden Baukosten und die steigenden Kapital- und Bewirtschaftungskosten bewirkten vor allem bei den mit Aufwendungszuschüssen finanzierten Wohnungen eine Erhöhung der Kostenmiete, die in einigen Fällen sogar dazu führte, daß kaum noch ein Unterschied zur Marktmiete festzustellen war. Durch die Einführung eines »Härteausgleiches« für die Mieter und durch staatliche Nachsubventionierungen wurde dieses Problem gelindert.

Auf der anderen Seite waren die Kostenmieten für die in den fünfziger und sechziger Jahren errichteten Wohnungen extrem niedrig. Zum Abbau dieser Mietenverzerrung im Sozialwohnungsbereich wurden im *Wohnungsbauänderungsgesetz* vom 20.02.1980 und im *2. Haushaltsstrukturgesetz* vom 22.12.1981 (Art. 27, Unterartikel 2) für Wohnungen, deren öffentliche Förderung vor dem 01.01.1970 bewilligt war, Mietzinserhöhungen von 6 bis 8% zugelassen. Dies führte natürlich zu einer Erhöhung des Mietpreisniveaus in diesen Sozialwohnungen.

Am 22.12.1981 wurde nach langjährigen Diskussionen endlich ein Gesetz beschlossen, daß das Übel der »Fehlbelegung« von Sozialwohnungen durch gut Verdienende aufgriff. Durch das *Gesetz zum Abbau der Fehlsubventionierung und der Mietverzerrung im Wohnungswesen* erhielten die Landesregierungen das Recht, durch Rechtsverordnungen zu bestimmen, daß Bewohner von Sozialwohnungen in Gemeinden mit mehr als 300000 Einwohnern und angrenzenden Gemeinden, deren Einkommen die Grenzen des §25 *II. WoBauG* um mehr als

20% überschreitet, eine monatliche Ausgleichszahlung leisten müssen, die wiederum von den Ländern zur Finanzierung des Sozialwohnungsbaus zu verwenden ist.

Diese Ausgleichszahlungen sind in der Regel (je nach Einkommen) gestaffelt: 50 Pfennig, 1,25 DM oder 2,00 DM pro Quadratmeter Wohnfläche monatlich. Nach Ansicht vieler Fachleute sind sie damit zu niedrig, um ihren Zweck, die Beteiligung von gutverdienenden Sozialwohnungsmietern, die in meist billigen Wohnungen lebenslang wohnen können, an der Finanzierung des Wohnungsbaus für wenig Verdienende zu erreichen. Zudem haben nur vier Bundesländer diese Verordnung erlassen.

Als Verbesserung für die Mieter wurde am 01.01.1981 das Wohngeld erhöht. Der Großteil der Ankündigungen vom 24.11.1980 wurde wegen des Bruchs der sozial-liberalen Koalition nicht mehr realisiert. Die neue Regierung Kohl konnte jedoch auf Gesetzesentwürfe der SPD/FDP-Koalition zurückgreifen, die sie Ende 1982 beschloß.

In den siebziger Jahren verbesserte sich die Wohnungssituation in der Bundesrepublik weiterhin. Der größte Nachholbedarf war bis 1970 gedeckt. Aus diesem Grund ging die Zahl der neuerrichteten Wohneinheiten im Vergleich zu den fünfziger und sechziger Jahren im Jahresdurchschnitt um etwa 15% zurück.

Von 1970 bis 1979 wurden jährlich 498000 Wohnungen erstellt. Der Anteil der öffentlich geförderten Wohnungen sank deutlich auf nur noch 27%. Die Wohnungsneubaufinanzierung wurde nunmehr weitgehend dem privaten Kapitalmarkt überlassen. Finanzierte die öffentliche Hand in den fünfziger Jahren noch zwischen 25,9 und 47,1% der Wohnungsbauinvestitionen, und waren es in den sechziger Jahren noch zwischen 18,7 und 7,0%, so überstiegen die Mittel der öffentlichen Hand in den siebziger Jahren in keinem Jahr mehr die 6,5%-Grenze. Die Belegungsdichte pro Wohneinheit ging von 2,9 Personen 1970 auf 2,4 Personen 1982 zurück.

Im Sozialwohnungsbau gewann der Zweite Förderweg immer mehr an Bedeutung. Seit Mitte der siebziger Jahre wurden etwa gleich viel Wohneinheiten im Zweiten Förderweg erstellt wie im Ersten.

V. Die Deregulierungspolitik der Regierung Kohl und ihre negativen Ergebnisse (1982–1990)

Die neugebildete CDU/CSU/FDP-Regierung Kohl ging sofort daran, von der Regierung Schmidt vorbereitete wohnungspolitische und mietrechtliche Gesetze durchzusetzen. Durch das *Gesetz zur Erhöhung des Angebots von Mietwohnungen* vom 20.12.1982 wurde das Mieterhöhungs- und Kündigungsschutzrecht, weitgehend zugunsten der Vermieter, verändert.

Das *Miethöhegesetz* vom 18.12.1974 wurde darin durch eine Neuregelung abgeändert, die eine Erhöhung des Mietniveaus bei den zur Begründung von Mieterhöhungsverlangen heranziehbaren ortsüblichen Vergleichsmieten bewirkte. Denn bis dahin wurden zur Ermittlung der ortsüblichen Vergleichsmiete alle erzielbaren Mietentgelte verwendet, also auch die meist niedrigeren Altmieten. Nach dem nunmehr geltenden Recht dürfen diese Altmieten nicht mehr berücksichtigt werden. Es sind nur noch die Mietzinsvereinbarungen heranzuziehen, die in den letzten drei Jahren vor Erstellung des Mietspiegels vereinbart oder geändert worden sind.

Durch dieses Gesetz wurden auch zwei neue Arten von Mietverträgen eingeführt:

Der Staffelmietvertrag, in dem bereits beim Abschluß die geplanten Mieterhöhungen betrags- und datumsmäßig vereinbart werden.

Zeitmietverträge, in denen das Verlängerungsrecht für den Mieter ausgeschlossen werden kann (§564c II *BGB*). Neu daran ist also die Möglichkeit, bei zeitlich befristeten Mietverträgen (bis fünf Jahren) den Vertragsverlängerungsanspruch des Mieters von vornherein vertraglich abzubedingen.

Ziel dieses Gesetzes war es, durch diese vermieterfreundlichen Regelungen die Investitions- und Vermietungsbereitschaft zu erhöhen, was allerdings nicht erreicht wurde.

Positiv für die Mieter war die Einführung einer Kappungsgrenze bei Mieterhöhungsverlangen, die durch eine Novellierung des §2 des *Miethöhegesetzes* im Rahmen des Gesetzes vom 20.12.1982 festgelegt wurde. Diese Kappungsgrenze gewährleistet, daß die Miete innerhalb des Zeitraums von drei Jahren um nicht mehr als 30% erhöht werden darf.

Ungeregelt blieb das Problem der Mieten bei Neuvermietungen von Wohnungen. Hier gibt es weiterhin keine Kappungsgrenze, der Vermieter kann also bei der Vermietung an neue Mieter das verlangen, was der Markt und die Gesetzeslage (Wucher-Paragraph 5 des *Wirtschaftsstrafgesetzes*) zulassen.

Der Ankurbelung des Wohnungsbaus diente ein 2,5 Milliarden-DM-Sofortprogramm der Bundesregierung Kohl, das durch eine rückzahlbare Ergänzungsabgabe von Besserverdienenden finanziert wurde. Dieses Programm hatte jedoch nur den Effekt eines Strohfeuers.

Die Wohngeldleistungen wurden 1983 und 1984 durch eine Veränderung der Bewilligungsgrundlagen eingeschränkt und erst durch eine *Novellierung des Wohngeldgesetzes* am 11.07.1985 wieder gesteigert. Dabei wurde das Problem, daß die berücksichtigungsfähigen Mietobergrenzen des Wohngeldgesetzes den besonders hohen Mieten in einigen Großstädten nicht gerecht werden, nicht gelöst. Die geforderte VI. Wohngeldstufe für diese Gemeinden wurde zunächst nicht eingeführt. Durch die Erhöhung der Instandhaltungspauschalen wurden die Mieten in den Sozialwohnungen zum 01.01.1984 erhöht.

Rückzug aus dem sozialen Wohnungsbau

Mitte der achtziger Jahre kam die Bundesregierung zu dem Ergebnis, daß das Wohnungsproblem in der Bundesrepublik weitgehend gelöst sei. Im Rahmen ihrer angebotsorientierten Wirtschaftspolitik verfolgte sie auch in der Wohnungspolitik eine Strategie der Deregulierung, d.h. des Rückzuges des Staates aus dem Wohnungsmarkt.

Nächster Schritt nach der »Liberalisierung« des Mietrechts war 1984 die Ankündigung von Bundeswohnungsbauminister Schneider (CSU), daß der Bund sich völlig aus der Förderung des sozialen Mietwohnungsbaus zurückziehen und dies den Ländern und Gemeinden überlassen werde.

Ab 01.01.1986 beendete der Bund tatsächlich die Förderung des sozialen Mietwohnungsbaus. Länder und Gemeinden konnten den Verlust der Bundesmittel nicht durch mehr eigene Mittel kompensieren. Die Folge war, daß der soziale Mietwohnungsbau immer mehr zu einer Restgröße des Wohnungsbaus wurde. Wurden 1983 noch 59000 Mietwohnungen öffentlich gefördert, so waren es 1987 nur noch 12700!

Dies entsprach der erklärten Absicht der Bundesregierung, die Objekthilfe primär nur noch für die Eigentumsbildung zu geben und soziale Probleme einkommenschwacher Mieter über die Subjekthilfe (Wohngeld) zu mindern.

1986 wurde vom Bundestag nach eingehender Beratung das *Baugesetzbuch* beschlossen, das die Regelungen des bisherigen *Bundesbaugesetzes* und des *Städtebauförderungsgesetzes* zusammenfaßte und leicht modifizierte. Die planungs- und städtebaurechtlichen Rahmenbedingungen für den Wohnungsbau wurden dadurch nicht wesentlich geändert.

Zum Nachteil der Gemeinden wurde allerdings das preislimitierte Vorkaufsrecht der Gemeinden in Erhaltungssatzungsgebieten (Stadtteile, in denen aufgrund ihrer städtebaulichen Eigenart und zur Erhaltung der Zusammensetzung der Wohnbevölkerung Umbauten von der Gemeinde genehmigt werden müssen) abgeschafft. Die Gemeinden müssen nunmehr also zum höheren Marktpreis kaufen. Zudem ist die Ausübung dieses Vorkaufsrechts jetzt erst nach der Rechtsgültigkeit des Satzungsbeschlusses für das Erhaltungssatzungsgebiet möglich und nicht mehr bereits nach dem vorausgehenden Aufstellungsbeschluß.

Ein effektives Mittel für die Gemeinden, gegen die Bodenspekulation vorzugehen, z. B. durch eine Bodenwertzuwachssteuer, ist im *Baugesetzbuch* nicht enthalten.

Ausdruck der Fehleinschätzung der bevorstehenden und

zum Teil bereits stattfindenden Entwicklung zu einer Wohnungsnot in den Ballungsgebieten war die Regierungserklärung von Bundeskanzler Kohl am 18.03.1987. Wohnungs- und Städtebau war für die Bundesregierung damals noch kein Thema. Lediglich im Zusammenhang mit den demographischen Veränderungen, mit der Familienpolitik und der »Heimatliebe und Kulturpflege« tauchte er in Nebensätzen auf.

Der nächste große Schritt der Deregulierung und zur Auslieferung des Wohnungsmarktes an das freie Spiel der Marktkräfte war die Aufhebung der Wohnungsgemeinnützigkeit.

Im Rahmen des Entwurfes für eine Steuerreform hieß es Ende 1987 in der Liste der Maßnahmen zur teilweisen Refinanzierung durch Steuermehreinnahmen lapidar unter Punkt 8: »Die Steuerfreiheit der gemeinnützigen Wohnungs- und Siedlungsunternehmen wird auf Genossenschaften, deren Tätigkeit auf Vermietung begrenzt ist, beschränkt (Einnahmeerhöhungen 100 Mio. DM).«

Generalangriff auf dem Nebenkriegsschauplatz

Damit wurde über einen Nebenkriegsschauplatz der Generalangriff auf die gemeinnützige Wohnungswirtschaft gestartet. Kurz zuvor hatte die Bundesregierung noch versichert, daß zwar eine Reform des *Wohnungsgemeinnützigkeitsgesetzes* geplant sei, nicht aber dessen Abschaffung.

Die gemeinnützige Wohnungswirtschaft ist ein ganz besonderer Unternehmenstypus, der in über 100 Jahren gewachsen ist. Es handelt sich dabei um gebundenes Sozialkapital, das im Gegenzug zu den gewährten Steuerbefreiungen spezielle Bindungen eingegangen ist: der Geschäftskreis ist auf den Wohnungsbau bzw. auf Wohnungsbewirtschaftung und Stadtsanierung beschränkt, die jährliche Gewinnausschüttung ist auf höchstens 4% der Kapitaleinlage begrenzt, das Vermögen ist an den gemeinnützigen Zweck der sozialorientierten Wohnungsversorgung der Bevölkerung gebunden.

Die Mieten im Wohnungsbestand dieser Wohnungsunternehmen sind an die Kostenmiete gebunden und daher meist günstiger als die Mieten frei finanzierter Wohnungen. Die Mieter genießen ein »Dauerwohnrecht«, sind also nur bei groben Pflichtverletzungen kündbar.

Die gemeinnützigen Wohnungsunternehmen errichteten von 1950 bis 1985 über 4,7 Mio. Wohnungen, das sind 26 % der 18 Mio. gebauten Wohnungen. Bei den seit 1945 errichteten öffentlich geförderten Wohnungen waren es sogar bis 1985 fast 50 %. Von den rund 14 Mio. Mietwohnungen in der Bundesrepublik entfallen auf diese gemeinnützigen Unternehmen 3,4 Mio., also 24 %.

Trotz des Protestes der Mehrzahl der gemeinnützigen Unternehmen, der Mieter und der SPD wie der Grünen hielt die Bundesregierung an der Aufhebung der Gemeinnützigkeit für alle Unternehmen, die sich nicht auf Vermietung beschränken, fest. Bei der Verabschiedung der Steuerreformgesetze im Juli 1988 wurde von CDU/CSU/FDP beschlossen, die Wohnungsgemeinnützigkeit zum 01.01.1990 aufzuheben. Diese Unternehmungen können sich nunmehr im Prinzip wie private Bauträger und Hausbesitzer verhalten. Sie unterliegen keiner Sozialbindung mehr.

In letzter Sekunde brachte Bayern im Bundesrat noch eine in das Gesetz übernommene Übergangsregelung ein, die die Mieter zunächst noch nicht völlig dem freien Spiel der Marktkräfte ausliefert. Die Landesregierungen können ab 01.01.1990 durch Rechtsverordnungen bestimmen, daß die Mieten für die Wohnungen der ehemals gemeinnützigen Unternehmen in den nächsten fünf Jahren um nicht mehr als 5 % jährlich steigen dürfen. Nach dieser Übergangsfrist sind dann höhere Mietpreissteigerungen möglich.

Durch diese Aufhebung der Wohnungsgemeinnützigkeit wird ein Unternehmenstyp verdrängt, der nicht nach dem Profitprinzip arbeitete und daher von Wirtschaftsliberalen als Fremdkörper in der freien Marktwirtschaft betrachtet wird. Der Skandal um die »Neue Heimat« erleichterte sicherlich die politische Durchsetzbarkeit dieser Aktion.

In den Kommunen geht es jetzt darum, die Wohnungsunternehmen der Gemeinden weiterhin im Geiste der Gemeinnützigkeit fortzuführen, soweit dies noch möglich ist.

Abriß von Großsiedlungen?

Die Debatte über die Aufhebung der Wohnungsgemeinnützigkeit fand anfangs vor dem Hintergrund einer »Leerstandsdiskussion« statt. Seit 1984 fand in Teilen der Wohnungswirtschaft und der Publizistik die These Anklang, in den nächsten Jahren sei aufgrund des zu erwartenden Bevölkerungsrückganges und der Sättigung des Wohnungsmarktes mit dem Leerstand von Hunderttausenden von Wohnungen zu rechnen. Es wurde sogar schon über die Notwendigkeit des Abrisses von Großsiedlungen spekuliert.

Trotz der von vielen Seiten vertretenen Gegenmeinung, daß gerade in Ballungsgebieten mit einer Zunahme der Wohnungsprobleme zu rechnen sei, kündigte die Bundesregierung einen weiteren Rückzug des Bundes aus der Wohnungsbauförderung an; ab Anfang der neunziger Jahre wollte sich der Bund auch weitgehend aus der Förderung des sozialen Wohnungsbaus im Bereich der Eigentumsbildung zurückziehen und diese den Ländern und Gemeinden überlassen.

Auf der Grundlage des Vertrauens in die Marktkräfte und ihrer falschen Einschätzung über die zukünftige Entwicklung der Nachfrage auf dem Wohnungsmarkt sah die Bundesregierung zunächst in dem drastischen Rückgang der Wohnungsneubauraten seit 1985 keinen Grund zur Beunruhigung.

Noch im Dezember 1988, als in den Großstädten bereits die »neue Wohnungsnot« unübersehbar war, äußerte sich der damalige Bundeswohnungsbauminister Dr. Oscar Schneider (CSU) hochzufrieden über die Wohnungsversorgung in der Bundesrepublik.

Erst Ende 1988 reagierte die Bundesregierung auf den zunehmenden Problemdruck, aber nicht mit einer massiven Ankurbelung der staatlichen Wohnungsbauförderung, sondern mit einem Sonderprogramm für eine Teilgruppe der Wohnungsuchenden, die die Wohnungsnot (Mangel an preiswerten Wohnungen für Bezieher geringerer Einkommen) nicht verursacht, sondern lediglich verschärft hatte, nämlich für die Aussiedler.

Für das Jahr 1989 stellte der Bund 750 Mio. DM dafür zur Verfügung, dieselbe Summe sollte von den Ländern kommen. Pro errichteter Wohneinheit, die mit Aussiedlern belegt werden mußten, erhielt der Bauträger 50000,-- DM Zuschuß vom Bund (nicht wie sonst üblich als Darlehen). Dieses Programm wurde relativ gut angenommen. Der Grund liegt auch darin, daß es mit der Einführung einer neuen Fördermethode im Sozialen Wohnungsbau gekoppelt wurde, die allerdings nicht auf dieses Aussiedlerprogramm beschränkt wurde.

Der Dritte Förderungsweg

Am 08. 12. 1988 verabschiedete das Bundeskabinett einen Gesetzesentwurf zur Einfügung eines neuen Paragraphen 88d ins *Zweite Wohnungsbaugesetz*, der später von Bundestag und Bundesrat gebilligt wurde und am 01.07.1989 in Kraft trat. Damit wurde ein neuer Dritter Förderungsweg im sozialen Wohnungsbau geschaffen, die sogenannte vereinbarte Förderung. Die staatliche Fördersumme pro Wohneinheit ist hierbei zwar geringer als beim bisher vorwiegend für den sozialen Mietwohnungsbau verwendeten Ersten Förderungsweg, der Bauträger erhält dafür jedoch zwei wichtige Vorteile: erstens wird die Miethöhe zwischen Bauträger und der Förderungsbehörde frei vereinbart, ist also nicht an die Kostenmiete gebunden, und zweitens ist die Belegungsbindung (für Wohnungssuchende, die den Einkommensgrenzen des §25 *II. WoBauG* entsprechen) sehr viel kürzer (5 bis 10 Jahre) als beim Ersten Förderungsweg (ca. 30 Jahre). Nach dem Ablauf dieser relativ kurzen Frist können die Mieten schrittweise auf das weit höhere Niveau der ortsüblichen Vergleichsmieten angehoben und diese Wohnungen an jeden Wohnungssuchenden vergeben werden.

Die Problematik dieses Dritten Förderungsweges liegt darin, daß nach dem Ablauf der sehr kurzen Bindungszeit große Mietsprünge zu erwarten sind, die dann wahrscheinlich von Ländern oder Gemeinden durch nachträgliche Subventionen ausgeglichen werden müssen, um den einkommenschwachen Mietern den Verbleib in diesen Wohnungen zu ermöglichen; zumindest sind steigende Wohngeldleistungen vorprogrammiert. Ähnlich wie die Anfang der siebziger Jahre bevorzugte »degressive Förderung« bei den Aufwendungszuschüssen könnte sich die dritte Förderung als Scheinlösung erweisen, bei der lediglich Finanzlasten in die Zukunft verlagert werden.

Die Wahlniederlage von CDU und FDP bei den Westberliner Abgeordnetenwahlen am 29. Januar 1989 führte dazu, daß die Problematik der neuen Wohnungsnot von der Bundesregierung nicht mehr völlig ignoriert und verharmlost werden konnte. Bei der Kabinettsumbildung im März 1989 wurde Oscar Schneider durch Gerda Hasselfeldt ersetzt.

Seitdem versucht die Bundesregierung ohne große Linie ein Strohfeuer von verschiedensten Sofortprogrammen zur Förderung des Wohnungsneubaus zu entfachen.[10] Diese Programme sind meist mit heißer Nadel gestrickt und oft weniger ein Ausdruck einer langfristigen wohnungspolitischen Konzeption als ein Versuch, vor Wahlen Aktivitäten der Bundesregierung zur Linderung der Wohnungsnot vorweisen zu können, in der bisher nicht aufgegangenen Hoffnung, damit Wählerabwanderungen verhindern zu können.

Am 18. Mai 1989 faßte das Bundeskabinett eine Reihe von wohnungspolitischen Beschlüssen:

Ab 01.01.1990 wird eine zusätzliche VI. Wohngeldstufe für die Gemeinden in der Bundesrepublik eingeführt, in denen die Durchschnittsmieten um 25% und mehr über der Durchschnittsmiete im Bundesgebiet liegen (z. B. in München und Frankfurt). Dort wird das Wohngeld daher pro Haushalt monatlich um etwa 20,-- DM steigen. Angesichts der extrem hohen Mieten in diesen Kommunen ist das jedoch nur ein Tropfen auf des heißen Stein.

Zur Förderung der Investitionsneigung im Wohnungsbau

wurde die steuerliche Abschreibung auf Aufwendungen für Mietwohngebäude von bisher 45% in den ersten zehn Jahren auf 58% in den ersten zehn Jahren nach der Fertigstellung erhöht (zunächst bis 31.12.1992 befristet).

Die Mittel des Bundes an der Finanzierung des sozialen Wohnungsbaus wurden für das Jahr 1990 auf 1,6 Milliarden DM aufgestockt, allerdings zunächst nicht für die darauf folgenden Jahre, obwohl gerade die Länder und die Gemeinden eine langfristige Zusage des Bundes erwartet hatten.

Immerhin war dies das Eingeständnis der Bundesregierung, daß die Zeit des völligen Rückzuges des Bundes aus der Förderung des sozialen Mietwohnungsbaus (1986–1988) damit beendet war und der angekündigte Totalausstieg des Bundes aus der direkten finanziellen Förderung des Wohnungsbaus ad acta gelegt werden mußte.

Nach weiteren Wahlschlappen der Regierungsparteien CDU, CSU und FDP (unter anderem bei den Europaparlamentswahlen), die in den Ballungsgebieten ihre Ursache auch in dem Protest gegen die Wohnungsnot hatten (und dort zum Teil auch die Wahlerfolge der »Republikaner« erklärt), überstürzten sich im Herbst 1989 die wohnungspolitischen Aktivitäten der Bundesregierung, die hier nur in ihren Grundzügen dargestellt werden können.

Am 03.10.1989 beschloß das Bundeskabinett »Wohnungspolitische Sofortmaßnahmen«, bereits am 07.11.1989 folgte ein »Erweitertes Wohnungsprogramm«.

Endlich sagte der Bund nunmehr zu, von 1990 bis 1993 jährlich 2 Milliarden DM zur Förderung des Sozialwohnungsbaus bereitzustellen, und drückte damit die Bereitschaft zur kontinuierlichen Förderung aus. Die dabei geäußerte Erwartung der Bundesregierung, die Länder und Gemeinden sollten dazu jährlich 8 Milliarden DM zusätzlich beitragen, dürfte jedoch deren finanzielle Lage verkennen. Aus den vom Bund unter der Prämisse einer jährlichen Förderungshöhe von 10 Milliarden DM bis 1993 erwarteten 500000 neuen Sozialwohnungen dürfte daher kaum etwas werden.

Als völlig neues Instrument wurde eine »steuerliche Abschreibung verbunden mit einer Sozialbindung« eingeführt. In der kurzen Zeit von zehn Jahren dürfen hierbei 85 % der Investitionskosten für Wohnungen von den Einkünften steuerlich abgesetzt werden, unter der Voraussetzung, daß diese Wohnungen nur mit Mietern belegt werden, die die Einkommensgrenzen des Ersten Förderungsweges des *Zweiten Wohnungsbaugesetzes* nicht überschreiten, und daß höchstens die im sozialen Wohnungsbau zulässigen Mieten verlangt werden. Nach diesen zehn Jahren entfällt die Belegungs- und Miethöhebindung. Zur Förderung des Um- und Ausbaus von gewerblich genutzten Gebäuden in Wohnraum und des Ausbaus von Wohngebäuden wurde die Möglichkeit einer Sonderabschreibung der Investitionskosten (100 % der Kosten in fünf Jahren) geschaffen. Für diese Baumaßnahmen werden zinsgünstige Darlehen von der Kreditanstalt für Wiederaufbau zur Verfügung gestellt. Kritiker weisen darauf hin, daß gerade bei diesem Programm der Mitnahmeeffekt sehr groß sein dürfte und in der Regel dadurch keine preisgünstigen Wohnungen errichtet würden.

Von 1990 bis 1992 wird durch staatliche Finanzhilfen der Zinssatz für Bausparzwischenkredite um 2,5 %-Punkte reduziert, um den Erwerb von Eigentumswohnungen zu fördern.

Im Gesetzgebungsverfahren befindet sich zur Zeit das Vorhaben, den Wohnungsbau durch einen Abbau von »planungsrechtlichen Restriktionen« anzukurbeln (*Wohnungsbauerleichterungsgesetz*). Kritiker bezeichnen es wegen seiner erwarteten negativen räumlichen Folgen als »Landschaftszersiedelungsgesetz«.

Beschlossen wurde vor kurzem eine Verlängerung der Nachwirkungsfrist bei der vorzeitigen Rückzahlung von öffentlichen Darlehen für Sozialwohnungen von bisher acht auf zehn Jahre, um damit die Belegungs- und Miethöhenbindung (Kostenmiete) zu strecken. Dies ist sicherlich ein richtiger Schritt, löst aber nicht das gravierende Problem, daß wegen der Rückzahlung der öffentlichen Fördermittel bis zum Jahr 2000 über die Hälfte der Sozialwohnungen aus der Bindung fallen werden und damit der Bestand an preiswerten Wohnungen für Einkommenschwächere drastisch reduziert werden wird.

Ab Oktober 1990 wird, rechtzeitig vor den Bundestagswahlen, durch eine *Novellierung des Wohngeldgesetzes* das Wohngeld etwas erhöht werden. Die von Politikern der CDU/CSU versprochene Verlängerung der Frist für die Geltendmachung von Eigenbedarf von neuen Eigentümern umgewandelter bisheriger Mietwohnungen von bisher drei auf sieben Jahre wurde wegen des Widerstandes der FDP bisher lediglich auf fünf Jahre ausgedehnt.

Zwei Grundsatzforderungen von Mietervereinen, SPD und Grünen werden von der Bundesregierung nicht aufgegriffen, da sie gegen den Geist der Marktwirtschaft gerichtet seien.

Es handelt sich dabei um die Schaffung einer Rechtsgrundlage, um in Gemeinden mit Wohnungsnot ein Umwandlungsverbot (Verhinderung der Umwandlung von bisher meist preiswerten Miet- in teure Eigentumswohnungen, aus denen dann nach der Frist von drei Jahren oft die bisherigen Mieter vertrieben werden), zu erlassen. Nach Ansicht von CDU/CSU und FDP sei dies ein Verstoß gegen die Eigentumsgarantie des Grundgesetzes. Diese Argumentation ist wenig stichhaltig. Denn im 1986 beschlossenen *Baugesetzbuch* ist in § 22 bereits dieses Umwandlungsverbot enthalten, allerdings nur für Kurorte und nicht für Gemeinden mit Wohnungsmangel.

Die geforderte deutliche Reduzierung der nach dem *Miethöhegesetz* erlaubten Erhöhung der Miete um bis zu 30% in drei Jahren auf nur noch 15 oder 10% wird von der Bundesregierung deswegen abgelehnt, weil dadurch die Investitionsbereitschaft privater Bauträger gefährdet würde.

Die Bilanz des Experimentes zur Realisierung einer angebotsorientierten, streng marktwirtschaftlichen Wohnungspolitik der CDU/CSU/FDP-Bundesregierung, das erst seit Anfang 1989, nicht aus Einsicht, sondern eher aus wahltaktischen Gründen durch staatliche direkte Förderungsmaßnahmen etwas »abgemildert« wird, ist wenig erfolgreich.

Die Fertigstellungsrate ging von 1984 bis 1988 um fast die Hälfte zurück, von 398400 Wohneinheiten auf 208600 Wohneinheiten, und war damit die mit Abstand niedrigste seit Gründung der Bundesrepublik. Ursache dieses Rückganges war nicht nur die zu geringe Investitionsbereitschaft privater Bauträger angesichts anderer, profitablerer Kapitalanlagequellen (Investitionen in den Wohnungsbestand unter Mitnahme der steuerlichen Subventionen bzw. Anlage in Geld- und Warenspekulationen mit höherer Rendite), sondern auch der weitgehende Ausstieg des Bundes aus der direkten finanziellen Förderung des Wohnungsbaus. Diesen Ausstieg konnten die Länder und Gemeinden nicht durch höhere eigene Mittel kompensieren, vielmehr bauten auch sie ihre Förderung des Sozialwohnungsbaus ab (weniger aus »ideologischen« Gründen, sondern wegen ihrer meist angespannten Finanzlage).

Der Bund senkte seit 1983 seinen Verpflichtungsrahmen für den sozialen Wohnungsbau von 2,29 Milliarden DM auf 0,45 Milliarden DM im Jahr 1988. Bundes- und Landesmittel zusammen sanken von 8,89 Milliarden DM 1983 auf 3,72 Milliarden DM im Jahr 1988.

Die Gesamtzahl der jährlich genehmigten neuen Sozialwohnungen ging von 104100 im Jahr 1983 auf 38900 im Jahr 1988 zurück. Bei den genehmigten Sozialmietwohnungen war der Rückgang noch drastischer: von 55200 im Jahr 1983 auf 12300 im Jahr 1988.

Die Folgen dieser Politik des Vertrauens auf die freien Marktkräfte sind katastrophal: Vor allem in den Ballungsgebieten fehlt es an Wohnungen für Haushalte mit geringem Einkommen und für sogenannte Problemgruppen. Auch für »breite Schichten« der Bevölkerung sind die Wohnungsmieten, die in den achtziger Jahren aufgrund der hohen Nachfrage nach Wohnungen und der Mietrechtsänderungen des Jahres 1982 weit höher angestiegen sind als die allgemeinen Lebenshaltungskosten, oft nicht mehr bezahlbar.

Der Anteil der Bruttomietkosten am Nettohaushaltseinkommen, der Anfang der sechziger Jahre noch bei knapp unter 10% lag, ist im Bundesdurchschnitt auf 19% angewachsen. In Großstädten liegt er inzwischen im Durchschnitt oft bei 30%. Auch hier gilt der Grundsatz: Je niedriger das Haushaltseinkommen, desto höher der Mietbelastungsanteil. In Innenstadtrandgebieten Münchens beträgt er bei Haushaltsnettoeinkommen unter 1500,-- DM monatlich im Schnitt über 50 %. Ein immer höherer Anteil des Einkommens muß für Mietzahlungen verwendet werden.

Nach Schätzung des Deutschen Mieterbundes fehlen in der Bundesrepublik zur Zeit fast 1,2 Millionen Wohnungen, das Ifo-Institut geht von einem derzeitigen Fehlbestand von 1,7 Millionen Wohnungen aus.[11]

Die Nachfrage nach Wohnungen wird in den nächsten Jahren weiterhin ansteigen, wegen der Zuwanderung von Hunderttausenden von Aussiedlern und DDR-Umsiedlern, der steigenden Anzahl der wohnungsuchenden Haushalte, dem Trend zu mehr Ein-Personen-Haushalten und dem gestiegenen Flächenbedarf pro Haushalt.

Das Deutsche Institut für Wirtschaftsforschung bezweifelt in seinem Wochenbericht 3/90 meiner Ansicht nach zurecht, ob die bisherigen wohnungspolitischen Maßnahmen der Bundesregierung dieser steigenden Nachfrage wirklich gerecht werden können.

Angesichts der Wohnungsprobleme ist eine gemeinsame, langfristig konzipierte Anstrengung von Bund, Ländern und Gemeinden zur direkten finanziellen Förderung des Wohnungsbaues, mit dem eindeutigen Schwerpunkt auf dem sozialen Mietwohnungsbau, erforderlich, denn nur dieser erreicht die besonders bedürftigen Wohnungsuchenden wirklich, während der soziale Eigentumswohnungsbau (Zweiter Förderungsweg) und die indirekten steuerlichen Subventionen vorwiegend den besser Verdienenden zugutekommen.

Angesichts der hohen Mietpreissteigerungen sind eine Reduzierung des gesetzlich zulässigen Mieterhöhungsspielraumes und eine Veränderung des Begriffs der ortsüblichen Vergleichsmiete (Berücksichtigung aller Mietverhältnisse, nicht nur der in den letzten drei Jahren abgeschlossenen) notwendig.

Über 18 Millionen neue Wohnungen

Alles in allem gesehen war die Wohnungsbaupolitik in der Bundesrepublik bisher durchaus erfolgreich.

Allein in den Jahren 1950 bis 1986 wurden 18274166 Wohnungen neu errichtet, davon wurden 7155435 mit öffentlichen Mitteln gefördert.

Die Wohndichte pro Wohneinheit konnte von 5,0 Personen im Jahr 1950 auf 2,3 Personen im Jahr 1985 gesenkt werden.

Die Ausstattung aller Wohnungen konnte enorm verbessert werden. Hatten 1950 nur 7% der Wohnungen eine Sammelheizung, so sind es 1982 bereits 70%; hatten 1985 nur 20% ein Bad, so sind es 1982 bereits 92%.

Die Ausgestaltung des Mietrechts hat dazu geführt, daß die strukturelle Benachteiligung der Mieter gegenüber den Vermietern wenigstens teilweise kompensiert wurde.

Gerade die Entwicklung der letzten Jahre zeigt aber, daß der Wohnungsmarkt ein ganz besonderer Markt ist, der nicht dem freien Spiel der Kräfte ausgeliefert werden darf, in dem vielmehr Interventionen des Sozialstaates zur Versorgung der Bürger mit bezahlbarem Wohnraum und zum Schutz der Mieter unabdingbar notwendig sind.

Anmerkungen

1 Jost Hemming: »Kann der Markt die Probleme lösen? Stellungnahme des Mieterbundes« in »Gemeinnütziges Wohnungswesen«, Heft 10/1989, Köln 1989, S. 539–541

2 Hans-Joachim Fischer-Dieskau (1959), zitiert nach Jürgen H. B. Heuer: Lehrbuch der Wohnungswirtschaft, Frankfurt am Main 1985, S. 192 Anmerkung 3

3 Jürgen H. B. Heuer: Lehrbuch der Wohnungswirtschaft, a. a. O., S. 193

4 Klaus Novy: »Die neue Wohnungsnot war programmiert«, in »Sozialismus«, Heft 4/1989, Hamburg 1989, S. 15–21

5 Einen kurzen Überblick über die Entwicklung der Wohnungspolitik in der Bundesrepublik Deutschland geben:
Hans-Jörg Duvigneau/Ludwig Schönefeldt: Wohnungspolitik und

Wohnungswirtschaft in der Bundesrepublik Deutschland, Heft 23 der Schriftenreihe des Gesamtverbandes der Gemeinnützigen Wohnungswirtschaft, Köln 1989
Klaus Novy: »Die Wohnungsnot war vorprogrammiert« (vgl. Anmerkung 4)
Ruth Becker: »Grundzüge der Wohnungspolitik in der BRD seit 1949«, in »Arch«, Heft 57/58, Aachen 1981
Autorenkollektiv: »Krise und Alternativen im Wohnungsbau«, in Memorandum '81 – Demokratische Wirtschaftspolitik gegen Marktmacht und Sparmaßnahmen, Köln 1981, S. 87–204
Einen kurzen Überblick über die Entwicklung des Wohnungsbau- und Mietrechts in der Bundesrepublik Deutschland geben in den jeweiligen Einleitungsaufsätzen:
Hans-Joachim Fischer-Dieskau/Hans-Günther Pergande/Heinz Werner Schwender: Wohnungsbaurecht, Kommentar in 5 Bänden, Essen 1988
Wolfgang Schmidt-Futterer/Hubert Blank: Wohnraumschutzgesetz, Kommentar, München 1988
Otto Stadler: Einführung zu Mietgesetze, Textausgabe, München 1986

6 Rolf Kornemann: »Der Stellenwert des Wohnungs- und Städtebaus in den Regierungserklärungen der Bundesregierungen«, in »Zeitschrift für das gemeinnützige Wohnungswesen in Bayern«, Heft 2/1990, München 1990 (wie auch die weiteren Zitate aus Regierungserklärungen)

7 Rudi Ulbrich: Verteilungswirkungen des Förderungssystems für den Wohnungsbau, Schriftenreihe des BMBau, Bonn 1980

8 zitiert nach Memorandum '81, S. 104 (vgl. Anmerkung 5)

9 Zahlenangaben nach Hans-Jörg Duvigneau/Ludwig Schönefeldt (vgl. Anmerkung 5) (wie auch bei allen weiteren angegebenen Daten zur Wohnungspolitik)

10 Deutsches Institut für Wirtschaftsforschung: Wochenbericht 3/90 »Wohnungsbau 1989 und 1990: Förderung nicht ausreichend«, Berlin 1990

11 »Frankfurter Rundschau« 05.01.1990 und 23.03.1990

CHRISTIAN UDE

Retten, was zu retten ist

Zur Sicherung des preiswerten Wohnungsbestands

Es ist ein weit verbreiteter und zudem verhängnisvoller Irrtum, in Zeiten der Wohnungsnot komme es nur noch auf den Neubau an, könne man Maßnahmen im Wohnungsbestand als überflüssig abtun, weil sie doch »keine einzige neue Wohnung schaffen«. In Wahrheit ist es umgekehrt: Wenn der Schutz des Wohnungsbestandes vernachlässigt wird, wie es seit Jahren trotz dramatischer Appelle der Fall ist, dann geht so viel preiswerter Wohnraum verloren, daß auch das aufwendigste Neubauprogramm wirkungslos im Faß ohne Boden verschwindet.

Die Mietenexplosion im Altbaubestand

Mit 13 Prozent *durchschnittlicher* Steigerung der Altbaumieten beim Mieterwechsel wurde 1989 bundesweit ein trauriger Rekord erreicht, die Spitzenwerte in Ballungszentren und begehrten Gegenden liegen noch erheblich höher.[1] Diese Werte treiben dann als »ortsübliche Vergleichsmiete« auch bei fortbestehenden Vertragsverhältnissen die Preise in die Höhe. Wohl dem, der in einer Sozialwohnung lebt und »nur« die Kostenmiete zahlen muß, möchte man meinen. Doch bis 1995 werden 2 Millionen der derzeit vorhandenen 3 Millionen Sozialwohnungen »aus der Bindung entfallen«, also nur noch den Gesetzen des Marktes und des allgemeinen Mietrechts unterliegen.[2] Die zeitliche Befristung der Sozialbindung gehört zu den Geburtsfehlern des sozialen Wohnungsbaus, ist aber zumindest für jene Wohnungen, bei denen die öffentlichen Darlehen bereits zurückgezahlt wurden, nicht mehr aus der Welt zu schaffen. So kommen also zu all den Mietern, die heute schon dem freien Markt ausgesetzt sind und nur mit größter Mühe mithalten können, im nächsten Jahrfünft noch 2 Millionen Haushalte hinzu, deren Mietbelastung nach Wegfall der Bindung schrittweise der ortsüblichen Vergleichsmiete angepaßt wird. Schrittweise – denn *eine* Vorkehrung hat der Gesetzgeber zur Vermeidung allzugroßer Sprünge wenigstens getroffen: die Kappungsgrenze. Sie stellt sicher, daß die Miete innerhalb von drei Jahren höchstens um 30 % angehoben werden darf. Wenn die »ortsübliche Vergleichsmiete« entsprechend hoch ist, kann der 30 %-Sprung mit dreijährigem Abstand aber mehrmals hintereinander stattfinden. Das bedeutet im schlimmsten Fall, der in den Brennpunkten der Wohnungsnot allerdings auf der Tagesordnung stehen wird: Verdoppelung der Miete in einem Jahrzehnt!

Da gibt es keine Alternative zu der unbequemen Einsicht, daß die Kappungsgrenze reduziert werden muß, wenn in den Großstädten kein sozialer Sprengstoff angehäuft werden soll. Die Höchstgrenze für Mieterhöhungen muß auf fünf Prozent pro Jahr gesenkt werden.

Denn niemand kann sich angesichts des Wohnungsbedarfs – das Münchner Info-Institut hält über 10 Millionen Wohnungen bis zur Jahrtausendwende für erforderlich! – noch der Illusion hingeben, durch Neubau allein ließen sich Angebot und Nachfrage so einpendeln, daß auf weitergehenden Mieterschutz verzichtet werden könnte. Während die Wohnungsbauministerin Anfang des Jahres 1990 noch meinte, schon die Diskussion über eine Senkung der Kappungsgrenze in § 2 des *Miethöhegesetzes* sei »schädlich«, weil sie mögliche Investoren abschrecken könnte, räumte sie zur Jahresmitte immerhin ein, daß Handlungsbedarf bestehe und an einer zeitlich befristeten und örtlich begrenzten Regelung für den Altbaubestand gearbeitet werden müsse. Unter dem Eindruck der bayerischen Kommunalwahl, bei der die CSU unter dem Vorwurf fehlenden Mieterschutzes schwer zu leiden hatte, brachte Bayern sogar eine Bundesratsinitiative ein – allerdings erst so spät, daß das Vorhaben wahrscheinlich nur Öffentlichkeitswirkung entfaltet, aber nicht mehr zur Gesetzesreform führt.

Luxus rein – Mieter raus

Während im Sozialwohnungsbestand allein der Zeitablauf die Kostenexplosion zu zünden droht, bewirken dies in freifinanzierten Altbauten häufig überzogene Investitionen: Luxussanierung heißt das Schlagwort, das freilich den Nagel nicht ganz auf den Kopf trifft, denn meistens geht es nicht um marmorne Bäder und aufwendige Fußbodenheizungen, die wirklich als Luxus apostrophiert werden könnten, sondern »nur« um den üblichen Standard mit Bad und Zentralheizung, Lift und Wärmedämmung. Wer sich da – als Mieteranwalt, Baubehörde, Wohnungsamt oder Kommunalpolitiker – den Sanierern in den Weg stellt, ist schnell dem Mißverständnis ausgesetzt, man gönne den armen Bewohnern nicht, was man für sich selbst schon längst in Anspruch nimmt und im Neubau sogar zwingend als Standard vorschreibt. Doch mit Mißgunst hat es nichts zu tun, wenn für behutsame Renovierung statt grundlegender Sanierung plädiert wird. Vielmehr geht es um die reale soziale Situation der bisherigen Bewohner, die in ihrem angestammten Viertel bleiben möchten, dies aber aus finanziellen Gründen nicht können, wenn der aufwendigen Sanierung die Umlage der Kosten auf die Miete folgt, wie dies § 3 des *Miethöhegesetzes* vorsieht (jährlich 11 %, also beispielsweise bei einem Aufwand von 50000 DM im Jahr 5500 DM oder im Monat 458 DM). Hieraus ergibt sich die zweite Forderung an den Gesetzgeber: Auch die Umlage der Modernisierungskosten muß begrenzt werden, sei es durch einen niedrigeren Prozentsatz oder die Einführung einer Kappungsgrenze auch in diesen Fällen der Mieterhöhung. Damit Bewohner sich gegen das »Hinaussanieren« rechtzeitig und wirkungsvoll zur Wehr setzen können, ist die Duldungspflicht (in § 541b *BGB*) zugunsten finanziell schwacher Mieter enger zu fassen: Meiner Meinung nach sollte eine Pflicht des Mieters, Modernisierungsmaßnahmen zu dulden, nicht bestehen, wenn er sich hinterher die Wohnung nicht mehr leisten kann, unabhängig davon, ob der angestrebte Standard »allgemein üblich« ist oder nicht.[3] Um dennoch einheitliche Verbesserungen in einem Haus einführen zu können, brauchen nur individuelle Vereinbarungen getroffen zu werden, die auf einzelne Härtefälle Rücksicht nehmen, indem beispielsweise bei den schwächsten Mietparteien auf die Umlage ganz oder teilweise verzichtet wird. Altbausanierung ist eben nicht nur ein technisches, sondern auch ein soziales Problem – sie erfordert nicht nur technische, sondern auch soziale Phantasie, nicht nur technische, sondern auch soziale Problemlösungen.

Das Mietrecht allein kann aber kein ausreichender Schutz sein, weil finanziell Schwache – die es speziell zu schützen gilt – meist auch durchsetzungsschwach sind, also beispielsweise nicht clever genug, sich beraten zu lassen, nicht nervenstark genug, um Verhandlungen oder gar Prozesse durchzustehen, nicht bereit oder nicht in der Lage, sich zu organisieren und gemeinsame Interessen gemeinsam zu vertreten. Die Angst vor Schikanen oder einer Kündigung mag völlig unbegründet sein – gefügig macht sie doch. Der mietrechtliche Schutz muß deshalb ergänzt werden durch kommunale Möglichkeiten, der mietervertreibenden »Luxussanierung« – in den USA »gentrification« genannt und als explosives Großstadtproblem erkannt – von vorneherein einen Riegel vorzuschieben. Ansätze eines Instrumentariums waren schon vorhanden, wurden aber sofort nach der Bonner Wende entwertet: Die Gemeinden können für gefährdete Gebiete Erhaltungssatzungen aufstellen, unter anderem mit dem Ziel, die Zusammensetzung der Wohnbevölkerug zu erhalten; seit der Novellierung im Jahr 1982 tritt die wirksamste Eingriffsmöglichkeit, nämlich das kommunale Vorkaufsrecht, jedoch nicht mehr wie früher bereits mit dem Aufstellungsabschluß in Kraft, sondern erst sehr viel später nach einem langwierigen Verfahren mit dem Erlaß der Satzung – also zu einem Zeitpunkt, zu dem es oft schon zu spät ist, bedrohte Häuser den Spekulanten doch noch vor der Nase wegzukaufen. Die zweite Verschlechterung wiegt noch schwerer: Während die Gemeinde vor der Novellierung nur den gutachterlich ermittelten Verkehrswert zu bezahlen brauchte, muß sie jetzt bei Ausübung des Vorkaufsrechts den vollen, meist spekulationsbedingt hohen vereinbarten Kaufpreis entrichten. Da die Gemeinde aber im Gegensatz zum Spekulanten das Anwesen nicht optimal verwerten, sondern möglichst preiswert vermieten will, rechnet sich der Spekulationspreis für sie nicht – und das schöne Vorkaufsrecht steht nur auf dem Papier. Die Wiederherstellung eines schnell in Kraft tretenden und preislimitierten Vorkaufsrecht für die Gemeinden ist die vierte Forderung an den Gesetzgeber.

Die Vorstufe der Vertreibung

Spekulative Wohnungskäufe mit Vertreibungswirkung haben nicht immer mit aufwendigen Modernisierungsmaßnahmen zu tun, dafür aber fast ausnahmslos mit einem Rechtsvorgang, der für sich allein genommen die rechtliche Stellung des Mieters gar nicht tangiert: mit der Umwandlung in Wohnungseigentum. Zunächst haben übrigens alle Bonner Parteien sich ausdrücklich dafür starkgemacht, daß durch die Aufteilung von Mietshäusern in einzelne, getrennt veräußerte Eigentumswohnungen neue Chancen eröffnet werden, die bisher gemietete Wohnung günstig zu erwerben. Der ehemalige SPD-Wohnungsbauminister Lauritz Lauritzen meinte noch Ende der 70er Jahre, »daß nur durch verstärkte Umwandlung von Mietwohnungen in Eigentumswohnungen unter Einbeziehung auch des Sozialwohnungsbestandes eine breite Eigentumsbildung erreichbar und Engpässe auf den Märkten für Eigentumswohnungen zu vermeiden sein werden«.[4] Und die zwischenzeitlich von CDU/CSU und FDP gebildete Bundesregierung begrüßte noch 1984 grundsätzlich die Umwandlung, »weil sie möglichst vielen Mietern zu Wohneigentum« verhelfe.[5] Minister Schneider blieb bis zum Ende seiner Amtszeit 1989 bei dieser positiven Bewertung. Nun mag es zigtausende Fälle gegeben haben, in denen der Kauf durch die Mieter selbst oder durch reine Kapitalanleger tatsächlich keine Probleme mit sich brachte. In den Brennpunkten des Wohnungsbedarf zeichnete sich aber von Anfang an ab, daß der scheinbar harmlose Vorgang der Umwandlung über kurz oder lang zur Vertreibung führt, sei es, daß die Umwandlungsfirma Mieter hinausschikaniert, um die leere Wohnung mit einem saftigen Preisaufschlag veräußern zu können, sei es, daß nach Ablauf der gesetzlichen Gnadenfrist das dicke Ende der Eigenbedarfskündigung durch den neuen Käufer kommt.[6] Diesen Aspekt hat man in Bonn jahrelang nicht sehen wollen, die Bundesregierung will ihn immer noch nicht wahrhaben: Durch die Umwandlung vervielfacht sich das Risiko der Mieter, trotz vertragstreuen Verhaltens wirksam gekündigt zu werden. Gerade wenn die bisherige Miete noch günstig war, hat der Erwerber ein gesteigertes Interesse daran, das Mietverhältnis zu beenden und Eigenbedarf für die studierende Tochter, den heiratswilligen Sohn oder die angeblich pflegebedürftige Tante geltend zu machen. Alle Untersuchungen kommen zum selben Ergebnis: Rund zwei Drittel der ursprünglichen Bewohner sind schon nach wenigen Jahren vertrieben.[7] So ist die Forderung nach einem gesetzlichen Umwandlungsverbot mit Genehmigungsvorbehalt in Gemeinden mit erhöhtem Wohnungsbedarf unverzichtbar. Die ins Feld geführten Gegenargumente überzeugen alle nicht, weil in all den Fällen, in denen die Umwandlung ausnahmsweise keine schädlichen Folgen hat, eine Genehmigung ausgesprochen werden kann, etwa wenn der erforderliche Mieterschutz vertraglich vereinbart wird oder wenn alle Mieter selbst am Kauf interessiert sind.

Ohne wirksamen Schutz vor Umwandlungsspekulation ist keine Beruhigung der aufgebrachten Mieterschaft zu erreichen, auch wenn kleine Trostpflaster – wie beispielsweise die Verlängerung der dreijährigen Kündigungsfrist in Umwandlungsfällen – verabreicht werden. In München, der »heimlichen Hauptstadt der Umwandlungsspekulation« wurden allein in den 80er Jahren über 50000 Wohnungen umgewandelt, einer Viertelmillion Haushalten steht die Umwandlung vielleicht noch bevor.

Mehr als ein Kavaliersdelikt

Um dramatische Größenordnungen geht es auch bei der nächsten Fallgruppe: Bundesweit werden jährlich rund 100000 Wohnungen zweckentfremdet, das heißt »anderen als Wohnzwecken« zugeführt, z. B. durch Abbruch, gewerbliche Nutzung oder einfach durch Leerstand.[8] Die Dunkelziffer ist »außerordentlich hoch«.[9] Nach Angaben des statistischen Bundesamtes stehen rund 500000 Wohnungen in der Bundesrepublik leer. Seit 1972 gilt zwar in Gemeinden mit besonders gefährdeter Wohnungsversorgung das Zweckentfremdungsverbot, doch diese Waffe erweist sich in der Praxis meist als stumpf. Zunächst ist schon die räumliche Begrenzung auf ausgewählte Orte nicht mehr einzusehen, da die Wohnungsnot – spätestens seit dem Zuzug der Aus- und Übersiedler – das ganze Land bedrängt. Zweitens fehlen gesetzliche Ermächtigungen, um eine rechtswidrig vorgenommene Zweckentfremdung tatsächlich unverzüglich wieder rückgängig zu machen. Und drittens sind die vorgesehenen Bußgelder von maximal 20000 DM viel zu gering, um wirklich abzuschrecken.

Ein effektives Zweckentfremdungsrecht müßte beide Größenordnungen im Auge haben: Zum einen den Profit, den der rechtswidrige Zweckentfremder macht, und zum anderen den Schaden, der der Gemeinschaft entsteht.

Da gewerbliche Mieten besonders in boomenden Städten wie Frankfurt, München und jetzt auch in Berlin sogar noch erheblich über der erzielbaren Wohnraummiete liegen, in begehrten Lagen am Rande der City um mehr als 10 DM/qm, kassiert der Hausbesitzer schon bei der Zweckentfremdung einer einzigen Wohnung einen fünfstelligen Mehrbetrag *pro Jahr.*

Um für die Wohnungen, die durch Zweckentfremdung dem Markt verlorengehen, wieder preiswerten Ersatz in Form von Sozialwohnungen zu schaffen, muß die öffentliche Hand, also der Steuerzahler, pro Wohnung einen sechsstelligen Förderungsbetrag aufbringen!

Da die Zweckentfremdung für den Hausbesitzer so profitabel und für die Gemeinschaft so schädlich ist, müssen die Bußgelder zur Ahndung von Verstößen *erheblich höher* als die erhofften Gewinne sein. Wohnraum unerlaubt zu beseitigen, kann in einem unter Wohnungsmangel leidenden Land nicht länger wie ein Kavaliersdelikt behandelt werden.

Anmerkungen

1 Süddeutsche Zeitung Nr. 93 vom 23.4.1990, S. 23
2 SPIEGEL Nr. 32 vom 18.9.1989, S. 50
3 Christian Ude, Belastungen des Mieters durch bauliche Änderungen, in ESW-Schriftenreihe Band 16, Nürnberg 1984.
4 Lauritz Lauritzen, Verkauf von Gebrauchtwohnungen, Empfehlungen einer unabhängigen Kommission des GEWOS-e. V. an den Gesetzgeber, Bonn 1979
5 Bundestagsdrucksache 10/1430 vom 10.5.1984
6 Christian Ude, Wohnen muß jeder, in »Münchner Perspektiven«, München 1990 (Serie Piper, Bd. 1230)
7 ebd.
8 SPIEGEL, a. a. O.
9 Deutsches Institut für Urbanistik, Wohnungsbestandssicherung, Berlin 1988

Bauen, bauen, bauen – egal wie. Das war schon einmal die Antwort auf einen aktuellen Wohnungsmangel.

So entstanden in den 60er Jahren riesige Wohnmaschinen, hier die Gropiusstadt in West-Berlin.

Mit ungetümen Baumassen wurden Rekordzahlen im Wohnungsbau erzielt, aber auch Lebensbedingungen festgeschrieben.

Wie soll hier ein Kind sein Zuhause finden?
Klingelschild in einem Wohnhochhaus der 60er Jahre.

Keine Bunkerluke, sondern der Haupteingang zu einer Wohnanlage für über hundert Familien.

Haus 2, rechter Eingang, linke Wand, siebte Reihe, drittes Fach von oben: MEIN Briefkasten.

Da wächst kein Gras mehr:
Versteinertes Wohnumfeld im Märkischen Viertel.

Hilflose Versuche, die eigene Wohnung erkennbar zu machen: »Individueller« Gardinenschmuck.

Selbst die Gärten stehen stramm in Reih und Glied:
»Feld 1« auf dem Wilhelmsruher Damm.

Spiellandschaft Stadt: Ein »Spielgerät« für die Kinder
und Jugendlichen der gesamten Anlage.

Die zunächst vergessene Infrastruktur mußte nachträglich geschaffen werden. Hinweisschilder wie auf Autobahnen sollen es erleichtern, soziale Einrichtungen aufzufinden.

Die Nachbesserungen mit Ladengeschäften und Sozialeinrichtungen, auch mit nachträglicher Gestaltung des ursprünglichen »Abstandgrüns« zu reizvollen Parkanlagen und Spielplätzen, haben die Lebensbedingungen in den Trabantenstädten zweifellos verbessert. Trotzdem bleiben die Wohnmaschinen der Schlafstädte ein eindringlicher Apell, sich in Zeiten großen Wohnungsbedarfs nicht kritiklos den großen Baumassen zu verschreiben, sondern die Fragen der ökologischen und sozialen Verträglichkeit von Anfang an einzubeziehen.

Gerhard Jahn

Von der Unersetzlichkeit des sozialen Wohnungsbaus

In Diskussionen über den sozialen Wohnungsbau kommt die Rede oft und schnell auf »Betonsilos« in anonymen Großsiedlungen oder auf Wohnungen, die mit Steuergeldern gefördert und dennoch viel zu teuer für Haushalte mit niedrigem Einkommen sind. Und werden diese Wohnungen nicht häufig auch noch von den »Falschen« bewohnt, die genug verdienen und staatliche Hilfe gar nicht benötigen? »Dieser soziale Wohnungsbau soll unersetzlich sein?« wird daher mancher fragen, der die öffentliche Diskussion über Wohnungsbau und Wohnungsbaupolitik in den letzten Jahren verfolgt hat.

7,5 Millionen Sozialwohnungen seit 1949

So berechtigt die Kritik an einzelnen Fehlentwicklungen auch ist, so wenig wird sie aber der tatsächlichen Bedeutung des sozialen Wohnungsbaus für die Wohnungsversorgung gerecht. Seit 1949 wurden über 7,5 Millionen Sozialwohnungen errichtet, das ist mehr als ein Drittel der gesamten Neubauleistung in der Bundesrepublik Deutschland. Da im Laufe der Zeit viele Sozialwohnungen mehrmals ihre Bewohner gewechselt haben, ist in den letzten vier Jahrzehnten – statistisch gesehen – jeder zweite Haushalt einmal in den Genuß einer Sozialwohnung gekommen. Das ist eine gewaltige wohnungspolitische Leistung. Sie half nicht nur die große Wohnungsnot nach dem Krieg überwinden, ohne sozialen Wohnungsbau hätte die Wohnungsversorgung auch nicht den hohen Stand erreicht, um den andere Länder die Bundesrepublik Deutschland beneiden.

Wohnungsversorgung: Vordringliche Aufgabe für den Staat

Die Grundidee ist zwar wesentlich älter, in seiner heutigen Form ist sozialer Wohnungsbau jedoch ein Kind der Wiederaufbaujahre nach dem Zweiten Weltkrieg. In der Fassung des *Zweiten Wohnungsbaugesetzes*, das am 1. Juli 1956 in Kraft trat, heißt es:

»Bund, Länder, Gemeinden... haben den Wohnungsbau unter besonderer Bevorzugung des Baues von Wohnungen, die nach Größe, Ausstattung und Miete oder Belastung für die breiten Schichten des Volkes bestimmt oder geeignet sind (sozialer Wohnungsbau), als vordringliche Aufgabe zu fördern... Die Förderung soll eine ausreichende Wohnungsversorgung aller Bevölkerungsschichten entsprechend den unterschiedlichen Bedürfnissen ermöglichen und diese namentlich für diejenigen Wohnungsuchenden sicherstellen, die hierzu selbst nicht in der Lage sind...«

Sozialer Wohnungsbau ist also nicht ausschließlich Wohnungsbau für Menschen mit geringem Einkommen oder für »sozial Schwache«, obwohl diese zu Recht vorrangig zu versorgen sind. Vor allem aber: Sozialer Wohnungsbau ist eine »vordringliche Aufgabe« des Staates; er ist für die Wohnungsversorgung verantwortlich.

Entscheidend sind Mietpreis- und Belegungsbindung

Das Maß der staatlichen Verantwortung und damit der Umfang der öffentlichen Förderung des sozialen Wohnungsbaus hat sich im Laufe der Jahre ebenso gewandelt wie die Ausgestaltung der Förderung. Die wesentlichen Merkmale des sozialen Mietwohnungsbaus – öffentlich geförderte Eigentumsmaßnahmen sollen hier nicht weiter betrachtet werden – sind aber bis heute die Mietpreis- und die Belegungsbindung.

Der Vermieter von Sozialmietwohnungen darf höchstens die gesetzlich festgelegte Kostenmiete verlangen. Sozialwohnungen dürfen grundsätzlich nur an Haushalte vergeben werden, deren Einkommen bestimmte Grenzen nicht überschreitet (»Wohnberechtigung«). Diese »Sozialbindungen« sind seit 1960 im *Wohnungsbindungsgesetz* verankert. Sie sind die Gegenleistung des Vermieters dafür, daß ihm die öffentliche Hand zinsverbilligte Darlehen und/oder laufende Zuschüsse langfristig zur Verfügung stellt (direkte Förderung).

Sozialer Mietwohnungsbau – ein »Fremdkörper« am Wohnungsmarkt?

Obwohl der Auftrag in § 1 des *Zweiten Wohnungsbaugesetzes* geltendes Recht blieb, wird der soziale Mietwohnungsbau vor allem seit Ende der siebziger Jahre immer häufiger in Frage gestellt. Nach weitgehender Überwindung der kriegsbedingten Wohnungsnot schien vielen die staatliche Verantwortung für die Wohnungsversorgung auch der »breiten Schichten des Volkes« überflüssig. Die Bereitschaft der Wohnungs-, vor allem aber der Finanzpolitiker, den Mietwohnungsbau direkt zu fördern, nahm ab. Die öffentliche Förderung beschränkte sich zunehmend auf bestimmte, sozial besonders benachteiligte Gruppen.

Wesentlichen Anteil an dieser Einschränkung hatten ordnungspolitische (»ideologische«) Einwände, die von den Befürwortern eines grundsätzlich »freien« Wohnungsmarktes erhoben werden. Für sie ist der soziale Mietwohnungsbau ein »Fremdkörper« in einer marktwirtschaftlichen Ordnung. Vor allem die Verbände der Haus- und Grundeigentümer fordern immer wieder, die »Spaltung« des Wohnungsmarktes müsse abgeschafft und der Sozialwohnungsbestand »liberalisiert« werden. Diese Forderungen wurden begünstigt durch bestimmte Schwächen und Fehlentwicklungen im traditionellen sozialen Mietwohnungsbau, wie sie am Anfang dieses Beitrags stichwortartig beschrieben worden sind.

»Radikalkur« freier Markt

Die Befürworter einer »Liberalisierung« behaupten, einzig und allein mit einer »Radikalkur«, sprich: Überführung in den freien Markt, könnten die Probleme des sozialen Wohnungsbaus gelöst werden. Schon Anfang der achtziger Jahre erfolgte der Einstieg in die Liberalisierung; insbesondere wurde es den Eigentümern von Sozialmietwohnungen erleichtert, sich durch vorzeitige Rückzahlung öffentlicher Darlehen aus der Sozialbindung »herauszukaufen«; dies ist einer der Hauptgründe dafür, daß der Bestand von 4 Millionen Sozialmietwohnungen im Jahre 1985 bis 1996 auf die Hälfte schrumpfen wird.

In die gleiche Richtung zielt auch die Entscheidung der Bonner Regierungskoalition und der CDU/CSU-geführten Bundesländer, zum 1.1.1990 die gesetzlichen Bindungen der Wohnungsgemeinnützigkeit aufzuheben und die gemeinnützige Wohnungswirtschaft mit rund 3,5 Millionen Wohnungen in den freien Markt zu entlassen. Die Bindungen der Wohnungsgemeinnützigkeit sind zwar nicht voll mit den Bindungen des sozialen Wohnungsbaus vergleichbar, haben aber für die Wohnungsversorgung breiter Schichten eine ähnlich große Bedeutung.

Seit Mitte der achtziger Jahre setzt die von CDU/CSU und FDP gebildete Bundesregierung immer stärker auf eine grundsätzlich marktorientierte Wohnungsversorgung. Einen solchen wohnungspolitischen Kurswechsel versuchte übrigens die FDP schon in der Spätphase der sozial-liberalen Koalition durchzusetzen; die Wohnungs- und Mietenpolitik war eine der Bruchstellen der damaligen Regierungskoalition.

Mitte der achtziger Jahre: »Global ausgeglichener« Wohnungsmarkt?

Für eine marktorientierte Wohnungspolitik und den Rückzug des Staates aus der Wohnungsversorgung schien Mitte der achtziger Jahre der »richtige« Zeitpunkt gekommen. Drei Jahrzehnte nach Inkrafttreten des *Zweiten Wohnungsbaugesetzes* war das Wohnungsproblem anscheinend gelöst, eine »ausreichende Wohnungsversorgung aller Bevölkerungsschichten« gewährleistet. Einige hunderttausend Wohnungen standen leer, vor allem in strukturschwachen Regionen, Gebieten mit hoher Arbeitslosigkeit und in bestimmten Großsiedlungen. Die jahrzehntelang verwöhnten Vermieter mußten die Erfahrung machen, daß ihnen die Wohnungen nicht immer »aus den Händen gerissen« wurden und längst nicht jede Mietforderung durchsetzbar war. Der Zentralverband der Deutschen Haus-, Wohnungs- und Grundeigentümer verkündete: Eine Million Wohnungen stehen bundesweit leer. Statistisch gesehen galt der Wohnungsmarkt als »ausgeglichen«, die Bundesregierung sprach von einem »Mietermarkt«.

Die angebliche Marktsättigung diente dazu, den ohnehin ordnungspolitisch gewollten Rückzug des Staates aus der Wohnungspolitik einzuleiten. Grundsätzlich sollte die Wohnungsversorgung »marktwirtschaftlich organisiert« sein, bei sozialer Absicherung einkommenschwacher Haushalte durch das Wohngeld.

1986: Bund stellt Förderung ein

»Folgerichtig« stellte der Bund 1986 die Förderung des sozialen Mietwohnungsbaus ein und versuchte diese Aufgabe auf die Länder abzuwälzen, zumal diese schon seit Jahren eine Stärkung ihrer wohnungspolitischen Kompetenzen gefordert hatten.

Allerdings zogen sich auch die Länder damals weitgehend aus dem sozialen Mietwohnungsbau zurück, teils aus Geldknappheit, teils mit der gleichen Begründung wie der Bund. Das hatte sichtbare Folgen: So wurden 1983 noch mehr als 104000 Sozialwohnungen öffentlich gefördert, davon 59000 Mietwohnungen, während es 1988 insgesamt nur noch knapp 41000 waren, davon ein gutes Viertel Mietwohnungen.

Marktsättigung war ein Trugschluß

Diese wohnungspolitische Weichenstellung – zu der auch noch die Aufhebung der gesetzlichen Wohnungsgemeinnützigkeit gehört – beruhte jedoch in mehrfacher Hinsicht auf einem Trugschluß. Die angebliche Marksättigung Mitte der achtziger Jahre war kein Hinweis auf ein ausreichendes Wohnungsangebot, sondern Ergebnis einer anhaltenden Nachfrageschwäche; schließlich waren von 1979 bis 1985 die realen Masseneinkommen ständig zurückgegangen.

Schon im Frühjahr 1987 bahnte sich jedoch die Wende am Wohnungsmarkt an. Vor allem in den Großstädten und Ballungsräumen wurden die – latent immer vorhandenen – Nachfragefaktoren marktwirksam: So wird allein die Zunahme der Haushalte auf jährlich etwa 100000 geschätzt; neben der demographischen Entwicklung ist eine Ursache dafür die anhaltende Tendenz zu kleineren Haushalten, die zu einem relativ höheren Wohnflächenbedarf führt. Der Wiederanstieg der Realeinkommen seit Mitte der achtziger Jahre erlaubte darüber hinaus zumindest den Beziehern durchschnittlicher Einkommen, den lange Zeit zurückgestellten Wunsch nach einer größeren und/oder komfortableren Wohnung zu verwirklichen. Seit 1988 traten als zusätzlich Nachfrager verstärkt auch die Spätaussiedler aus den Ostblockländern und die Übersiedler aus der DDR auf.

Mieterbund warnt frühzeitig vor Wohnungsmangel

Der Deutsche Mieterbund hat schon 1987 gewarnt: *»Neuer Wohnungsmangel droht«*, wurde damals aber noch von den verantwortlichen Wohnungspolitikern der Bundesregierung der Panikmache und Angstmacherei geziehen. Noch am 30. Juni 1988 stellte die Bundesregierung in ihrer Antwort auf eine Große Anfrage der SPD-Bundestagsfraktion fest: *»Die Wohnungsversorgung hat ein quantitativ und qualitativ hohes Niveau erreicht; der Wohnungsmarkt ist global ausgeglichen.«* Und der damalige Bundesbauminister Dr. Oscar Schneider kommentierte Ende 1988 die Ergebnisse der Volkszählung von 1987 mit der Feststellung *»Die Wohnungsversorgung ist nicht gut, sie ist nicht sehr gut, nein, sie ist ausgezeichnet.«*

Volkszählung 1987: Rechnerisch fehlen 700000 Wohnungen

Doch gerade die Volks- und Wohnungszählung machte deutlich, in welchem Ausmaß Wohnungspolitiker und Öffentlichkeit die Wohnungsmarktlage falsch eingeschätzt hatten. Eine Million Wohnungen standen nur »auf dem Papier« der amtlichen Statistik zur Verfügung. Einen »global ausgeglichenen« Wohnungsmarkt hat es nie gegeben, die Volkszählung ergab sogar ein »rechnerisches Defizit« von über 700000 Wohnungen.

Die Folgen von Fehleinschätzung und wohnungspolitischen Fehlentscheidungen bekommen Mieter und Wohnungsuchende immer schärfer zu spüren: In weiten Teilen der Bundesrepublik Deutschland, wenn auch mit Schwerpunkt in Großstädten und Ballungsräumen, ist der Wohnungsmarkt leergefegt, trifft eine wachsende Nachfrage auf ein viel zu geringes Angebot. Denn entgegen den Erwartungen der Bundesregierung ist bis 1988 auch der freifinanzierte Neubau ständig zurückgegangen. Der gesamte Wohnungsbau ging von rund 398000 fertiggestellten Wohneinheiten im Jahre 1984 auf fast die Hälfte, nämlich rund 208000 Wohneinheiten im Jahre 1988, zurück. 1984 wurden noch rund 90000 Mietwohnungen gebaut, 1988 hingegen nur noch etwa 30000. Über Jahre hinweg ist das Mietwohnungsangebot als Folge von Abriß, Zweckentfremdung und Umwandlung in Wohnungseigentum insgesamt geschrumpft.

Der Druck auf die Mieter wächst

Die Angebotsverknappung führt zu drastisch steigenden Mietforderungen bei der Neuvermietung, die sich als Folge der Mietrechtsänderungen vom 1.1.1983 zunehmend auch in höheren Mieten bei bestehenden Mietverhältnissen niederschlagen.

Der Druck auf die Mieter wächst jedoch nicht nur aufgrund steigender Mieten. Vor allem in Großstädten nimmt die sogenannte Umwandlungsspekulation wieder zu. Sie führt meist nicht nur zu einer drastischen Verteuerung der Wohnung, sondern auch zur Verdrängung der Mieter. Erleichtert wird diese Spekulation durch die höchstrichterliche Rechtsprechung zur Eigenbedarfskündigung, die in der Praxis von vielen Vermietern »mißbraucht« wird, um unliebsame Mieter loszuwerden oder höhere Mietforderungen durchzusetzen.

Wohnungsnot im Wohlstand

Am Wohnungsmarkt gibt es einen scharfen Verdrängungswettbewerb. Im »Wettlauf« um das knappe Angebot haben sowohl einkommenschwache Nachfrager als auch am Wohnungsmarkt benachteiligte Haushalte, z.B. Familien mit Kindern, Alleinerziehende, Aussiedler, bestimmte Ausländergruppen, Studenten, keine Chance. Dies gilt in den wirtschaftsstarken Ballungsräumen zunehmend auch für Haushalte mit durchschnittlichem Einkommen, also für die »breiten Schichten des Volkes«, wie es in §1 des *Zweiten Wohnungsbaugesetzes* heißt. Nur noch zahlungskräftige Nachfrager können sich – um den Preis hoher Mieten – ihre Wohnbedürfnisse erfüllen. Die anderen müssen sich immer häufiger mit unzureichenden Wohnbedingungen begnügen. Dabei sind gerade sie es, die auf preiswerten Wohnraum angewiesen sind, an dem inzwischen bundesweit Mangel herrscht.

So gibt es wieder eine »neue Wohnungsnot«, eine Wohnungsnot im Wohlstand, für Hunderttausende von Bürgern, die beengt oder qualitativ schlecht untergebracht sind und unter teilweise menschenunwürdigen Bedingungen, in Notunterkünften und Behelfsquartieren hausen müssen. Mindestens fünf Prozent der Haushalte haben nach Schätzung der Bundesregierung »Probleme«, eine geeignete Wohnung zu finden. Das sind 1,3 Millionen Haushalte mit wenigstens drei Millionen Menschen. Von Wohnungsnot bedroht ist eine wesentlich größere Anzahl. Nach Schätzungen des Deutschen Mieterbundes ist die Wohnungsversorgung von mehr als fünf Millionen Haushalten gefährdet, weil sie ein zu geringes Einkommen haben oder aus anderen Gründen am Wohnungsmarkt benachteiligt sind. Der Wohnungsmangel und seine Folgen trifft diese Haushalte mit voller Schärfe, wenn sie, zum Beispiel durch Kündigung, ihre Wohnung verlieren oder sich aus anderen Gründen eine neue Wohnung suchen müssen.

1990: 1,2 Millionen Wohnungen fehlen

Im Frühjahr 1990 fehlen nach Schätzungen des Deutschen Mieterbundes bundesweit rund 1,2 Millionen Wohnungen; zu ähnlichen Ergebnissen kommen auch wissenschaftliche Forschungsinstitute. So hat das Münchner Ifo-Institut das Defizit mit 1,7 Millionen Wohnungen beziffert, unter Berücksichtigung einer Leerstandsreserve (»Fluktuationsreserve«) von zwei Prozent des Wohnungsbestandes; diese Reserve wird für erforderlich gehalten, damit der Wohnungsmarkt überhaupt reibungslos funktionieren kann.

Der Wohnungsmangel ist nicht nur das Ergebnis einer verhängnisvollen Fehleinschätzung der Entwicklung von Angebot und Nachfrage, hier zeigen sich auch die Folgen einer Wohnungspolitik, die Verknappung und Verteuerung des Wohnungsangebots zumindest in Kauf genommen hat.

Der Markt ist »sozial blind«

Denn der zweite Trugschluß der »marktorientierten« Wohnungspolitik besteht in der Annahme, der Wohnungsmangel könne durch freifinanzierten Wohnungsbau beseitigt werden. Der Markt ist sozial »blind«, er nimmt auf die Bedürfnisse der Einkommenschwachen oder sozial Benachteiligten keine Rücksicht. Die Tatsache, daß heute noch viele Haushalte in freifinanzierten und Altbauwohnungen angemessen untergebracht sind, ist kein »Gegenbeweis«. Denn hier gibt es keine Sicherheit, daß dies auch künftig so sein wird, weil die Wohnungen nicht der Sozialbindung unterliegen und der Eigentümer frei ist, seine Marktchancen zu nutzen.

Freifinanzierter Neubau hat Grenzen

Die bisherige Entwicklung hat gezeigt, daß der freifinanzierte Neubau von Mietwohnungen auch künftig nicht in der Lage sein wird, das dringend benötigte Wohnungsangebot bereitzustellen. Kostendeckende Mieten sind am Markt selten zu erzielen. Der Kreis möglicher Nachfrager beschränkt sich auf Bezieher höherer Einkommen. Die Investoren scheuen das Risiko der extrem langfristigen Anlage im Wohnungsbau, zumal es hochrentable Alternativen gibt.

»Ein Bauherr von Mietwohnungen muß sich heute darum sorgen, ob er in 10 oder 20 Jahren überhaupt noch Mieter findet. Je weniger der Hausbesitzer mit Wertsteigerungen von Gebäuden rechnen kann, umso höher muß die Mietrendite sein, soll sich der Neubau lohnen. Von einem Mietenniveau, bei dem die laufende Rendite den Einsatz von Eigenkapital lohnt, sind wir noch weit entfernt. Selbst die horrenden Mieten von 20 DM/qm, die man aus München und Frankfurt hört, reichen dazu bei Neubauten noch nicht aus... Die Mieten werden weiter steigen, ohne daß sich der Mietwohnungsbau merklich belebt.« (Professor Wolfram Engels in der »Wirtschaftswoche« vom 6.1.1989).

Wohngeld kann kein Ersatz für sozialen Wohnungsbau sein

Die Befürworter einer »marktorientierten« Wohnungsversorgung setzen vor allem auf das Wohngeld als Mittel der sozialen Absicherung des Wohnens. Sie sagen: Wohngeld hilft einkommenschwachen Haushalten gezielt (»Subjektförderung«) und ist deshalb effizienter als der soziale Mietwohnungsbau (»Objektförderung«).

Niemand bestreitet, daß Wohngeld eine notwendige Sozialleistung ist, die im Einzelfall die Mietbelastung erträglicher machen kann. Wohngeld wäre selbst dann nicht überflüssig, wenn alle Bedürftigen in Sozialwohnungen untergebracht werden könnten, denn auch das schließt finanzielle Härten im Einzelfall nicht aus.

Wohngeld kann aber die direkte Förderung des sozialen Mietwohnungsbaus nicht ersetzen. Wie Arbeitslosenhilfe keine Arbeitsplätze schafft, so baut auch Wohngeld keine Wohnungen und gibt denen kein Dach über dem Kopf, die am freien Markt keines finden können. Vor allem schafft Wohngeld keine preiswerten Wohnungen und keine langfristigen Preis- und Belegungsbindungen, die den sozialen Mietwohnungsbau auszeichnen.

Die Annahme, die Stärkung der »Wohnkaufkraft« durch Wohngeld werde mittelbar auch eine Ausweitung des Wohnungsangebots bewirken, ist spekulativ. Das wäre allenfalls langfristig zu erwarten. Für die Menschen, die heute dringend eine Wohnung benötigen, stellt dies jedoch keine Hilfe dar. *»Langfristig sind wir alle tot«*, sagte schon der große Nationalökonom John Maynard Keynes.

Ohnehin ist es aber fraglich, ob Wohngeld zu derartigen langfristigen Anpassungsprozessen führt. Der größte Teil der Wohnungsnachfrage kann nämlich nicht über den Neubau, sondern muß aus dem Wohnungsbestand befriedigt werden. Viel wahrscheinlicher ist daher, daß Wohngeld auf Dauer über steigende Mieten wieder abgeschöpft wird, ohne daß zusätzliche Neubauinvestitionen ausgelöst werden, zumal die besonders hohen Neubaumieten nicht mehr vom Wohngeld erfaßt werden.

Wohngeld weist schließlich auch systembedingte Schwächen auf. Nach empirischen Untersuchungen nimmt nur etwa die Hälfte der Berechtigten Wohngeld tatsächlich in Anspruch. Wie bei anderen individuellen Hilfen (z. B. Sozialhilfe) zwingt das Wohngeld dazu, die »Bedürftigkeit« vor der Behörde, unter Umständen auch gegenüber dem Vermieter, offenzulegen. Dies wird möglicherweise von vielen als diskriminierend empfunden, sie »verzichten« aus falschem (?) Stolz auf ihren Rechtsanspruch. Ob dies allein durch vermehrte Aufklärung überwunden werden kann, scheint fraglich.

Eine zweite Schwäche der »Subjektförderung« besteht darin, daß das Wohngeld nicht automatisch der allgemeinen Einkommens- und Mietentwicklung angepaßt wird. Die bisherigen Wohngelderhöhungen erfolgten immer im Abstand von mehreren Jahren und nur mit großer zeitlicher Verzögerung; in der Vergangenheit wurde es in Teilbereichen sogar zweimal gekürzt. Wohngeld ist daher keine verläßliche »Planungsgrundlage« für einen Wohnungsuchenden, der nur mit Hilfe des Wohngeldes seine Wohnung bezahlen kann, da er nicht sicher sein kann, daß dies auch künftig so sein wird. Dies birgt aber auch für den Vermieter ein gewisses Risiko. Daher wird er vermutlich eher geneigt sein, die Wohnung an einen »sicheren«, zahlungskräftigeren Wohnungsuchenden zu vermieten.

Sozialer Wohnungsbau bleibt unverändert notwendig

Der soziale Mietwohnungsbau ist sowohl aus wohnungsbaupolitischen als auch aus sozialpolitischen Gründen unersetzlich. Das wohnungsbaupolitische Argument lautet: Ohne direkte öffentliche Förderung kann der bestehende Wohnungsmangel nicht überwunden werden. Aus sozialpolitischer Sicht ist ein ausreichender Bestand an sozialgebundenen Wohnungen notwendig, um jene Haushalte ausreichend zu versorgen, die dazu aus eigener Kraft nicht imstande sind.

Der gesetzliche Auftrag in § 1 des *Zweiten Wohnungsbaugesetzes* hat auch nach vier Jahrzehnten noch seine volle Berechtigung: Sozialer Wohnungsbau ist eine Daueraufgabe für Bund, Länder und Gemeinden.

1988/89: »Wiederbelebung« des sozialen Mietwohnungsbaus

Als 1988/89 der Wohnungsmangel unübersehbar wurde, verstärkten zunächst die meisten Bundesländer die Förderung des sozialen Mietwohnungsbaus. Ende 1989 folgte der Bund und legte ein bis 1993 reichendes Programm für den sozialen Wohnungsbau auf, mit dem auch wieder Mietwohnungen gefördert werden. Diese Entscheidung kam viel zu spät und ist auch qualitativ und quantitativ unzureichend. Statt der vorgesehenen 2 Milliarden DM Bundesförderung jährlich hält der Deutsche Städtetag 10 Milliarden DM für notwendig.

... aber noch kein grundlegendes Umsteuern der Wohnungspolitik

Eine grundlegende Umorientierung der Wohnungspolitik insbesondere der Bundesregierung ist in diesem Programm nicht erkennbar. Das zeigt sich nicht nur an der Befristung bis 1993, sondern auch an der Ausgestaltung der Förderung. Nach den Vorstellungen der Bundesregierung soll dieser neue soziale Mietwohnungsbau vor allem im sogenannten *Dritten Förderungsweg* erfolgen. Hier erkauft sich der Staat mit einem einmaligen verlorenen Zuschuß an den Bauherrn lediglich für einen begrenzten Zeitraum von sieben bis zehn Jahren eine soziale Zweckbindung. Danach wird die Wohnung »frei«, und der Vermieter kann die Marktmiete verlangen, die von den meisten Mietern nicht aufgebracht werden kann.

Dritter Förderungsweg – ein Etikettenschwindel

Der *Dritte Förderungsweg* hat mit dem herkömmlichen sozialen Mietwohnungsbau, der gekennzeichnet ist durch langfristige Preis- und Belegungsbindungen, nichts mehr zu tun. Er ist »Etikettenschwindel« und für die öffentliche Hand letztlich »teurer« als der traditionelle soziale Wohnungsbau. Die Probleme werden nur in die Zukunft verlagert, und teure Nachsubventionierungen sind heute schon vorgezeichnet.

Damit droht ein Fehler wiederholt zu werden, der schon einmal den sozialen Mietwohnungsbau in Verruf gebracht hat. Ende der sechziger und Anfang der siebziger Jahre wurde auf ein Fördersystem umgestellt, bei dem ebenfalls drastische Mietsteigerungen in der Zukunft programmiert waren.

Um mit den knappen öffentlichen Mitteln möglichst viele Sozialmietwohnungen zu fördern, wurden nicht mehr langfristige öffentliche Baudarlehen gewährt; vielmehr wurden die Wohnungen nun über laufende Aufwendungszuschüsse und -darlehen verbilligt. Diese Aufwendungshilfen wurden später schrittweise abgebaut, weil man von der Annahme ausging, daß die Mieter aufgrund von zwischenzeitlichen Einkommensteigerungen entsprechende Mehrbelastungen würden tragen können.

»Programmierte Mieteninflation« darf es nicht geben

Diese Erwartung erfüllte sich nicht. Die »programmierte Mieteninflation« führte in vielen Fällen zu untragbaren Mietbelastungen. Zeitweise waren diese Sozialmietwohnungen teurer als freifinanzierte Wohnungen. Das war einer der Hauptgründe dafür, daß Mitte der achtziger Jahre Sozialmietwohnungen leerstanden. Die öffentliche Hand war gezwungen, in erheblichem Umfang Mittel nachzuschießen, damit die Wohnungen auch für einkommenschwache Haushalte bezahlbar blieben.

Mit dem *Dritten Förderungsweg* droht dieser Fehler wiederholt zu werden.

Dauernde Sozialbindung und stabile Mieten sind notwendig

Die wichtigsten Anforderungen an einen künftigen sozialen Mietwohnungsbau, der diesen Namen verdient, sind deshalb:

1. Er muß langfristig, möglichst dauernd, sozial gebunden sein.
2. Die Förderung muß sicherstellen, daß die Mieten auf Dauer für den Kreis der Wohnberechtigten tragbar bleiben.

Vor allem aber bedeutet dies, daß Bund, Länder und Gemeinden den sozialen Mietwohnungsbau als Daueraufgabe begreifen und den gesetzlichen Auftrag aus §1 des *Zweiten Wohnungsbaugesetzes* nachhaltig erfüllen müssen. Mit kurzfristigen, zeitlich begrenzten »Sofortprogrammen« allein lassen sich die Wohnungsprobleme nicht lösen; insbesondere brauchen auch Bau- und Wohnungswirtschaft langfristig verläßliche Rahmenbedingungen, wenn sie die notwendigen Kapazitäten schaffen sollen.

Um die gegenwärtige Wohnungsnot zu überwinden und um den künftigen Bedarf an preiswerten Wohnungen zu befriedigen, fordert der Deutsche Mieterbund, daß zumindest in den nächsten zehn Jahren jährlich 150000 Sozialmietwohnungen öffentlich gefördert werden.

Fehlentwicklungen der Vergangenheit dürfen nicht wiederholt werden

Dabei muß man auch aus den »Fehlern« der Vergangenheit lernen, die in der historischen Entwicklung des sozialen Mietwohnungsbaus begründet sind. Die Sozialmiete muß künftig mehr am Wohnwert orientiert sein und darf sich nicht ausschließlich nach den ursprünglichen Herstellungskosten richten. Es ist auch ein Gebot der Gerechtigkeit, »Subventionsvorteile« abzuschöpfen, wenn der Nutznießer einer Sozialwohnung aufgrund seines Einkommens aus dem Kreis der Berechtigten herauswächst; Sozialmietwohnungen und sozial geförderte Eigentumsmaßnahmen müssen dabei gleich behandelt werden.

Bedürfnisse der Bewohner müssen stärker berücksichtigt werden

Eine »Fehlentwicklung« wird dem sozialen Mietwohnungsbau allerdings zu Unrecht angelastet. Die zeitweise heftig kritisierten Großsiedlungen und »Betonburgen« waren das Ergebnis eines – aus heutiger Sicht – überholten Konzepts der städtebaulichen Planung und einer Bauweise, die mehr an den Interessen der Bau- und Wohnungswirtschaft als an den Bedürfnissen der Bewohner orientiert war. Dies war und ist keineswegs nur für den sozialen Mietwohnungsbau typisch. Schon deshalb müssen künftig die Wünsche und Bedürfnisse der Menschen stärker in die Planung einbezogen werden. Gerade im sozialen Mietwohnungsbau sollten die Mieter über ihre Wohnbedingungen »mitbestimmen«.

Sozialbindungen im Bestand müssen dauerhaft gesichert werden

Soziale Wohnungspolitik muß sich auch auf den Wohnungsbestand richten. Noch gibt es schätzungsweise 3,5 Millionen Sozialmietwohnungen. Ihre Bindungen dauerhaft zu sichern ist deshalb eine vorrangige Aufgabe. Dies liegt nicht nur im Interesse der Sozialmieter. Auch der Staat sichert sich damit eine wertvolle Versorgungsreserve für die Menschen, die künftig auf Sozialwohnungen angewiesen sind. Die Erhaltung der Sozialbindung in den meist noch sehr preiswerten älteren Wohnungen ist für die öffentliche Hand ungleich »billiger« als die Neubauförderung.

Ein richtiger Schritt auf diesem Weg ist die beabsichtigte Rücknahme eines Teils der Maßnahmen, mit denen Anfang der achtziger Jahre die »Liberalisierung« des Sozialwohnungsbestandes eingeleitet wurde. Dem müssen aber weitere Schritte folgen.

Das Grundrecht auf Wohnung gebietet eine soziale Wohnungspolitik

Nicht nur die Entwicklung in der Bundesrepublik Deutschland macht es notwendig, Aufgaben und Ziele der Wohnungspolitik zu überdenken. Bei der Verwirklichung der deutschen Einheit werden auch die besonderen Erfahrungen der Bürger in der DDR zu berücksichtigen sein.

In der künftigen Verfassung Deutschlands muß es nach Auffassung des Deutschen Mieterbundes auch ein Grundrecht auf Wohnen geben; im Grundgesetz der Bundesrepublik Deutschland kommen soziale Grundrechte bisher zu kurz. Ein Grundrecht auf Wohnen gibt es bereits in den Verfassungen einiger Bundesländer, aber auch in der Verfassung der DDR.

Der Einwand, daß dieses Grundrecht im »real existierenden Sozialismus« einen fragwürdigen Wert hatte und gerade die Wohnverhältnisse in der DDR ein offenkundiger Beweis für das Versagen des Systems sind, ist allzu billig.

Auch die unbestreitbar großen Leistungen der »sozialen Marktwirtschaft« im Wohnungsbau taugen nicht als Gegenargument. Wir stehen heute am Ende eines Zeitraums, in dem wohnungspolitisch die »Marktwirtschaft« groß, das Wort »sozial« aber klein geschrieben wurde. Die Versorgungsprobleme des Jahres 1990 sind daher kein Zufall.

Ein in der Verfassung verankertes soziales Grundrecht auf Wohnung bindet die politisch Verantwortlichen bei ihren wohnungspolitischen Entscheidungen. Wohnungspolitik muß vor allem soziale Wohnungspolitik sein, in der sozialer Wohnungsbau einen festen Platz hat.

Überwindung der Monotonie:
Geschoßwohnungsbau an der Berliner Straße in München.

Sozialer Wohnungsbau kann durchaus attraktiv sein: Münchner Beispiele aus den 80er Jahren.

Verdichtetes Bauen in menschlichen Dimensionen, mit durchgrünten Straßenräumen und Innenhöfen.

Christoph Hackelsberger

Kein Ausweg ohne Phantasie

Der soziale Wohnungsbau muß ausgetretene Pfade verlassen

Woher, so fragt man sich einigermaßen irritiert, kommt die plötzliche Aktualität des Themas »Soziales Wohnen«, »Sozialer Wohnungsbau«? Noch hat man die Erklärungen scheinbar kompetenter Politiker, Ministerien und Wohnungswirtschaftler im Ohr, die Wohnungsvollversorgung sei erreicht, der Markt funktioniere und es gehe lediglich noch darum, Standortunterschiede auszugleichen. Im übrigen, so war zu hören, komme es nun darauf an, die Zahl der Eigenheim-Besitzer zu erhöhen, da es auf diesem Feld im Vergleich zu anderen EG-Staaten ein erhebliches Defizit gebe. Umfängliche Berichte über leerstehende Wohnungen in den nicht sonderlich beliebten Großwohnanlagen der sechziger und siebziger Jahre, so im Berliner Märkischen Viertel, in Köln-Chorweiler und diversen anderen Großsiedlungen der Republik, schienen diese Aussagen zu bestätigen. Schon war die Rede von Abriß und Rückbau. Für das Märkische Viertel fand ein einschlägiger Architektenwettbewerb statt, und der Abbruch des verunglückten Wohnbauexperiments »Metastadt« in Wulfen machte Schlagzeilen und Propaganda für das postmoderne »klein & fein«.

Daß es bei der Wohnversorgung von Ausländern, Alten, Alleinerziehenden und Kinderreichen Defizite gab, wurde zwar vermerkt, war aber kaum Anlaß für ernsthafte Bemühung. Kaum jemand kam auf den naheliegenden Gedanken, daß diese sogenannten Randgruppen, fast schon als asozial stigmatisiert, schlicht die wachsende neue Großgruppe, die Verlierer der sich abzeichnenden Zweidrittelgesellschaft, darstellten.

Bemerkenswerter Effekt

Die längst erwünschte Aufhebung der Wohnungsbewirtschaftung und Marktbeeinflussung – immerhin bestand sie seit der Hindenburg-Ludendorffschen Kriegsdiktatur 1917 bis in die achtziger Jahre – war, so stellte sich nun heraus, voreilig und wirtschaftspolitisch eine Augenwischerei. Zwar ist es verständlich, daß man einen Markteingriff, der schon zur Zeit seiner Entstehung als vorübergehende Notmaßnahme gedacht war, nach siebzig Jahren aufheben wollte, man stünde aber besser da, wenn man diesen Entschluß fundiert und nicht nur an Hand vager Statistiken gefaßt hätte. Die beliebte Ausrede, das Verschleppen der Volkszählung sei am Wirrwarr schuld, greift nur zum Teil. Die selbstgefällig-unbewegliche Baubürokratie hat ihre Materie schlicht nicht im Griff.

Mit steigenden Wohngeldzahlungen und Sozialhilfezuwendungen verschleierte das politische Establishment die tatsächlichen Zustände, die so gar nicht ins marktwirtschaftliche Modell paßten. Im wesentlichen hatte man den Wohnungsbau zunächst als Mittel der Konjunkturlenkung verstanden und dann erst die soziale Komponente gesehen. Daß die Bauhoheit insgesamt bei den Ländern liegt, macht die Verhältnisse kaum übersichtlicher.

Nachdem Sättigung postuliert worden war, versuchte man – und das mit Erfolg – durch Subventionsumlenkung bis hin zu veränderten privaten Abschreibungsmöglichkeiten dem gesetzten Ziel, die riesige Altbausubstanz der Innenstädte zu revitalisieren, näherzukommen. Der wirtschaftliche Effekt war bemerkenswert. Die Eigentümer gelangten in die Gewinnzone. Rein statistisch wurde laufend und verstärkt – die öffentlichen Haushalte entlastend – privat finanzierter Wohnraum produziert. Der soziale Wohnungsbau war nicht zuletzt wegen der Unmöglichkeit, ihn weiter zu finanzieren, ins Aus gerutscht. Die Altstadtsanierung gab Impulse, selbst noch die Dorfsanierung. Da wurde nach Kräften entkernt, durchlüftet, verbessert. Die Stadterweiterungen des ausgehenden 19. und beginnenden 20. Jahrhunderts, die, so stellte man plötzlich fest, in Massen den Bombenkrieg überstanden hatten, wurden endlich angemessen rentierlich belegt und beliebte Wohnstandorte für »Spurtstarke«.

Vernichtete Chance

Dieser Aufwertungsprozeß war aber andererseits ein schwerer Schlag gegen das preisgünstige Wohnen Minderbemittelter. Jede Entkernung, Durchlüftung, Hofsanierung, Begrünung und ähnliches kostete abgewohnte Billigwohnungen. Jede Sanierung vernichtete Wohnchancen für sozial Schwache, die, gestiegener Mietpreise wegen, niemals nach der Sanierung in ihre alten Quartiere zurückkehren konnten. Die Verluste an Wohneinheiten pro Jahr können, da merkwürdigerweise statistisch nicht erfaßt, nur geschätzt werden. Man geht nicht fehl, wenn man annimmt, daß in den vergangenen 15 Jahren rund 3,5 Millionen preiswerte Wohnungen in Innenstadt- und Randgebieten oder anliegenden Arealen vom Markt verschwunden – und jugendfrisch, attraktiv gelegen und teuer vermietbar oder als Eigentumswohnungen in einer Größenordnung von etwa 1,8 bis 2 Millionen für eine ganz andere Bewohnerschaft wieder dorthin zurückgelangt sind.

Da die Produktionszahlen des auslaufenden sozialen Wohnungsbaus wegen der enormen öffentlichen Zuwendungen von durchschnittlich rund 120000 bis 150000 Mark pro Wohneinheit immer kleiner wurden und sich eine Fehlbelegung des an sich bewirtschafteten Wohnraums immer stärker bemerkbar machte, vergrößerte sich das Defizit an Wohnraum für Bevölkerungskreise mit ungenügendem Einkommen mehr und mehr. Verdrängung setzte ein; Auffangpositionen gibt es nicht. Für viele Mitbürger ist der soziale Abstieg insbesondere durch das Wohnungsdefizit geradezu vorprogrammiert.

Eine weitere Komponente der Misere ist die soziale Struktur unserer Gesellschaft. Die Regelgruppe Familie, auf die sich das Bauen eingerichtet hatte, ist schon zerfallen. War der klassische Sozialbau, entwickelt in den guten Jahren der Weimarer Republik – baugeschichtlich eine der Sternstunden deutscher Architekturgeschichte –, am Modell der Familienwohnung mit eigener Küche und familieneigenen Sanitäreinrichtungen ausgerichtet, ein heute kaum mehr zu würdigender, gewaltiger Fortschritt, so braucht man längst ganz andere Wohnungstypen. Die Familienwohnung ist aber schlicht die »heilige Kuh« des sozialen Wohnungsbaus. Sie wurde von demokratischen Verantwortlichen der Weimarer Republik ebenso gefordert wie von Adolf Hitler in seinem Erlaß »zur Vorbereitung des deutschen Wohnungsbaus nach dem Kriege« vom November 1940. Damals wurde ein Schlüssel von 80 Prozent Vier-Zimmer- und je 10 Prozent Drei- und Zwei-Zimmer-Wohnungen festgelegt, dazu Wohnungsgrößen zwischen 62 und 86 Quadratmetern. Die Hitlerschen Vorgaben waren der Größe nach beim Wiederaufbau zunächst nicht zu erreichen, die Verteilung blieb aber mit gewissen Schwankungen ebenso wie die in den vierziger Jahren im Dritten Reich entwickelten Wohnungsnormen ständige Richtschnur. Die einmal eingerastete Ideologie machte blind für die realen Entwicklungen.

Falsche Normgrößen

Doch unsere Verhältnisse sind mit solchen Wohnungen nicht mehr zu bewältigen. Die ungeeigneten Größen der Wohneinheiten liefern auch den Schlüssel zum Verständnis für die statistisch üppige Flächenzuweisung (36,5 Quadratmeter pro Kopf) bei gleichzeitigem Mangel. Großwohnungen sind fast durchwegs unterbelegt. Wohlstandszuwachs und Fehlleitung von Subventionen machen dies möglich und attraktiv.

Inzwischen leben ungefähr 75 Prozent der Großstadt-Bewohner in Ein- und Zwei-Personen-Haushalten – und die Tendenz ist steigend. Die Altersstruktur hat sich bekanntlich total gewandelt. Die über Sechzigjährigen werden in Kürze die stärkste Gruppe der Gesellschaft sein. Der Wohnungsbestand ist also auch noch völlig falsch strukturiert.

Das »Wohnregal« in Berlin-Kreuzberg: Eigenleistungen der Bewohner ermöglichten eine besonders niedrige Miete.

Die Zeit der Massenproduktion an Wohnungen war, was Wohnforschung und Grundriß-Raffinesse anging, reine Steinzeit. Die Wohnung wurde nur für nichtexistente Normgruppen konzipiert, dazu für ein fiktives Ausruhe- und Freizeitverhalten. Wäre für alle in Großserien erzeugten Produkte so wenig Intelligenz aufgewandt worden wie für die Wohnung, dann wäre die Bundesrepublik heute keine Industrienation, sondern ein Entwicklungsland.

Zwar waren die Grundrisse der Sozialbauwohnungen denen der gleichzeitig errichteten freifinanzierten Wohnungen oft überlegen, weil wenigstens Reste von Alltagsbrauchbarkeit erzwungen wurden, aber das besagt wenig. Überlegungen zu sinnvoller Flexibilität blieben ausgeschlossen. Dabei gibt es längst Modelle, wie man Wohnungen durch Abtrennen von Raumgruppen, Hinzuschalten, Zusammenlegen usw. veränderten Bedingungen anpassen kann. Solche Flexibilität kann aber nur Voraussetzung sein. Wenn Anreize zur Veränderung oder auch Auflagen, die solche nahelegen, fehlen, wird Fehlbelegung auf Kosten der Allgemeinheit nicht zu vermeiden sein.

Der Gesichtspunkte sind so viele, daß leicht einer der wichtigsten, jener der Entstehung von Ballungsräumen in bevorzugten Bereichen der Bundesrepublik, übersehen wird. Chancen jeder Art – der Arbeitsplatzwahl, der Bildung, nicht zuletzt der Freizeit und Erholung – werden insbesondere von mobilen, qualifizierteren Mitbürgern wahrgenommen. Dies verschärft die Wohnprobleme in den Ballungsgebieten, da das Angebot an Bauland der steigenden Nachfrage nicht entspricht und der Mangel die Preise hochtreibt.

Aufbruch in alten Stiefeln

Nun liegt also das merkwürdige Syndrom des »Mangels im Überfluß« vor uns. Das Bundeswohnungsbauministerium, noch vor wenigen Jahren von Abschaffung bedroht, setzt sich mit den alten, abgetretenen Stiefeln des sozialen Wohnungsbaus wieder in Marsch. Die Förderungsmittel sind im Steigen begriffen und haben die Milliardengrenze längst überschritten. Der alt gewordene Steuerungsmechanismus ächzt und soll rund 70000 Sozialbauwohnungen pro Jahr ermöglichen. Den Problemen wird seitens der etablierten Parteien endlich Aufmerksamkeit gezollt.

Jedes Jahr fallen etwa dreimal so viel Sozialbauwohnungen aus den Anfangsjahren der Bundesrepublik, automatisch oder vorgezogen durch Ablösung, aus der Bindung. Die Gemeinnützigkeit wurde aufgehoben, und das fürs preiswerte Wohnen so verdienstvolle Genossenschaftswesen siecht dahin. Dazu kommt eine noch gar nicht voll zur Kenntnis genommene Bedrohung: Die Bauwirtschaft ist durch das ewige »Stop and go« des als Konjunkturlenkungsmittel mißbrauchten Wohnbaus derart geschrumpft, vor allem personell, daß sie große Stückzahlen, etwa in der Größenordnung der frühen siebziger Jahre, gar nicht mehr herstellen kann. Überall fehlen Facharbeiter. Würden nicht Ausländer auf unseren Baustellen arbeiten, stünde der Baubetrieb längst still. Wenn es nur eine Frage des Geldes wäre, könnten Baupoliere durch Fachhochschul- oder Universitätsabsolventen ersetzt werden. Als Fachleute höchster Qualifikation sind sie aber unersetzlich und ohne Nachwuchs, was für den Bau noch schwerere Zeiten bedeutet als bisher.

Größte Probleme bereitet die Baulandbeschaffung. In den letzten Jahren hat man aus lauter postindustrieller Attitüde plus einer »Schmücke-deine-Stadt/Schmücke-dein-Heim«-Ideologie den raren Baugrund miserabel genutzt, oft geradezu verschwendet. Eine Gesellschaft, die schon heute zu 75 Prozent aus Ein- und Zwei-Personen-Haushalten besteht, hat sich den Egoismen aufdringlicher Minderheiten entsprechend geirrt und so getan, als wäre sie eine Ansammlung von kinderreichen Großfamilien in einer von weiß Gott wem genährten Freizeitgesellschaft.

Wer behauptet, er kenne in dieser Situation die Lösung, erzählt Märchen. Die Probleme sind zu komplex, als daß es nur eine Lösung gäbe. Man muß sich allerdings auf den Weg machen, wenn man nicht den sozialen Frieden unserer Schönwetterdemokratie aufs Spiel setzen will.

Aus der Reserve locken

Ohne Bauland kann man nicht bauen. Deshalb sind zunächst die vorhandenen Instrumente der Baulandausweisungen und Vorkaufsrechte endlich so anzuwenden, daß die Kommunen zu vernünftigen Baulandreserven kommen. Zu den notwendigen Maßnahmen gehört auch, bereits ausgewiesenes Bauland aus der Reserve zu locken oder, wenn nichts anderes hilft, seine Nutzung zu erzwingen. Da viele Großgemeinden in Ballungsräumen nicht mehr über Flächen in der eigenen Gemarkung verfügen, wäre zur Not auch daran zu denken, die Planungshoheit anliegender Kommunen, die nicht zur Entlastung beizutragen gewillt sind, einzuschränken. Hierzu muß die Regionalplanung mit Vollmachten ausgestattet werden.

Die Gesellschaft der Bundesrepublik hat sich über den Zeitraum von vierzig Jahren in geradezu peinlicher Weise um eine vernünftige Gestaltung des Bodenrechts herumgedrückt. Die Entwicklung unserer baulichen Substanz, die insgesamt nicht überaus erfreulich ist, wäre wohl besser verlaufen, hätte man nicht jeden Versuch, die Bodenordnung zu reformieren, mit »Haltet den Dieb und wehret dem Sozialismus«-Geschrei beantwortet.

Unzulängliches Gebastel

Als nächstes – die Reihenfolge mag subjektiv sein – müßte der Baubetrieb intelligenter organisiert werden. Da die Bauwirtschaft bei derzeit üblicher verspielt-anachronistischer Bau- und Architekturmode große Fertigungszahlen nicht in kurzer Zeit erreichen kann und ein Zurück zur Megatonnen-Betongroßplatten-Bauweise auf jeden Fall vermieden werden muß, sollte endlich etwas für die intelligent begriffene Bauindustrialisierung geschehen. Wie wir heute wissen, hat es sich in der letzten Kampagne als eindeutig falsch erwiesen, den Rohbau auf Serienfertigungsniveau zu bringen. Wirklich produktiv ist die Bereitstellung von systemunabhängigen Modulen für Installation und Ausbau. Dort fehlen Fachkräfte für konventionelle Leistungen in einem Maß, das jegliche solide und rasche Wohnbaufertigung unmöglich macht. Gerade im Ausbau wirkt das planlose Gebastel mit unzulänglichen Komponenten von Zulieferern, welche immer nur bis an die Kante ihres meist nur partiell intelligenten Produkts sehen, nur noch kontraproduktiv. Eine exportorientierte Gesellschaft, die so hohe Fertigungsstandards bei ihren industriellen Produkten erreicht hat, macht sich lächerlich, wenn sie so stümperhaft und anachronistisch bauen läßt, wie es derzeit in neunzig Prozent der Fälle geschieht.

Die Architekten müßten ermutigt werden, sich mit sozial sinnvollen, das heißt den raschen Veränderungen anpaßbaren Wohnformen zu beschäftigen. Der Bund Deutscher Architekten hat sich zu Recht dagegen verwahrt, daß nun im Schnellverfahren Billigwohnungen produziert werden. Er hat auch darauf hingewiesen, daß es genug Ideen zur Wohnverbesserung gäbe, wenn dies ernsthaft gefordert würde. Teilbarkeit, Nachrüstbarkeit der Teile durch passende Installationsmodule, wachsende oder schwindende Wohnungsgrößen ohne jene unbrauchbare Pseudoflexibilität, wie sie mit teuersten Mitteln zum Beispiel der pädagogischen Verwirrtheit der siebziger Jahre im Schulbau dienlich sein sollte, sind dringend gefragt. All das muß ermöglicht werden durch Suspendierung der unzähligen starren Richtlinien und Vorschriften, des Wustes an nichtsnutziger Regelei, die hierzulande das Bauen so unbeweglich macht.

Ohne Phantasie läßt sich nichts erreichen. Will man Kostensenkung, so kann nicht an den Wohnungsdispositionen, an Größen und Lage gespart werden, wohl aber an der unsinnigen Üppigkeit der Ausstattungen. Unsere Wohnungen sind überrüstet, kompliziert und anfällig. Da könnte vieles entfallen oder nur vorbereitet sein. Will einer all den technischen Schnickschnack, so soll er doch später nachrüsten. Unsere niederländischen und dänischen Nachbarn zum Beispiel leben erfolgreich vor, wie man derartiges ohne Verlust an Wohnqualität bewirken kann.

Zukunft für Genossenschaften

Als das Wichtigste erscheint aber wohl, daß man die bewohnernahen gesellschaftlichen Organisationen wieder ermächtigt und ermutigt, sich um den sozialen Wohnungsbau zu kümmern. Das fällt nach der Riesenpleite der gemeinnützigen Neuen Heimat nicht leicht. Deren Fehlentwicklung war die des gesamten Wohnungsbaus. Niemand sollte aber übersehen, daß die kleinen, mieternahen Genossenschaften, die den Gemeinnützigkeitsriesen vorausgingen und den guten Gedanken eigentlich getragen haben, hervorragende Wirkungen brachten. Schaut man sich im Lande um und empfindet den Ruf nach mehr Demokratie für den Bürger nicht als Farce und ablenkende Beschäftigungstherapie, dann müßten Genossenschaften fürs Wohnen enorme Zukunft haben und gesellschaftspolitisch als eine Art funktionstragender »Großfamilie« höchst erwünscht sein.

Man wird sehen, ob man der Wohnungsnot, die doch im wesentlichen die Not sozial Schwacher ist, wirklich Herr werden will oder ob man nach Art des üblichen »Sofortmaßnahmenismus« einigen Wirbel macht vor den diversen Wahlen und dann den Dingen ihren Lauf läßt. Es wäre überaus blamabel für eine der reichsten Gesellschaften dieser Erde, wenn sie – nach allem, was sie bauend bereits erreicht hat – die neue Wohnungsnot nicht beheben könnte.

Wolfgang Jean Stock

Architektur als soziale Tat

Wohnmodelle der achtziger Jahre in der Tradition sozialen Bauens

Angesichts der Tatsache, daß künftig Jahr für Jahr Hunderttausende neuer Wohnungen errichtet werden sollen, gerät auch die Berufsgruppe der Architekten wieder verstärkt ins Gesichtsfeld der interessierten Öffentlichkeit. Mit Blick auf die gigantischen Großsiedlungen der sechziger und siebziger Jahre wird befürchtet, sie könnten im Dienste unsensibler Bauträger und im Interesse einer konjunktursüchtigen Bauindustrie erneut nach dem Prinzip »Quantität vor Qualität« planen. Zwar ist es eine Binsenwahrheit, daß über die Verwirklichung eines Entwurfs nicht der Architekt, sondern der Bauherr entscheidet. Dennoch sind die Befürchtungen nicht völlig aus der Luft gegriffen, und es besteht kein Anlaß, einen ganzen Berufsstand von den Sünden der Vergangenheit freizusprechen.

Nicht wenige Architekten haben sich mit häufig skrupellosen Bauherren arrangiert, haben fragwürdige Aufträge angenommen und mitverdient an ebenso mächtigen wie gestaltlosen Wohnburgen. Schließlich erhellen die Äußerungen auch prominenter Architekten aus den Jahren bis etwa 1970, daß viele von ihnen »zeitgeistig« benebelt waren wie die Stadt- und Straßenplaner ganz allgemein. Dennoch wäre es ungerecht, würde man der Architektenschaft insgesamt die unmenschlich verdichteten Quartiere und monotonen Gebäudezeilen, die einfallslosen Grundrisse und fehlenden Gemeinschaftseinrichtungen vorhalten. Ein Blick zurück zeigt nämlich, daß sich auch in Deutschland von der Jahrhundertwende an eine bedeutende Tradition sozialen Bauens herausbilden konnte.

Dabei kommen weniger die in solidarischer Hilfe entstandenen Wohnanlagen der Arbeitergenossenschaften in Betracht, weil diese meist dem bürgerlichen Vorbild verhaftet blieben. Das wird sowohl an ihrer konventionellen, um »Solidität‹ bemühten Baugestalt deutlich als auch an den Grundrissen, die das überlieferte Raumprogramm in lediglich verkleinerter und verknappter Form zu erfüllen suchten. Richtungweisende Ideen für »Neues Bauen« und »Neues Wohnen« entwickelten sich hauptsächlich im Umkreis des 1907 gegründeten Deutschen Werkbundes, der von Anfang an Planer und Gestalter verschiedener Disziplinen vereinigte. Die in seinen Reihen diskutierten Reformvorstellungen waren anfänglich noch sehr stark von der englischen Gartenstadt-Bewegung[1] beeinflußt, was sich an damals neuartigen Siedlungen wie München-Laim (1911) und Dresden-Hellerau (1907–1913) ablesen läßt.

Die eigentlich großen Aufgaben kamen mit dem Ende des Ersten Weltkriegs, hatte doch in den vier Jahren der Kriegswirtschaft der Wohnungsbau eine völlig untergeordnete Rolle gespielt. So wurde für das Deutsche Reich 1919 ein Fehlbestand von mindestens einer Million Wohnungen festgestellt (eine ähnliche Größenordnung wie heute). Zahlreiche Städte, vor allem Kommunen mit einer starken Sozialdemokratie, legten umfangreiche Wohnungsprogramme auf, die wegen der Inflation aber erst in der zweiten Hälfte der zwanziger Jahre wirksam werden konnten.

In der Blütezeit der Weimarer Republik wirkten weitsichtige Stadtverwaltungen, aufgeschlossene Baugesellschaften und fortschrittliche Architekten auf eine Weise produktiv zusammen, die in der deutschen Geschichte bislang einmalig geblieben ist. Neben Berlin wurde Frankfurt am Main zu einem Zentrum der sozial engagierten Planungsarbeit. In nur fünf Jahren, zwischen 1925 und 1930, entstanden unter der Leitung des Stadtbaurats Ernst May (SPD) über 20000 Wohnungen mit Dachterrassen, Einbauküchen, Mietergärten und Gemeinschaftseinrichtungen in neuen Siedlungen rund um die alte

Stadt. Auch den Frankfurter Architekten ging es in erster Linie nicht um neue Bauformen, sondern um die Reform von Leben und Wohnen durch eine andere Architektur. Der neue Siedlungsbau verstand sich weniger als ästhetisches Manifest denn als soziale Tat.

Finanzielle Grundlage der Frankfurter Bautätigkeit war eine Hauszinssteuer, mit der die Gewinne der Hausbesitzer durch die inflationäre Abwertung ihrer Hypotheken teilweise abgeschöpft wurden. Die spätere »Wohnung für das Existenzminimum« war deshalb kein gewolltes Leitbild, sondern die erzwungene Antwort der Gemeinden auf ihre verschlechterte Finanzlage in der Wirtschaftskrise. Ähnlich gegen seinen Sinn gekehrt und von reaktionären Kräften mißbraucht wurde der damals von Le Corbusier entwickelte Begriff der »Wohnmaschine«. Die Menschen sollten keineswegs in maschinenartigen Häusern leben. Le Corbusier forderte vielmehr, Wohnungen hätten so präzis zu funktionieren wie moderne Maschinen. Daß dabei die menschlichen Bedürfnisse im Mittelpunkt standen, erhellt allein die Tatsache, daß Le Corbusier die zweigeschossige Maisonette als »Haus im Haus« bevorzugt hat.

Die Mischung aus sozialreformerischem Pathos und praktischer Begabung, die Architekten wie Ernst May auszeichnete, drückt sich in jenem Satz aus, den er 1929 an ein internationales Kongreßpublikum richtete: »Hinter uns liegt ein Jahrhundert, das aus imperialistischem Ehrgeiz die Aufgabe der Architektur in prunkvollen Monumental-Lösungen suchte. Wir erleben den Morgen einer Epoche, welche die vornehmste Aufgabe des Bauens in der Befriedigung des Wohnbedürfnisses der breiten Massen der Völker erblickt.«[2]

Sozialer Mehrwert

Daß die Bestrebungen der führenden Architekten schon längst international verknüpft waren,[3] bezeugte im Sommer 1927 die als Kernstück der Werkbund-Ausstellung »Die Wohnung« eröffnete Weißenhofsiedlung in Stuttgart. Siebzehn Architekten der modernen Bewegung aus ganz Europa waren eingeladen, unter der künstlerischen Oberleitung von Mies van der Rohe beispielhafte Ausstellungsbauten zu errichten, die anschließend als Wohnhäuser genutzt werden sollten. Erstmals an einem Ort wurde das Hauptthema der Zwanziger-Jahre-Architektur, der Wohn- und Siedlungsbau, in aller Vielfalt behandelt: vom freistehenden Einfamilienhaus bis zum niedrigen Geschoßwohnungsbau, vom typisierten Reihenhaus bis zur Arbeiterwohnung.[4]

Die Stuttgarter Bauten mit ihren »Musterwohnungen«, die zu einer zeitgemäßen Einrichtung anregen sollten, hatten denn auch weit über die Fachwelt hinaus eine beträchtliche Resonanz. Nicht zuletzt bildete die Weißenhofsiedlung das Vorbild für ähnliche Vorhaben unter anderem in Stockholm und Wien, Brünn und Zürich.[5] Allerdings wurden die einzelnen Häuser zurecht sehr unterschiedlich beurteilt. Nahezu uneingeschränktes Lob erhielten die zweigeschossigen Reihenhäuser des Holländers J. J. P. Oud, der als Stadtbaumeister von Rotterdam bereits mehrere Siedlungen im »neuen Geist« errichtet hatte. Deshalb war er für die Stuttgarter Bauausstellung besonders geeignet, bei der es nicht um moderne Architektur schlechthin ging, sondern vor allem um »die Verwendung solcher Materialien und solcher technischer Einrichtungen, die auf eine Verbilligung der Wohnanlagen und des Wohnbetriebs sowie auf eine Vereinfachung der Hauswirtschaft und eine Verbesserung des Wohnens selbst abzielen«.[6]

Im Unterschied zu anderen Teilnehmern verstieg sich Oud nicht zu unausgereiften Bauverfahren oder aufwendigen Grundrissen, die jene angestrebte Verbilligung konterkarierten, sondern baute eine Zeile von fünf identischen Häusern, deren ebenso praktische wie bequeme Vier-Zimmer-Wohnungen samt allen Nebenräumen nicht mehr als 74 qm umfaßten. Ausgangspunkt für die Gestaltung dieses Typs war in erster Linie die Lage des Hauses zur Sonne.[7] Der Wohnbereich wurde nach Süden, der Wirtschaftsbereich nach Norden gelegt. Um »unnützen Raum in der Wohnung« wie etwa Korridore zu vermeiden, wurde jedes Haus durch zwei Eingänge erschlossen:

auf der Nordseite für Hauswirtschaft und Anlieferungen, von Süden her durch den kleinen Garten für Bewohner und Besucher.

Die nach wie vor begehrten, seit 1984 rekonstruierten Häuser, die zur Straße hin durch die vorgebauten Wirtschaftsräume mit dazwischenliegenden Höfen markant gestaffelt sind, stekken voller Einfälle: von der verglasten Durchreiche zwischen Küche und Wohnraum bis zu platzsparenden Einbauten, von der begehbaren Kleiderkammer bis zum WC im Obergeschoß, um den offenen Wohnbereich von Störungen freizuhalten. Vorbildlich hatte Oud auch die Empfehlungen der Hauswirtschaftsexpertin Erna Meyer in seiner überlegt organisierten »Stuttgarter Küche« umgesetzt. Alle Räume in dem kunstvoll verzahnten Grundriß haben bescheidene, aber ausreichende Maße.

Oud war kein Dogmatiker des »Neuen Bauens«. Neue Materialien beurteilte er ebenso nach ihrer Zweckmäßigkeit wie das von manchen Modernen als Glaubensbekenntnis betrachtete Flachdach, das bei seinen Stuttgarter Häusern die direkte Belichtung und Belüftung von Bad und WC ermöglicht. Schon sehr früh gehörte er daher zu jenen, die sich gegen eine Verengung oder Aushöhlung der physischen und psychischen Funktionen im Wohnbau wandten: ob unter formalen, technischen oder wirtschaftlichen Gesichtspunkten. Oud ging es um den sozialen Mehrwert beim Bauen, um bestmögliche Qualität in der Alltagsarchitektur, um einen »poetischen Funktionalismus«, wie er im Rückblick formuliert hat.[8] Seine Häuser in der Weißenhofsiedlung sind auch deshalb eine besondere Leistung, weil sie zu den wenigen wirklich gebrauchstüchtigen »Arbeiterhäusern« gehören, die das moderne Bauen jemals hervorgebracht hat.

Durch die Eingriffe der Nationalsozialisten in das gesamte Bauwesen, auch und gerade bei den Kommunen, wurde die hoffnungsvolle Entwicklung zu einem sozial verantwortlichen Bauen für breite Bevölkerungskreise gewaltsam beendet. Zugunsten von Verkehrs- und Industriebauten für die insgeheime Aufrüstung wurde der städtische Wohnungsbau ohnehin auf ein minimales Maß beschränkt. Aus politischen und zugleich praktischen Gründen gefördert wurde dagegen der Kleinsiedlungsbau (»Heim auf eigener Scholle«). Dieses Erbe trug zum Doppelgesicht des Wohnungsbaus in der frühen Bundesrepublik bei: auf der einen Seite die wuchernde Verbreitung der freistehenden Bausparkassen-Häuschen, Adenauers »Bollwerke gegen den Bolschewismus« in Fortsetzung der NS-Ideologie, auf der anderen Seite ein oberflächlicher Amerikanismus mit der Tendenz zu immer höheren Geschoßbauten.

Flächensparende und gemeinschaftsfördernde Siedlungen waren die Ausnahme, beispielsweise jene teppichartigen Verbindungen von Atriumhäusern, die sich auf die Theorie des »verdichteten Flachbaus« der Österreicher Hubert Hoffmann und Roland Rainer beziehen konnten. Die entscheidenden Anstöße für alternative Bau- und Wohnformen kamen freilich aus den Niederlanden und aus Skandinavien, aus Ländern also, in denen sich die Moderne von den dreißiger bis zu den fünfziger Jahren hatte weiter entfalten, aber auch korrigieren können. Günstig wirkte sich das dort stärker entwickelte soziale Bewußtsein aus: sowohl die »nordische Mentalität« unter sozialdemokratischem Vorzeichen als auch das traditionell enge Zusammenleben der Holländer in ihren vom Meer bedrohten Landstrichen.

Eine wesentliche Rolle spielten gerade in den Niederlanden die organisierten Mieter, deren Forderungen nach einem »mieterverbindenden Wohnungsbau« von einigen Stadtverwaltungen aufgegriffen wurden. Nach ersten Projekten in Utrecht und bei Hilversum, die sich in der Praxis glänzend bewährten, kam es 1977 zur Gründung der landesweiten, privaten und gemeinnützigen Organisation »Centraal Wonen« (Gemeinschaftlich Wohnen), die bis heute rund vierzig neue Siedlungen im Rahmen des öffentlich geförderten Wohnungsbaus errichten konnte. Modellhafte Gemeinschaftshäuser und »Gemeinschaftsdörfer« wurden von Mieter- und Bewohnerinitiativen auch in Dänemark und in Schweden durchgesetzt, zum kleineren Teil in Österreich.[9]

Seit Anfang der achtziger Jahre sind solche Konzeptionen auch im westdeutschen Wohnungsbau umgesetzt worden, beispielsweise anläßlich der Berliner Internationalen Bauausstellung (IBA) oder bei den Demonstrativbauvorhaben des bayerischen Staates.[10] Alle neuen Ansätze lassen sich in jene fünf Prinzipien zusammenfassen, die in Dänemark für das Bauen und Wohnen in der Gruppe gelten:

1. Familienfreundlichkeit: Berücksichtigung sich wandelnder Wohnbedürfnisse in den Lebenszyklen;
2. Bewohnerdemokratie: Mitbestimmung bei Planung und Gestaltung des Wohnquartiers;
3. Wohnbereicherung: zusätzliche soziale Einrichtungen und Versorgungsangebote;
4. Nachbarschaftlichkeit: Wohnergänzungseinrichtungen und Versorgungsdienste vom Kochen bis zum Waschen;
5. Ressourcenbewußtsein: Kosten-, Flächen- und Energiesparen.[11]

Ökologische Orientierung

Beispiele für gemeinschaftsfördernde Bauformen lassen sich in der gesamten Geschichte der modernen Architektur finden, bis hin zu den »Kollektivwohnhäusern« in der frühen Sowjetunion. Das wirklich Neue am anderen Wohnen und Leben in der Gegenwart ist die zunehmende Berücksichtigung ökologischer Ziele. Das wohl radikalste Modell, nämlich der Umbau vom Einzelhaus bis zur Gemeinde im ganzen, wurde in der amerikanischen »Öko-Stadt« Davis verwirklicht, die dreißig Meilen westlich der kalifornischen Hauptstadt Sacramento liegt. Es begann um 1970 mit »Village Homes« nach dem Entwurf eines Architekten, der später zum Bürgermeister gewählt wurde. Konsequent wurde der Autoverkehr zugunsten von Fuß- und Radwegen zurückgedrängt, ebenso konsequent durch den Aufbau von Solarzellen mehr als die Hälfte der bis dahin benötigten Energie eingespart. Außerdem sind die Bewohner dazu übergegangen, Nutz- statt Ziergewächse zu pflanzen, um die Eigenversorgung zu erhöhen. Gegen das Supermarkt-Unwesen wurden kleine Märkte eingerichtet, die ohne Auto erreichbar sind. Dadurch werden auch die kleinen Farmer in der Umgebung gefördert und nicht die industriell betriebenen Plantagen mit ihren Gift- und Transportbelastungen.[12]

Ökologische Sanierung in München-Haidhausen (Pariser Str. 10): Erfolge beim Energie- und Wassersparen und der Mülltrennung.

Von solchen Eingriffen (nicht zuletzt in den Wirtschaftsalltag!) ist man in Europa noch weit entfernt. Im Vergleich dazu sind die IBA-Energiesparhäuser am Berliner Lützowufer hinsichtlich der Verbindung von aktiven und passiven Energiesparmaßnahmen[13] ebenso erste kleine Schritte wie die bei neuen Wohnbauprojekten in der Steiermark obligatorische »Umweltverträglichkeitsprüfung«.[14] So verdienstvoll derartige Ansätze sind, wesentlicher erscheint doch ein Vorhaben, wie es kürzlich in München-Haidhausen abgeschlossen werden konnte. Unter Beteiligung der Mieter wurde von Per Krusche (Tittmoning) ein Altbau aus der Zeit der Jahrhundertwende nach ökologischen Gesichtspunkten saniert. Neben der Modernisierung der sieben vorhandenen Wohnungen im Anwesen Pariser Straße 10 und dem Dachausbau für zwei weitere Wohneinheiten bestanden die Ziele des Pilotprojekts darin, sechzig Prozent der Heizenergie einzusparen, den Trinkwasserverbrauch um rund die Hälfte zu reduzieren und so weit wie möglich Rohstoffe aus dem Hausmüll einer Wiederverwertung zuzuführen.

Dabei wurde ein ganzes Bündel von Vorschlägen verwirklicht: Solarkollektoren auf dem Dach erwärmen das Brauchwasser, außerdem wird das Regenwasser genutzt; ein Wärmetauscher entzieht Abwasser und Abluft aus Bad und Küche die mögliche Energie; verglaste Balkone an der Südfassade wirken als Klimapuffer; das Grauwasser für die Toiletten wird ebenso rückgeführt wie die getrennt deponierten Wertstoffe aus dem Müll; ein Gemeinschaftsgewächshaus im Dachgeschoß sowie Hausgärten im Hof bilden »grüne« Freiräume.[15] Mit einem Mehraufwand von 18 Prozent der Gesamtbaukosten ist inmitten eines dichtbebauten Gründerzeitquartiers eine ökologische »Insel« entstanden, die zur Nachahmung reizen sollte.

Selbsthilfe beim Neubau

Ebenfalls als bayerisches Modellvorhaben wurde in Altenerding bei München die Errichtung einer »Wohnstange« mit 39 Mietwohnungen gefördert. Nach einem Entwurf von Doris und Ralph Thut (München) enthält das einfache, ökonomische Langhaus zweigeschossige Maisonettewohnungen unterschiedlicher Größe, wobei jeweils zwei übereinander gestapelt wurden. Treppen und Rampen führen zu einem großzügig gestalteten Laubengang, der an der Nordseite unter einem ausladenden Pultdach die oberen Wohnungen erschließt.

An der Planung, der Ausführung und sogar der Finanzierung des 1984 fertiggestellten Bauwerks waren die Mieter mitbestimmend beteiligt. Sie erbrachten Selbsthilfeleistungen und steuerten außerdem Eigenmittel bei. Somit ist das Besondere an diesem Modell, daß die Mieter in gewisser Weise zu Mitbesitzern der Wohnanlage wurden und dem – übrigens privaten – Bauherrn gegenüber bis zur Tilgung ihrer Einlage als Gläubiger auftreten.[16]

Kein architektonisches Vorzeigeobjekt, doch angesichts des überaus engen finanziellen Rahmens eine respektable Leistung ist die 1985 bezogene Selbsthilfesiedlung in München-Daglfing. Angehörige der Berufsfeuerwehr und andere städtische Dienstkräfte haben für jedes der 152 Reihenhäuser (davon zwei Drittel zweigeschossig) im Durchschnitt Eigenleistungen von 32000 Mark erbracht, wobei die Häuser erst wenige Monate vor Bezugstermin verlost wurden. Durch den gemeinschaftlichen, eineinhalb Jahre währenden Einsatz der künftigen Eigentümer lag der Kubikmeterpreis für die reinen Baukosten bei nur etwa 200 Mark.[17] Die strenge Reihung der Häuser und ihre biedere Architektur lassen die Siedlung noch etwas monoton erscheinen. Dieser Eindruck mag sich ändern, wenn die Häuser einmal eingewachsen sind – für eine großzügigere Bepflanzung müßte man sich allerdings über den Gartenzaun hinweg verständigen.

Integriertes Wohnen

Unter der neuen Wohnungsnot leiden vor allem jene Bevölkerungskreise, die fast keine Lobby besitzen: Alleinerziehende und Ausländer, Behinderte, kinderreiche Familien und ältere Menschen. Wenn jetzt unter dem Diktat des riesigen Fehlbestands wieder nur schlichter und vermeintlich billiger gebaut werden sollte statt preiswert und phantasievoll, wären gerade

Eigenleistungen reduzierten die Preise: Selbsthilfesiedlung in München-Daglfing für Angehörige der Berufsfeuerwehr.

Allerdings führt die preisdämpfende Serienfertigung für den Rohbau leicht zur Monotonie.

In Selbsthilfe von Jugendlichen und mit öffentlicher Förderung saniert: Das Thomas-Weißbecker-Haus in Kreuzberg.

die Ansätze eines qualitativ anderen Bauens und Wohnens bedroht, die sich im letzten Jahrzehnt mühsam herausgebildet haben. Konnten doch engagierte Architekten mit entsprechenden Bauherren in mehreren Städten zeigen, wie sich für die genannten Gruppen innerhalb der strengen Förderrichtlinien des sozialen Wohnungsbaus Gebäude errichten lassen, die beides besitzen: Gebrauchswert und Gestaltwert.

Eines der bundesweit besten Beispiele ist bis heute das Modellvorhaben »Integriertes Wohnen« im Münchner Stadtteil Nymphenburg. Wegen seines komplizierten Planungsprozesses anfänglich mit Skepsis betrachtet, hat es sich als eine Erfolgsgeschichte erwiesen, auch wenn sich die Beteiligten häufig zusammenraufen mußten. Nicht weniger als vier »Parteien« waren zur Partnerschaft verpflichtet: die Gemeinnützige Wohnungsfürsorge (Gewofag) als Bauherr, die Architekten Otto Steidle und Patrick Deby samt ihren Mitarbeitern, das städtische Sozialreferat als planende Behörde und schließlich der Verein »Urbanes Wohnen« mit der Aufgabe, eine Mietermitbestimmung vorzubereiten und in der Frühphase zu betreuen. Im Sommer 1988 fertiggestellt, ist die mittlerweile »eingewohnte« Anlage zu einem weithin beachteten Vorbild für Fachwelt und Laien geworden.

Am Anfang stand der politische Wille der Stadt München, in dem neuen Wohngebiet eine soziale Vielfalt wie in einem gewachsenen Stadtviertel anzustreben. »Integriertes Wohnen« sollte heißen, daß Familien mit Kindern, alte Menschen, Alleinerziehende in Wohngemeinschaften, Aussiedler und Behinderte ohne trennende Zäune zusammenleben. Für das in einem Villenrandgebiet gelegene Grundstück einer städtisch verwalteten Stiftung wurde im Frühjahr 1980 ein Bauwettbewerb ausgeschrieben. Die wichtigste Vorgabe lautete: »Die Planung soll die Integration der benannten Bevölkerungsgruppen in der Weise ermöglichen, daß einerseits Rückzugsmöglichkeiten für die einzelnen Gruppen gegeben sind, andererseits aber die Kommunikation und gemeinsame Aktivitäten gefördert werden.«[18]

Den ersten Preis erhielt die Architektengemeinschaft Steidle

Sozialwohnungen mit südlichem Flair: Das preisgekrönte Modell »Integriertes Wohnen« in München-Neuhausen.

und Deby mit dem Grünplaner Gottfried Hansjakob, weil ihr Entwurf alle wesentlichen Forderungen auf hohem Niveau erfüllte. Durch die Auflösung der Anlage in eine villenartige Einzelhausbebauung wurde der Charakter der Umgebung aufgenommen und zugleich die Unterscheidbarkeit der Häuser hervorgehoben (besonders wichtig für Kinder). Die Anordnung der Baukörper an den Grundstücksgrenzen bewahrte die Straßenräume, vor allem aber den alten Baumbestand zwischen den Häusern. Diese Freifläche mit Ruhezone und Spielplätzen ist als »Anger« nicht nur den Mieterfamilien, sondern auch den Nachbarn zugänglich. Schließlich öffnen sich die Wohnungen in den oberen Geschossen durch Balkone und Terrassen zur Umgebung. Die kleine Siedlung sollte sowohl geschützte als auch durchlässige Bereiche enthalten.

Kampf um Quadratmeter

Trotz mancher Abstriche konnte dieser Entwurf im Kern realisiert werden. Wegen der erhöhten Zahl der Wohneinheiten mußte bei den Gemeinschaftsreinrichtungen und an den Treppenhäusern eingespart werden. Dem Rotstift fiel auch die Tiefgarage zum Opfer, was aber eher von Vorteil ist, weil die Autos nun unmittelbar neben den Eingängen abgestellt werden können. Mit den Änderungen am Programm wechselte auch die Gestalt der Häuser: Aus den ursprünglich strengen Kuben wurden lebhaft gestaltete »Villen« in freundlichen Farben. Die großen Dachüberstände vermitteln Geborgenheit, die Holzverschalung der Erker und Vorbauten gibt der Siedlung ein heiteres, fast südliches Gepräge.

Die neun Häuser sind aber nicht nur äußerlich anders als im sozialen Wohnbau üblich. Ebenso bedeutend sind die Leistungen der Architekten bei der Gestaltung der Grundrisse. Dabei mußte, so Patrick Deby, »um jeden Quadratmeter gekämpft werden«. Durch das Verständnis von Gewofag und Wohnungsamt konnte aber einiges erreicht werden.

So enthalten auch die kleinsten Wohnungen einen zwar be-

In diesen Sozialwohnungen leben Ältere und Behinderte, Kinderreiche und Ausländerfamilien zusammen.

Unterbringung der Autos ohne teure Tiefgaragen und ohne Beanspruchung des Straßenraums.

scheidenen, aber separaten Schlafraum, und bei den Drei-Zimmer-Wohnungen konnte zwischen den Bereichen von Eltern und Kindern eine funktionsfähige Diele eingebaut werden. Notabene: Die Kinderzimmer sind erheblich größer als die Schlafräume der Eltern. Trotz ihres reduzierten Umfangs fallen auch die Treppenhäuser aus dem Rahmen. Otto Steidle konnte beim Bauherrn erreichen, daß sie durch verglaste Dachflächen natürliches Licht erhalten.

Schon das Preisgericht rühmte am Entwurf »ein kommunikationsfreundliches Wohnmilieu von besonderer Qualität«. Ausschlaggebend dafür sind auch zahlreiche Details, die vielleicht erst beim zweiten Blick auffallen. Beispielsweise wurden die Fensterbrüstungen durch »Unterlichte« sehr niedrig gehalten, um den Blick auf Park und Straße zu erweitern. Dem gleichen Zweck dienen die hohen Fenster über Eck in den Obergeschossen, über die das Tageslicht wandern kann. Ein wichtiges Detail sind auch die schmalen Erker in den Küchen, wodurch die Parkhöfe eingesehen werden können.

Demokratie lernen

Die eingesessenen Nymphenburger hatten anfangs befürchtet, ihr »gehobenes« Viertel könnte durch die Sozialbauten Schaden nehmen. Inzwischen haben sie aber erkannt, daß die neue Wohnanlage das ganze Gebiet aufgewertet hat. Daß nicht nur die Integration der neuen Bewohner gelungen ist, sondern auch die Verbindungen zur Nachbarschaft verbessert werden konnten, hängt gewiß mit der gleichfalls modellhaften Mieterbeteiligung zusammen, die der Verein »Urbanes Wohnen« bis Herbst 1989 begleitet hat. Jede Hausgemeinschaft ist durch einen Sprecher vertreten, alle neun Vertreter bilden den Bewohnerrat.

Natürlich mußte diese Mitbestimmung bei der Gestaltung und Nutzung von Gemeinschaftseinrichtungen schrittweise eingeübt, mußte der demokratische Umgang miteinander erst gelernt werden. Durch die vermittelnde Tätigkeit des Vereins

»Urbanes Wohnen« konnten sowohl die Vorbehalte des Eigentümers als auch die anfänglich allzu hohen Erwartungen der Mieter abgebaut werden. Mehr Demokratie im Wohnbereich bringt schließlich nicht nur mehr Rechte, sondern auch mehr Pflichten, und die ehrenamtlichen Aufgaben können nicht auf ewig betreut werden. Auch ein Gutachten aus dem Darmstädter »Institut Wohnen und Umwelt« hebt die unerläßliche Eigenaktivität der Mieter bei derartigen Projekten hervor: »Der erhöhte Abstimmungs- und Verwaltungsaufwand wird nur zu bewältigen sein, wenn er von den Bewohnern selbst geleistet wird.«[19]

Die Nymphenburger »Stadtvillen« verkörpern, was so häufig angestrebt wird und so selten gelingt: Bauen für Gemeinschaft. Architektur kann soziale Probleme nicht lösen, aber ihre Lösung befördern. Wie das erfolgreiche Modell zeigt, mangelt es nicht den Architekten an Phantasie. Gesetzgeber, Bauherren und Behörden sind vielmehr aufgerufen, die Schere zwischen einem solchen »Sonderfall« und dem durchschnittlichen sozialen Wohnungsbau zu schließen. Das Wohnen als ein soziales Grundbedürfnis muß von der Politik endlich ernster genommen werden. In der Bayerischen Verfassung immerhin gibt es den vom sozialdemokratischen Nachkriegsministerpräsidenten Wilhelm Hoegner inspirierten Artikel 106, dessen erster Absatz lautet: »Jeder Bewohner Bayerns hat Anspruch auf eine angemessene Wohnung.«

Anmerkungen

1 Siehe dazu Leonardo Benevolo: Geschichte der Architektur des 19. und 20. Jahrhunderts, Bd. 1, München 1978, S. 412 ff.
2 Zitiert nach: Ernst May und das Neue Frankfurt 1925–1930, Berlin 1986, S. 72.
3 Siehe dazu die Interviews von Wolfgang Jean Stock in: Die zwanziger Jahre des Deutschen Werkbundes, Reihe Werkbund-Archiv, Bd. 10, Gießen/Lahn 1982.
4 Als ausführliche Darstellung siehe Karin Kirsch: Die Weißenhofsiedlung, Stuttgart 1987.
5 Die große Wirkung auf die Schweiz ist dokumentiert in: Um 1930 in

Zürich – Neues Denken, Neues Wohnen, Neues Bauen. Ausst. Kat. Kunstgewerbemuseum der Stadt Zürich 1977.

6 Zitiert nach Jürgen Joedicke: Weißenhof 1927–1987, in: Werk, Bauen + Wohnen, Nr. 11/1987, S. 102.

7 Erläuterungsbericht von J. J. P. Oud in: Bau und Wohnung, Stuttgart 1927, S. 87 ff.

8 Siehe hierzu das Vorwort von Wend Fischer in: J. J. P. Oud. Bauten 1906–1963, Ausst. Kat. Die Neue Sammlung, München 1965.

9 Einen guten Überblick gibt Erwin Mühlestein in: Das andere Neue Wohnen. Neue Wohn(bau)formen, Ausst. Kat. Museum für Gestaltung, Zürich 1986, S. 12 ff.

10 Auch für Bayern liegt neuerdings eine materialreiche Dokumentation vor: Wohnmodelle Bayern 1984–1990, hrsg. von der Obersten Baubehörde im Bayerischen Staatsministerium des Innern, München 1990.

11 Paulgerd Jesberg: Billiger bauen statt Billigbau, in: Baukultur, Heft 1/1990, S. 27.

12 Angelika Gardiner: Kein Ort wie jeder andere. Besuch in der kalifornischen Öko-Stadt Davis, in: Bayerischer Rundfunk, 2. Programm, Reihe »Unterwegs«, 22. Mai 1990.

13 Internationale Bauausstellung Berlin 1987. Projektübersicht, Berlin 1987, S. 66 f.

14 Siehe dazu: Wohnbau in der Steiermark 1980–86, hrsg. von der Zentralvereinigung der Architekten Österreichs, Graz 1986.

15 Wohnmodelle Bayern, a. a. O., S. 211 ff.

16 Ebda., S. 157 ff.

17 Aufbaugesellschaft Bayern: Mit Selbsthilfe zum Eigenheim, München o. J. (1985).

18 Architekten Steidle und Deby: Integriertes Wohnen – ein Bericht, München o. J., S. 2.

19 Institut Wohnen und Umwelt: Beim Run auf die Wohnungen haben Ärmere keine Chancen, in: Frankfurter Rundschau vom 6. Dezember 1989, S. 10.

Josef Deimer

Die Zukunft der Landschaft liegt in den Städten

Städtebauförderung – Alternative zur Zersiedelung

Um unseren Städten eine sozial und wirtschaftlich verträgliche Entwicklung zu gestatten, muß neuer Wohnraum geschaffen und der vorhandene mit höherer Effizienz genutzt werden.

Aus Gründen des Schutzes unserer Mitwelt darf auf keinen Fall eine weitere Zersiedelung stattfinden, die jenen Pendlerstrom noch mehr anwachsen läßt, der schließlich unsere Wohnquartiere zerstört. Deshalb ist in den Städten für zusätzlichen Wohnraum zu sorgen, wofür auch der Bund wirksame Fördermaßnahmen treffen muß. Alarmierend ist der *Mangel an Familienwohnungen*, eine paradoxe Folge des Wohlstandes in unserem Lande.

Wenn bundesweit das durchschnittliche *Wohnflächenangebot* je Einwohner in den letzten 25 Jahren auf über 35 qm gestiegen ist, sollte es eigentlich nicht an Wohnfläche fehlen. Wenn obendrein 500000 Wohnungen leerstehen, scheint das Angebot reichlich zu sein. Was sich aber in den Städten schon seit Jahren abzeichnet, wurde durch die Ergebnisse der Volkszählung 1987 belegt: *Es gibt eine neue Wohnungsnot.* Denn nach der Volkszählung waren in der Bundesrepublik eine Million mehr Haushalte als Wohnungen vorhanden. Seitdem aber hat sich die Lage auf dem Wohnungsmarkt durch den Strom der Aussiedler und Übersiedler noch verschärft. In den Städten fehlen vor allem preiswerte Wohnungen.

Offensichtlich sind die hehren Ziele, »marktwirtschaftliche Grundsätze in der Wohnungswirtschaft« einzuführen und »sozialpolitische Ziele durch Subjektförderung« zu erreichen, gründlich verfehlt worden. Der wissenschaftliche Beirat beim Bundesminister für Wirtschaft müßte über seine klugen Vorschläge zu Beginn der 80er Jahre und deren Realisierung nachdenklich werden und sich selbst in Frage stellen.

Was ist aus Vertragsfreiheit, Abbau von Steuererleichterungen und Ausweitung des Baulandangebots geworden? Das Volk von Taschengeldempfängern hat sich um Millionen neuer vom Wohngeld Abhängiger vermehrt, der frei finanzierte Wohnungsbau bringt sich mit noch nie dagewesenen Abschreibungsmöglichkeiten als Retter der Situation zur Geltung. Die Umwandlung landwirtschaftlich genutzten Bodens ist schwierig wie eh und je und zeigt, daß dieser Staat nach wie vor gewillt ist, sich von den Grundstücksbesitzern vorführen zu lassen. Es wird höchste Zeit, über *Baulandsteuern* nachzudenken, und sei es im Zusammenhang mit *Ökosteuern, deren Basis die gerechte Kostenberechnung für die Beanspruchung von Natur und Umwelt sein soll.*

Die »neue Wohnungsnot« ist kurzfristig nicht zu beseitigen:

Schon seit 1985 ist die Zahl der privaten Haushalte schneller gestiegen als der Nettozugang an Wohnungen.

Bei diesen Zahlen ist der Zustrom der Aus- und Übersiedler

Jahr	1984	1985	1986	1987	1988	1989	1990	Summe 85–90
Nettozugang an Wohnungen in 1000	330	240	180	150	140	170	240	1120
Anstieg der privaten Haushalte in 1000	270	300	260	240	330	540	440	2110

der letzten Monate aus dem Ostblock und aus der DDR noch nicht berücksichtigt.

Der *Kurswechsel in der Wohnungspolitik*, mit einer glaubwürdigen Ministerin an der Spitze, wird durch die wachsende

Bereitschaft, mehr Mittel in den Wohnungsbau zu investieren, deutlich.

Neben den vielen Maßnahmen, die schon Wirkung zum Guten zeigen, fehlen Zeichen, die den einkommenschwächeren Bevölkerungsschichten Hoffnung geben. *Angemessener Wohnraum für eine junge Familie in einer Groß- oder Mittelstadt nach einer zumutbaren Wartezeit bleibt für die meisten ein Traum.* Neubauwohnungen für Stadtbewohner mit durchschnittlichem Einkommen sind schon wegen der enormen Grundstückspreise kaum erschwinglich. So können Angebot und Nachfrage nur jenen Preis bestimmen, der den Spitzen- und Doppelverdienern, aber niemals der Familie mit kleinen Kindern gerecht wird.

Die Versäumnisse der vergangenen Jahre, der Exodus der Deutschen aus Rumänien, Polen und der Sowjetunion, die Übersiedlung der DDR-Bürger können nicht in wenigen Jahren ausgeglichen werden. Dies gilt auch für den sozialen Wohnungsbau. Die steigende Zahl privater Haushalte, von denen viele auf preisgünstige Wohnungen angewiesen sind, und der Wegfall von Mietpreisbindungen bei auslaufenden Sozialwohnungen ergeben einen Bedarf, der nur allmählich gedeckt werden kann. Wenn das Ifo-Institut bis zum Jahr 2000 einen *Neubaubedarf von 5,3 Mio Wohnungen* angibt, wird sichtbar, welche Anforderungen an den Staat in der Finanzierung und an die Bauwirtschaft in Bauleistung und Baukapazität gestellt werden.

Die notwendige Jahresbauleistung von 400000 Wohnungen wird nur nach und nach erreicht werden. Ein Anteil von 100000 Sozialwohnungen pro Jahr bedeutet angesichts der Finanzierungsausgaben für die deutsche Einheit einen gewaltigen Kraftakt. Es müssen also alle Kräfte mobilisiert werden, den Menschen angemessenen Wohnraum zu verschaffen. Die Städtebauförderung ist geeignet, diese Überlegungen zu unterstützen und gleichzeitig Verzerrungen in der Strukturpolitik auszugleichen.

Integrierte Stadtentwicklungspolitik

Wohnungsbau, Wohnungsmodernisierung und Städtebau müssen sich an integrierten Zielen der Stadtentwicklungspolitik orientieren, die derzeit einem weiteren Veränderungsprozeß zu unterliegen scheinen. Immerhin wissen wir, daß Trabantenstädte keine Alternative zur Lösung von Wohnungsproblemen sind und die Stadtökologie zunehmend die Handlungsstrategie der Kommunalpolitik dominiert. Wir wissen aber auch, daß kommunale Wirtschaftsstruktur, wirtschaftliche Entwicklung und Arbeitsmarktprobleme in der Realität *Trends und Einflußfaktoren der Stadtentwicklung* ausmachen. Die Zukunft wird uns allerdings zeigen, daß die »marktgerechte Stadt« zunehmend von den sozialen und gesellschaftlichen Bedingungen und der daraus resultierenden Kommunalpolitik abhängig sein wird. Ich wage die Prognose, daß insbesondere in prosperierenden Stadtregionen, in denen das Terrain heute noch im festen Griff ökonomischer Verwertungsabsicht ist, der Verzicht auf Wachstum offenkundig gemacht wird.

Aufgaben der Städtebauförderung der 90er Jahre

Dem ökologischen System in den Städten schadet am meisten: Der Flächenverbrauch für die Besiedelung und die Ausbeutung der Landschaft, die Verdichtung und Versiegelung, der Zerfall der Baudenkmäler, der wachsende Abfallberg, Schadstoff- und Lärmbelästigung durch den Kfz-Verkehr, Luftverunreinigung und Schadstoffeintrag ins Trinkwasser.

Tendenziell sind diese *Erkenntnisse von Ökologie und Umweltschutz* seit vielen Jahren bekannt, und dennoch nehmen die Belastungen kontinuierlich zu. Bei der Beurteilung der Umweltverträglichkeit alternativer Entscheidungen in der Stadtentwicklung kommt dem Energieeinsatz größte Bedeutung zu. Die zu fordernde *persönliche Umweltbilanz mit einer freiwilligen Selbstkontrolle* wird immer wichtiger; sie muß aber auch von den Trägern der Planungshoheit praktiziert werden. Mit

Nachträgliche Verdichtung im ungenutzten Abstandsgrün ist möglich: Siedlung München-Hasenbergl.

Kein Platz mehr für derartig flächenfressende Bauweisen: Münchner »Sparhäuser« aus den frühen 80er Jahren.

dem Wissen um die Probleme der Wasserversorgung und der Müllentsorgung wird das Verständnis für einen notwendigen ökologischen Umbau der Wirtschaft, der Infrastruktur und unserer Lebensweise enorm gestärkt und »abfallbewußtes Konsumieren« zur Leitlinie.

Es ist also logischerweise davon auszugehen, daß die Dekkung des Bedarfs an neuem Wohnraum und sinnvollerweise auch der Gewerbeflächen vorrangig durch Umstrukturierungen und Erneuerungen im Bestand zu suchen ist.

Der kostspielige Bürger wohnt auf dem Lande

Es ist allerhöchste Zeit, die Bedürfnisse der Bürger in den Städten zu erkennen und den Auszug der Mittelschichtbevölkerung sowie den Abzug expandierender Betriebe zu verhindern. Der Drang zu verkehrsgünstigen Standorten im Umland läßt den *Landverbrauch* ansteigen und verursacht die Erstellung einer neuen, sündhaft teueren Infrastruktur, obgleich diese in den Städten nicht voll ausgenutzt ist. Die »verwöhnten städtischen Bürger« reklamieren den Grundsatz von den »gleichwertigen Lebensbedingungen« und beweisen, daß es keine Provinz mehr gibt. Unter dem *Gesichtspunkt der notwendigen Disziplinierung öffentlicher Mittel* kann allerdings diese Wanderungsbewegung nicht akzeptiert werden. Obendrein fördert sie nicht nur die Zersiedelung des Landes, sie führt auch zu langen Transportwegen, erhöhtem Schadstoffausstoß und zu den *Pendlerbewegungen aus der Agglomeration*, die tagtäglich die Wohnquartiere der Städte mit aller Gewalt treffen. Die Beanspruchung der Umwelt und Mitwelt erfolgt auf eine sehr kostspielige Art.

Der Erhalt der Städte ist eine kulturelle Aufgabe:

Die Städte zu erhalten und zu erneuern wird heute aus vielerlei Gründen von den Kommunalpolitikern mit erster Priorität versehen. Neben der Verbesserung der Wohnqualität durch Modernisierung und Beseitigung struktureller Mängel spielt die *Stadtgestalt und die Denkmalpflege im Städtebau* eine große Rolle. Unsere Städte sollen nicht nur schön, sondern vor allem gesunder Lebensraum für die Bürger sein. Die Städte haben eine große Zukunft, wenn es gelingt, sie als Erlebnisraum zu gestalten. Wer die Stadt als Erlebnis empfindet, nimmt sie an, tritt mit ihr in einen Dialog und ist bereit, sich mit ihr zu identifizieren. Auf diese Weise erreichen wir eine »Beteiligung des Bürgers am Stadtgeschehen«, auf die allergrößter Wert gelegt werden muß.

Der Städtebau muß, um zur Beteiligung über Identifikation zu kommen, das Sichzurechtfinden erleichern, das heißt, es müssen Markierungspunkte geschaffen werden, die Vertrautheit in ein Stadtbild, in die Silhouette oder in die liebgewonnene Alltäglichkeit der Stadt vermitteln. Auf diese Weise entsteht das Gefühl der Heimat, das in uns auch die Bereitschaft zur Verantwortung für ein gutes Zusammenleben erweckt.

Nahezu alle Städte versuchen über Geschichte, Kultur und Ästhetik stadtpolitisch eine *Steigerung der Attraktivität* zu erreichen, bemühen sich, ihr Image zu verbessern. Zwei grundsätzliche Auffassungen sind bei der Realisierung dieses Vorhabens auszumachen: Einerseits wird begrüßt, daß die Städte wieder selbstbewußter ästhetische Programme verfolgen und Kultur auch im Blick auf die eigene Geschichte inszenieren; andererseits wird kritisiert, daß bei der Durchsetzung restaurativer Tendenzen Geschichte auf Nostalgie und bauliche Versatzstücke reduziert wird und vor allem, daß mit dem Neuen soziale Ansprüche und gesamtstädtische Optik aufgegeben werden.

Ich meine, daß die Entscheidung für die eine oder andere Linie der räumlichen Organisation des öffentlichen Lebens auf mehreren Ebenen bedacht werden muß. Ich denke an das geschichtliche Bewußtsein, an ästhetische Qualität, an Zweck und Nutzen sowie an Bautechnik und Finanzen.

Die *Stadt als Erlebnisraum* wird an Stabilität gewinnen, wenn sie vielfältige Strukturen aufweist. Heimatgefühl und Quartierbewußtsein verbinden sich intuitiv in Gefühls- und Vertrauensreaktionen, wie sie in Altbauten im Sehnen nach »der guten alten Zeit« ausgelöst werden.

Das *integrale Erhalten alter Bausubstanz* heißt aber nicht Konservieren, sondern damit etwas anfangen. Die Auseinandersetzung mit dem Altbau geht bis ins kleinste Bauteil: Mauernischen, Balkenköpfe, zugemauerte Durchbrüche. Sie macht die zu verschiedenen Zeiten entstandenen Strukturen sichtbar, macht sie zum Ornament, ohne zu purifizieren. So ist es heute Allgemeingut geworden, daß für den Charakter eines Ortes, eines Quartiers, einer Straße oder eines Platzes das Ensemble einen unschätzbaren Wert besitzt. Nicht das Einzelobjekt in seiner Schönheit ist maßgebend, sondern der Komplex von alten Baustrukturen, die gewachsenen unregelmäßigen Baukörper mit ihren vielfältigen Details.

Es wird deutlich, daß es ungleich einfacher ist, Stadterneuerung in Städten mit historischem Stadtkern zu praktizieren. Vorgaben durch historische Bauten, die durch Maßstäblichkeit und Reichtum im Detail bestechen, schaffen durch ihre Vielfalt Anknüpfungspunkte für viele Visionen der baulichen Gestaltung. Immerhin ist eine *Umwelt mit Aufforderungscharakter,* Neugier und Interesse weckend, gefragt; sie läßt die Vorzüge städtischen Lebens bewußt werden. Da das organische Wachstum der Städte längst zu Ende ist, wie die Entwicklung der Stadtregionen beweist, müssen wir uns in der modernen Architektur von der abgegrenzten Stadt als Definition trennen. Wir müssen einen Städtebau entwickeln, der fähig ist, das Alte mit dem Neuen einerseits zu verbinden, andererseits als eigenständige Elemente zu handhaben. Vielleicht kann die moderne Architektur etwas vom Prinzip der optischen Linienführung der gotischen Stadt übernehmen, die den Besucher visuell ständig und allgegenwärtig zu beeindrucken versucht.

Ich bin sicher, daß die *gebaute Umwelt* einen wichtigen Teil des Erlebniswertes unserer Städte ausmacht. Sie ist in der Lage, das Gefühl der Geborgenheit, der Heimat, zu vermitteln, insbesondere dann, wenn wir unter den beschriebenen Vorgaben Städtebau betreiben dürfen. Dazu zähle ich auch die *Wiedergewinnung der Stadtteilmitten und die Korrekturen an den Stadträndern.*

Städtebauförderung ist eine Dauer-Gemeinschaftsaufgabe

Wenn wir feststellen, daß sich die Städtebauförderung am Bedarf orientiert, dann dürfen wir nicht nur auf ihre Eigenschaften, Beschäftigung und Baukonjunktur zu beleben, hinweisen, wir müssen vielmehr die Bedeutung für den Städtebau und das Wohnen in der Stadt herausstellen. Bund, Länder und Gemeinden sind gut beraten, wenn sie langfristig denken und die Städte wieder wohnlich machen. Im Wohnungsbau geht es trotz aller neu aufgetretenen existentiellen Not nicht mehr darum, ein »Dach über dem Kopf« zu haben, wie Erwin Scheuch schrieb, sondern die *Art des Bedarfs zu erkennen.*

Deshalb ist es wichtig zu begreifen, daß die neue Bewertung der Freizeit auch *neue Funktionsansprüche* an die Wohnung auslöste. (Nach einer Emnid-Studie denken 29% der Befragten bei Freizeit an die Wohnung.)

Was sagt die heutige Wohnungspolitik?

In der Wohnungspolitik wird Wohnen in erster Linie als ein Problem der ausreichenden Versorgung angesehen. Man ist sich auch einig, daß Ansprüche sich in dem Ziel vereinigen dürfen, *Familiengerechtigkeit als Mindestgarantie* zu erhalten. Die Wohnung ist unbestritten das Refugium des Privaten und Intimen geworden und wird als solches auch akzeptiert. Eingebettet in diese Selbstverständlichkeit wird überrascht und reaktionslos die Meldung aufgenommen, daß die Familie als Keimzelle des Staates mit ihrer Normalität nur noch eine Minderheit bedeutet. In den größeren Städten haben die Einpersonenhaushalte die 50%-Marke bereits überschritten und nähern sich zusammen mit den Zweipersonenhaushalten der 75%-Grenze. Sehr *unterschiedliche Wohnweisen*, als Ergebnis neuer Formen des Zusammenlebens, gilt es nun in der Wohnungspolitik ebenso zu berücksichtigen wie die Änderungen in der Arbeitswelt, die das Wohnen und Arbeiten auch räumlich wieder mehr zusammenführen. Im Städtebau wird das ungelöste Verkehrsproblem die Stadtentwicklung zur gleichen Funktionsmischung zwingen, und schließlich erfährt die *Außennutzung* der Wohnung in der gebauten Umwelt durch das wachsende ökologische Bewußtsein eine zunehmende Beachtung.

Daher ist es notwendig, daß sich Städtebau- und Wohnungspolitik diesen Differenzierungen in der Lebensweise aufschließen, um künftigen Sanierungs- und Modernisierungsaufgaben aus dem Weg zu gehen. Es wird deutlich, daß ohne *Umstellung unseres Planungsinstrumentariums* keine Entscheidungssicherheiten zu erwarten sind. Wir haben einen hohen Planungsbedarf, der insbesondere die qualitative Verstärkung der Bauleitplanung erfaßt. Es geht darum, den neuen Problemstellungen gerecht zu werden, d. h. *Flächennutzungspläne* mit Raumdimension auszustatten und ökologische, soziale und ökonomische Ziele einzubringen. Wir brauchen keine gefälligen Tages-Problem-Lösungen, sondern eine wertabwägende, auf die Zukunft bezogene Planungspolitik.

Finanzierungsfragen

Ich bin nach wie vor der Auffassung, daß die Auflösung der Mischfinanzierung eine sehr schlechte Entscheidung ist, weil gerade die Kontinuität des rechtlichen und finanziellen Rahmens die Zukunft des Städtebaus sichert und die Fortführung eines der erfolgreichsten Programme naheliegend ist. Der hohe Bedarf zeigt sich in der Zahl nicht berücksichtigter Anträge von Städten und Gemeinden und wird vor allem deutlich in einer bundesweiten Umfrage des Deutschen Instituts für Urbanistik in Berlin (Difu), wonach die *Städte und Gemeinden selbst den städtebaulichen Erneuerungsaufgaben unter den kommunalen Aufgabenfeldern den ersten Rang einräumen.*

Es ist notwendig, die Regelförderung von 66 ⅔% auch in künftigen Jahren beizubehalten und sie nicht zugunsten jener zu schwächen, die ohnehin ihre Standortnachteile bei jeder Gelegenheit ausgleichen können. Es scheint auch angebracht, die Feststellung zu treffen, daß *Stadtsanierung und Dorferneuerung zwei unterschiedliche Begriffe mit eigener Problemqualität* darstellen. Der Erfolg der Städtebauförderung darf nicht an den Anteilen verfügbarer Mittel für den ländlichen Raum gemessen und damit zu einem Instrument der Regionalpolitik umfunktioniert werden.

Ich stimme dem Bayerischen Innenminister Dr. Stoiber zu, wenn er sagt, daß die Städtebauförderung zur dauerhaften Sicherung und Schaffung preiswerten Wohnraums führt, füge aber hinzu, man möge die Brennpunkte des Bedarfs und die Verantwortung für die Stadtgestalt und die Denkmalpflege im Städtebau erkennen.

Der kommunale Investitionsbedarf wird in den Städten zunehmend von struktur- und umweltpolitischen Aufgaben bestimmt sein, die technisch und finanziell sehr aufwendig sind:

1. Sanierung städtischer Innenbereiche und Altquartiere
2. Die Auslagerung störender Betriebe
3. Das Gewinnen ökologischer Ausgleichsflächen
4. Lösung von Altlastproblemen bei städtebaulichen Maßnahmen
5. Neuordnung des ruhenden und fließenden Verkehrs mit Unter- und Überführungsmaßnahmen, Tunnelbauten, Park-and-Ride-Anlagen, anspruchsvollen Fuß- und Radwegnetzen
6. Verbesserungen an Großsiedlungen der 60er und 70er Jahre
7. Sanierung des Abwassernetzes
8. Nachverdichtung und Außennutzung in Wohnquartieren
9. Dezentralisierung durch Stärkung der Stadtteile (Wiederherstellung der Ortsmitten)

10. Landschaftliche Einbindung der Stadtränder und Ortseinfahrten.

Die *Motivation, für die Städtebauförderung noch mehr Mittel* bereitzustellen, war Ende der 80er Jahre von dem Willen geprägt, durch eine erhöhte Baukonjunktur der Arbeitslosigkeit beizukommen. Dies ist durchaus gelungen, weil die Stadtsanierung auch eine erhöhte private Investition auslöst, also Ausstoßeffekte bewirkt, die über das Gebiet hinausgehen.

Heute muß die Begeisterung, die Städte zu erneuern, verstärkt werden durch das Darlegen der Vorteile, die sich für die gesamte Landschaftsplanung ergeben. Es liegt klar auf der Hand, daß die *»Zukunft der Landschaft in den Städten«* liegt. Wir können es uns nicht mehr leisten, das Land noch weiter zu zersiedeln und die Transportwege immer größer werden zu lassen. Unter Bedachtnahme auf das nicht beliebig vermehrbare Land müssen die Wohnungen in den Städten vorrangig gebaut werden. So lassen sich kulturelle Aufgaben im Erhalt der Bausubstanz mit jenem der wichtigsten sozialen Anliegen, nämlich eine *menschengerechte Wohnung* zu haben, in der Städtebauförderung auf das glücklichste verbinden. Ein guter Weg, der aus der Wohnungsnot herausführt.

Joachim Ensslin

Die überforderten Umlandgemeinden

Fehlende Instrumente für eine sinnvolle Baulandpolitik

Bodenmarkt und Wohnungsmarkt sind regionale Märkte. Mag man sie auf der Ebene der Großstadt noch nennenswert beeinflussen können, die kreisangehörige Stadt oder Gemeinde allein, zumal wenn sie in einem großen Verdichtungsraum liegt, ist diesen Märkten ausgeliefert. Ihre Handlungsmöglichkeiten sind auf drei Vorgehensweisen beschränkt:

1. Sie kann versuchen, die Ziele der Landes- und Regionalplanung zu verändern, um die den Wohnungsmangel beeinflussenden Grundstrukturen zu verbessern.
2. Sie kann, *zusammen mit anderen Gemeinden*, die Menge des Baulandes vergrößern. Auf die Verfügbarkeit des privaten Baulandes und die allgemeinen Bodenpreise kann sie dagegen nach geltendem Recht keinen nennenswerten Einfluß ausüben.
3. Sie kann sich selbst am Boden- und Wohnungsmarkt beteiligen. Dies wird sie vor allem tun, um für ihre eigenen Bürgerinnen und Bürger, aber auch für einzelne soziale Gruppen, die auf den allgemeinen Märkten geringe Chancen haben, Sondermärkte zu schaffen.

Die Veränderung der landes- und regionalplanerischen Ziele

Der Bedarf an zusätzlichen Wohnungen entsteht aus vielerlei Gründen. Wichtige Hauptfaktoren wie z. B. der steigende Bedarf an Wohnfläche pro Einwohner oder der Anstieg der Zahl der Kleinhaushalte sind von der Gesetzgebung, aber auch von der kommunalen Planung mit einem im wesentlichen freien Boden- und Wohnungsmarkt nicht zu beeinflussen.

Eine erhebliche, vermutlich sogar die wichtigste Ursache des Wohnungsbedarfs in den Ballungsräumen liegt aber im Anstieg der Zahl der Arbeitsplätze. Der alte Planungsgrundsatz »Die Wohnung folgt dem Arbeitsplatz« gilt nach wie vor.

Die sich in diesem Zusammenhang ergebenden Handlungsmöglichkeiten, durch Verringerung der Gewerbe- und Industriegrundzuwächse auch die hieraus entstehenden zusätzlichen Bedürfnisse nach Wohnraum zu verringern, sind bei weitem noch nicht ausgeschöpft.

Nach der Volkszählung 1970 hatte z. B. die Stadt München einen Einpendlerüberschuß von etwa 120000 Beschäftigten. (136012 Berufseinpendler gegenüber 17511 Auspendlern). In den folgenden siebzehn Jahren stieg die Zahl der Beschäftigten von rund 730000 auf etwa 850000, also um 16,4 %, während sich die Wohnbevölkerung im gleichen Zeitraum um 108000 Personen, d. h. um 8,3 %, verringerte. Die Volkszählung 1987 ergab einen Einpendlerüberschuß von etwa 195000 Beschäftigten (251492 Einpendler gegenüber 56876 Auspendlern). Da sich die Zahl der Arbeitsplätze im Umland nicht verringerte, hatte dies zur Folge, daß im Umland für 150000 Menschen zusätzlicher Wohnraum geschaffen werden mußte, um nur den aus der Zahl der zusätzlich entstandenen Arbeitsplätze resultierenden Wohnungsbedarf zu decken.

Ein wesentlicher Ansatzpunkt zur Milderung des Wohnungsmangels läge also in einer anderen Strukturpolitik. Hier müßte in erheblich stärkerem Umfang versucht werden, Gewerbe in Bereiche zu lenken, die ausreichend mit Wohnungen versorgt sind, oder in Gebiete mit überdurchschnittlich hoher Arbeitslosigkeit. Praktisch könnte dies nur durch eine erheblich rigidere Steuerung der landes- und regionalplanerischen Vorgaben für Gewerbegebietsausweisungen in den Verdichtungsräumen geschehen. Während die kleineren und mittleren Gemeinden dies bei der Landesplanung nur über entsprechende Anträge im Zuge der Fortschreibung des Landesentwicklungsprogramms beeinflussen können, hätten sie bei der Regionalplanung zusammen mit den Vertretern der Landkreise selbst die Entscheidungsmöglichkeiten in der Hand. In der Region München z. B. kann das Umland die Landeshauptstadt majorisieren.

So könnte also etwa der Regionalplan München in Zukunft festsetzen,

- daß in der engeren Verdichtungszone nur noch in genau festgelegtem, eng begrenztem Umfang neue Gewerbegebiete ausgewiesen werden dürfen,
- daß diese Ausweisungen unter dem Vorbehalt stehen, daß vorher durch bodenmarktpolitische Maßnahmen sichergestellt ist, daß die neuen Gewerbeflächen nur für einheimische Betriebe mit zusätzlichem Platzbedarf zur Verfügung gestellt werden dürfen,
- daß durch Betriebsverlagerungen frei werdende Gewerbeflächen in möglichst großem Umfang nicht wieder für die gewerbliche Nutzung verwendet, sondern für den Wohnungsbau umgewidmet werden müssen.

Trotz gelegentlicher Vorstöße fanden sich für solche Zielsetzungen bisher keine Mehrheiten.

Menge, Verfügbarkeit und Preis des Wohnbaulandes

Mit steigendem Wohnungsbedarf wächst auch der Druck auf die kleineren und mittleren Gemeinden, vor allem im engeren Einzugsbereich der Großstadt, aktiv zu werden. Die Liste der Wohnungssuchenden im Wohnungsamt wird länger, die Zahl derjenigen, die sich um ein günstiges Baugrundstück bewerben, vervielfacht sich, Grundstückseigentümer und Bauträger drängen auf Ausweisung neuen Baulandes.

Die Gemeinden können sich diesem Druck auf Dauer nur schwer entziehen. Darüberhinaus ist es wohl auch objektiv unumgänglich, daß sie einen entscheidenden Beitrag zum Abbau des Wohnungsmangels leisten, auch wenn sie ihn selbst oft nur zum geringen Teil verursacht haben. In den meisten Kommunen geht es inzwischen auch gar nicht mehr um das Ob, sondern um die Größenordnung der Entwicklung. In die Wachstumszahlen der sechziger Jahre will keine Gemeinde zurückfallen. Zu lebendig ist noch die Erinnerung an die Qualitätsverluste und an die langen schmerzhaften Prozesse bis zur Deckung des Infrastrukturbedarfs und der Folgewünsche einer derart dynamischen Siedlungsentwicklung.

Sehr zum Leidwesen mancher staatlicher Planer hat sich deshalb der Begriff des »organischen Wachstums« allgemein durchgesetzt. Die jährlichen Zuwachsraten dürften nur noch selten 2–3 % der Bevölkerung überschreiten, in diesem Rahmen allerdings auch vernünftig, verkraftbar, im allgemeinen aber auch ausreichend sein.

Das Instrumentarium der Gemeinden, das von ihr gewünschte Wachstum zu steuern, liegt fast ausschließlich in der Bauleitplanung. Mit der ergänzenden Ausweisung von Wohnbauflächen im Flächennutzungsplan und der Aufstellung neuer Bebauungspläne wird zusätzliches Baurecht geschaffen; je nach der Dichte der Bebauung lassen sich die zuziehenden Einwohner ziemlich genau berechnen.

Der eigentliche Ansatz müßte aber schon im Vorfeld liegen. Baurecht ist in vielen Fällen vorhanden und wird nur nicht genutzt. Von den Baulücken ist die Rede, die z. B. im Landkreis Miesbach in Oberbayern Bauland für rund 10000 Einwohner ergeben (die im Flächennutzungsplan ausgewiesenen, nicht bebauten Flächen ohne Baurecht würden noch einmal für 20000 Einwohner reichen). Verständlich, daß der Kreisbaumeister jede Neugebietsausweisung mit Argwohn betrachtet. Bei der näheren Untersuchung der Folgewirkungen des Flughafens München II wurde in einer ersten Bestandsaufnahme angenommen, daß die erwarteten Zuwächse von 80000 Beschäftigten und 90000 Einwohnern im näheren Flughafenumland durch die vorhandenen Gewerbe- und Wohnbauflächen abgedeckt werden könnten, deren Größe rechnerisch sogar noch geringfügig über den erwarteten Bedarfszahlen lag. Im weiteren Verlauf stellte der nächste Gutachter jedoch fest, daß die *Verfügbarkeit* dieser Flächen nur zwischen 30 % und 50 % lag, so daß zusätzliche Möglichkeiten für Baulandausweisungen erheblichen Umfangs untersucht werden mußten.

Ungenutztes Baurecht aktivieren

In der Aktivierung ungenutzten Baurechts läge also eine entscheidende und vernünftigerweise primär zu realisierende Möglichkeit, Baulandbedarf zu decken. Bis heute fehlen hierfür ausreichende gesetzliche Handhaben.

§ 176 *BauGB*, nach dem ein Baugebot ausgesprochen, d. h. der Grundstückseigentümer verpflichtet werden kann, seine Grundstücke innerhalb einer bestimmten Frist zu bebauen, wird – jedenfalls außerhalb der Großstädte – so gut wie nie angewandt. Die Rechtsprechung hat zwar in der Zwischenzeit geklärt, daß das Verlangen an den Grundstückeigentümer sich nicht auf die Errichtung eines ganz bestimmten, näher beschriebenen Gebäudes beziehen muß, dennoch bleibt als Haupthindernis bestehen, daß der Grundstückseigentümer dieser Verpflichtung nur im Rahmen der wirtschaftlichen Zumutbarkeit nachkommen muß. Andernfalls kann er von der Gemeinde die Übernahme des Grundstückes zum Verkehrswert verlangen. Die damit verbundenen finanziellen Belastungern wird eine Gemeinde aber selten eingehen wollen.

Eine vom Landesvorstand der bayerischen SPD eingesetzte Bodenrechtskommission hat vor zehn Jahren den Vorschlag unterbreitet, für Baulücken eine eigene Grundsteuer einzuführen. Durch die Festsetzung entsprechend hoher Hebesätze sollte der Gemeinde die Möglichkeit eröffnet werden, einen Ausgleich für das lange Bereithalten von Infrastruktureinrichtungen (Straßen, Kanäle usw.) zu erhalten, vor allem aber, finanziellen Druck auf den Grundstückseigentümer auszuüben, sein Grundstück zu verwerten. Plausibler erschiene es mir noch, den Weg weiter fortzusetzen, den der Bundesgesetzgeber gegangen ist, indem er den Gemeinden die Möglichkeit eröffnete, ungenutztes Baurecht nach sieben Jahren entschädigungslos umzuwidmen.

Wenn eine Kommune heute die Möglichkeit hat, durch die Aufstellung bzw. Änderung eines Bebauungsplanes eine Wohnungs- in eine Grünfläche umzuwandeln und dadurch den Wert des Grundstücks auf ein Minimum zu reduzieren, erscheint es nur konsequent, ihr nach Ablauf der 7-Jahresfrist auch die Möglichkeit zu geben, selbst Zugriff zum Verkehrswert des umgewidmeten Grundstück zu bekommen. Wäre es also nicht richtiger, der Gemeinde ein *Recht zum Ankauf* ungenutzter Baulücken einzuräumen, und zwar zum Acker- oder Grünlandpreis, um ihr die Möglichkeit zu geben, selbst die Nutzung herbeiführen zu können, die sie ursprünglich mit dem Bebauungsplan wollte, als sie auf den Entzug oder die Änderung ungenutzten Baurechtes zu beschränken?

Das in der Novellierung des Baugesetzbuches vorgesehene *Vor*kaufsrecht für Gemeinden in Fällen eines Verkaufs von Flächen, die im Flächennutzungsplan als Wohnbauflächen dargestellt sind, wird sich dagegen als stumpfes Schwert erweisen, weil die Preise dieses Bauerwartungslandes zu hoch sind, soweit solche Verkäufe in Zukunft überhaupt noch eine größere Rolle spielen werden.

Auch mit der Ausweisung neuen Baulandes ist im übrigen keineswegs sichergestellt, daß dieses in absehbarer Zeit auf den Markt kommt. Für die Stadt-Umlandgebiete und den ländlichen Raum gilt wohl noch stärker, was auch in der Stadt immer mehr um sich greift: Grundstücke werden zurückgehalten und nicht bebaut, weil die Preissteigerungen höhere Renditen erwarten lassen, als sie durch die Bebauung im vergleichbaren Zeitraum erzielt werden könnten.

Im Ergebnis führt dies in nahezu allen Gemeinden, die eine Siedlungsentwicklung zu verzeichnen haben, dazu, daß Grundstücke nicht immer dort ausgewiesen werden, wo dies aus allgemeinen, planerischen Gesichtspunkten (Nähe zur Ortsmitte, Nähe zu öffentlichen Verkehrsmitteln, Einfügen des Landschafts- und Ortsbildes usw.) richtig wäre, sondern häufig eher dort, wo der Grundstückseigentümer dies wünscht oder mit diesem eine Vereinbarung über die baldige Bebauung getroffen werden kann. Häufig wird die Gemeinde derartige Vereinbarungen überdies damit verbinden, daß sie sich das Recht einräumen läßt, über das neue Bauland ganz oder jedenfalls teilweise selbst zu verfügen. Darüber wird weiter unten noch zu sprechen sein.

Schon bei der Bestimmung der Menge des *zur Verfügung* stehenden Baulandes wird erkennbar, daß hier den Gemeinden vom Gesetzgeber nur ein sehr lückenhaftes Instrumentarium an die Hand gegeben worden ist und diese sich immer mehr des Privatrechtes – also der mehr oder minder freiwilligen Vereinbarungen – und häufig auch eines faulen städtebaulichen Kompromisses bedienen müssen, um zusätzliches Bauland auf den Markt zu bringen.

Erheblich stärker in diese Richtung wird die Gemeinde gezwungen, wenn sie mit dem neuen Bauland auch bevölkerungsstrukturelle und soziale Ziele erreichen will. Sie kann zwar im Bebauungsplan Flächen für den Mietwohnungsbau, sogar für den sozialen Wohnungsbau festsetzen und diesen vernünftigerweise mit dem Eigenheimbau mischen, sie hat aber keinerlei öffentlich-rechtliche Möglichkeiten, das ausgewiesene Bauland auch dem Personenkreis zugute kommen zu lassen, für den sie die Ausweisung eigentlich beabsichtigt hatte. Dadurch führt eine unkontrollierte Ausweisung im Regelfall, jedenfalls in den engeren Verdichtungszonen, dazu, daß die entstehenden Angebote von ortsfremden, hinzuziehenden Personen genutzt werden. Die Bedürfnisse der ansässigen Bevölkerung nach verbessertem Wohnraum z. B. in Form von Eigenheimen, nach Wohnraum für kinderreiche Familien, Alleinerziehende, Ausländer usw. werden durch den allgemeinen Markt nur in verschwindend geringem Umfang gedeckt.

Eines hat sich in der Verbangenheit jedoch vor allem gezeigt: Selbst bei Baulandreserven von 20 und mehr Prozent der vorhandenen Siedlungsfläche sinken die Bodenpreise nicht wesentlich. Umgekehrt ist es aber aus ökologischen, landschafts- und städteplanerischen wie aus sozialstrukturellen Gründen sicher völlig unvertretbar, die Menge des ausgewiesenen Baulandes weiter zu erhöhen und dadurch die Zersiedlung der Landschaft noch zu verstärken, nur um mit Baulandreserven von vielleicht dreißig oder mehr Prozent deutlichere Preiskorrekturen nach unten zu erreichen. Weder die Landes- noch die Regionalplaner, noch die Gemeinden mit ihrer Bauleitung wären bereit, eine solche Entwicklung mitzutragen.

Für ein »preisbegrenztes Ankaufsrecht«

Damit sind wir beim Kernproblem angelangt: dem Baulandpreis. Ich bin mir sicher, daß sich der Wohnungsmangel in Kürze schnell, mit vernünftigen städtebaulichen Ergebnissen und unter Einsparung von Milliarden DM öffentlicher Mittel beseitigen ließe, wenn nur billiger Baugrund zur Verfügung stünde. Hierfür einige Beispiele:

In meiner Gemeinde stehen mehr als 300 Familien auf einer Warteliste für preisgünstiges Bauland. Sie wollen und könnten ein Eigenheim oder eine Eigentumswohnung errichten, wenn sie ein billiges Grundstück bekämen. Für etwa die Hälfte der Bewerber wird sich dieses Ziel auch erfüllen: Zu Erbbauzinsen zwischen 7,– und 9,– DM/qm und Jahr werden sie ein Grundstück erhalten. Mit Gesamtkosten von 300000,– bis 400000,– DM werden sie sich ein Reihenhaus bauen, Sie werden ihr Erspartes einsetzen, Eigenleistungen erbringen und – zum Teil unter Wahrnehmung staatlicher Förderprogramme – nicht selten zu monatlichen Zins- und Tilgungsbelastungen kommen, die nicht weit von der derzeitigen Miethöhe entfernt liegen. Das städtebauliche Ergebnis wird vertretbar sein. Mit einer Geschoßflächenzahl von 0,6 wird die Bebauungsdichte nicht erheblich unter der des Mietwohnungsbaus im Stadtumland sein. Sie werden 150 Mietwohnungen, darunter eine ganze Reihe von Sozialwohnungen, freimachen; mit einem hohen Anteil privaten Kapitals werden sie Wohnraum in einer Form schaffen, wie er von ihnen selbst gewollt wird und doch auch von der öffentlichen Hand angestrebt werden sollte. Die Eigentumsquote (der Anteil der Haushalte, die in den eigenen vier Wänden wohnen, im Verhältnis zur Gesamtzahl der Wohnungen) in der Bundesrepublik liegt mit rund 41 % nach wie vor deutlich unter der unserer europäischen Nachbarn (Stand 1985: BRD 41 %, Frankreich 51 %, England 56 %, Italien 59 %; die Quoten dürften heute um etwa 5 % höher liegen). Überdies hat sich wohl in allen Parteien die Erkenntnis durchgesetzt, daß dies nichts mit Eigentumsideologie zu tun hat. Irgend jemand muß schließlich das Eigentum an den Wohnungen haben, und es ist wohl zweifellos besser, wenn dieses Eigentum breitgestreut ist, als wenn es sich in den Händen weniger befindet. Überdies liegt im Erwerb von Wohnungseigentum oft eine beachtliche Befreiung von mitunter sehr belastender Fremdbestimmung.

Für die übrigen Bewerber würden wir gerne das gleiche tun. Nur fehlt uns hierfür der Grund. Genauer gesagt fehlt uns das Zugriffsrecht auf den Grund zu seinem eigentlichen, nämlich zu seinem Ackerlandpreis.

Auch hier würde uns ein preisbegrenztes Ankaufsrecht, wie es oben schon für nicht genutzte Baulücken propagiert wurde (und wie es z. B. in Holland seit vielen Jahren besteht), entscheidend weiterhelfen.

Warum der Gesetzgeber sich nach wie vor nicht zu einem solchen Schritt entschließen kann, obwohl er sich dadurch Milliarden DM Steuermittel ersparen, das Entstehen leistungsloser Gewinne verhindern und privates Kapital einer sinnvollen Nutzung zuführen könnte, warum also der Staat sich einer Bodenreform trotz offensichtlicher großer Vorteile für weite Bevölkerungskreise nach wie vor entzieht, bleibt wohl eines der Rätsel der Nachkriegsentwicklung.

Auch das Stadtumland hat inzwischen Neubaumieten zwischen 15,– und 20,–DM/qm. Etwa 35–40 % hiervon sind Grundstückskosten. Öffentliche wie private Bauträger könnten ohne Subventionen mit Neubaumieten um 12,– bis 14,–DM/qm auskommen, wenn die Bodenpreise auch in den Ballungsräumen in den letzten 30 Jahren nicht schneller als die Lebenshaltungskosten gestiegen wären.

Zu selten wird auch bedacht, daß hohe Grundstückskostenanteile für Neubaumieten sich nach vier bis fünf Jahren über die Vergleichsmieten auch auf die Altbaumieten niederschlagen. Faktisch führt das dazu, daß an der Bodenspekulation der Neubaugrundstücke auch die Vermieter bebauter Grundstücke partizipieren.

Die Beteiligung der Kommunen am Boden- und Wohnungsmarkt

Konnte sich früher ein Arbeitnehmer in unserer Gemeinde für den Gegenwert von zwei bis drei Arbeitsstunden einen Quadratmeter Grund kaufen, so müßte er heute 50 bis 70 Stunden hierfür tätig sein. Da ihm dies nicht möglich ist, kann er sich am allgemeinen Bodenmarkt normalerweise nicht beteiligen. Dieser Verdrängungsmechanismus hat dazu geführt, daß sich ein Großteil der Gemeinden im Umland der Großstädte, aber auch in den Fremdenverkehrsgebieten entschlossen hat, selbst Teile des Bodenmarktes zu regulieren. Der Umstand, daß auf die Ausweisung von Bauland kein Rechtsanspruch besteht, hat dazu geführt, daß die Kommunen diese Ausweisungen oft erst dann vornehmen, wenn sie selbst ganz oder teilweise Eigentümer dieser Flächen sind. Da auf der einen Seite kaum ein Grundstückseigentümer je bereit ist, potentielles Bauland zum Ackerlandpreis abzugeben, umgekehrt aber keine Gemeinde bereit ist, den vollen Verkehrswert für Bauerwartungs- bzw. Rohbauland zu bezahlen, haben sich je nach örtlicher politischer Lage, städtebaulichen Ausweichmöglichkeiten der Gemeinde und anderen lokalen Gegebenheiten unterschiedliche sog. Einheimischenmodelle entwickelt.

Mußten früher Eigentümer von Grundstücken, die in ein künftiges Baugebiet einbezogen werden wollten, ein durch eine Auflassungsvormerkung gesichertes befristetes Kaufangebot abgeben (sog. Weilheimer Modell) oder der Gemeinde einen Zustimmungsvorbehalt bei Grundstücksgeschäften einräumen und ihr ein Vorkaufsrecht für den Fall der Veräußerung zubilligen (sog. Traunsteiner Modell), so spielen heute fast nur noch Modelle eine Rolle, bei denen die Gemeinde selbst ganz oder teilweise das Eigentum vor der Ausweisung erwirbt und es dann im Eigentum oder in Erbbaurecht an Einheimische weiterveräußert.

Das Bayerische Staatsministerium des Innern hat mehrfach bestätigt, daß gegen eine solche Praxis keine rechtlichen Bedenken bestehen, sie sich vielmehr im Rahmen der ihr durch das *Zweite Wohnungsbaugesetz* (§ 89 Abs. 2) und auch durch die Bayerische Verfassung und die Bayerische Gemeindeordnung zugewiesenen Verpflichtungen und Aufgaben bewege.

Der Bayerische Verwaltungsgerichtshof hat dem vor kurzem zugestimmt (AZ: 1 B 85 A 1480). Schon wegen der in der Bayerischen Verfassung verankerten Pflicht, den Wohnungsbau zu fördern, hätten die Gemeinden das Recht und die Pflicht, nicht nur durch Planung, sondern auch durch öffentlich-rechtliche Verträge in den Baulandmarkt einzugreifen. Auch das Bundesbaugesetz fordere von ihnen, daß sie zum Bau von Familieneigenheimen Bauland bereitstellen und den Erwerb von Grundstücken unterstützen.

In meiner Gemeinde hat sich für mehrere Baugebiete ein Verfahren bewährt, nach dem – bei einem Ackerlandpreis von 25,– DM/qm – an die Gemeinde 25 % der Fläche für 50,– DM/qm für Erschließungsflächen und 37,5 % künftiges Netto-Bauland für 100,– DM/qm abzutreten sind, so daß dem Eigentümer selber zur freien Verfügung 37,5 % der Ausgangsfläche verbleiben.

Fast nur über die Beteiligung der Gemeinde am Bodenmarkt lassen sich – neben der Verbilligung des Baulandes – weitere Vorteile für den einzelnen Bauherrn und den Wohnungsbau insgesamt erzielen.

Familieneigenheimbau: Neue Formen, neue Chancen

Durch die unmittelbaren vertraglichen Beziehungen mit der Gemeinde kann für den Bauherrn die Möglichkeit geschaffen werden, auch bei verdichteter Bauweise sein Familieneigenheim selbst zu planen und zu bauen. Freilich können dadurch, je nach eingeräumtem Freiheitsgrad, auch allzu heterogene Bauquartiere entstehen (was allerdings von den Nutzern selbst fast nie, von den Puristen unter den Architekten dagegen immer als Mangel angesehen wird), ohne daß dies jedoch zwingend so sein müßte. Neben der dadurch erreichbaren hohen Identifikation und Zufriedenheit für den Bauherrn sind für ihn damit in der Regel auch erhebliche Kosteneinsparungen verbunden.

Nur durch die Einschaltung der Gemeinde ist es möglich, Bauquartiere so zu planen, daß auch neue, marktunübliche Lösungen entstehen. So ist es fast nur über die Steuerung der Gemeinde möglich, daß sich mehrere Bauherren zu Gruppen zusammenschließen, um gemeinsam kostengünstige, auf ihre individuellen Bedürfnisse zugeschnittene und gleichwohl vom Gesamterscheinungsbild homogene Lösungen entstehen zu lassen.

In einem neuen Baugebiet sind wir gerade dabei, durch entsprechende Festsetzungen im Bebauungsplan und darauf abgestimmte Grundstücks- und Hauszuschnitte Lösungen anzubieten, die die Teilbarkeit von Familieneigenheimen zulassen. Den vielerorts gemachten Erfahrungen entsprechend sollen von einer Gesamtwohnungsgröße von rund 150 qm Wohnfläche etwa 50 qm so abgeteilt werden können, daß eine individuell zugängliche und selbständig nutzbare Wohneinheit entsteht, um zusätzliche Möglichkeiten für die Aufnahme älterer Familienangehöriger, die Verselbständigung der Kinder oder auch nur für die bessere Nutzbarkeit der gesamten Wohnfläche zu schaffen. Auch durch eine solche Erhöhung der Flexibilität und Mobilisierung kaum genutzter Wohnflächen könnte ein Beitrag für den Wohnungsmarkt geleistet werden.

Wenn in diesen Ausführungen über die Wohnungspolitik der Umlandgemeinden der Forderung nach Familieneigenheimbau so ausführlich das Wort geredet wird, so liegt der Grund hauptsächlich darin, daß diese Formen der Deckung des Wohnungsbedarfs *in Großstädten* weit weniger in Betracht kommen. Der Umkehrschluß, im Umland sei der soziale Wohnungsbau weniger dringend als in der Kernstadt, darf hingegen nicht gezogen werden. Freilich wird das in den Rathäusern des Umlands manchmal so gesehen. In der Region München wohnen z. B. 45 % der Gesamtbevölkerung im Stadtumland; nur 7 % der Sozialwohnungen werden aber dort errichtet. Dies führt im Ergebnis dazu, daß vor allem in jenen Stadtumlandgemeinden, die in ihrem Mietniveau an die Nähe der Großstadt heranreichen, in denen aber nur wenig Sozialwohnungen vorhanden sind, die an sich berechtigten Bevölkerungsschichten oft nur sehr geringe Chancen haben, eine Wohnung zu erhalten, und nicht selten aus ihrer Heimatgemeinde verdrängt werden, obwohl gerade die kleineren und mittleren Gemeinden mit ihren kleinteiligeren Strukturen für sie höhere soziale Integrationskraft bieten könnten als die Großstadt.

Zur sozialen Integration, die in einer Gemeinde geleistet werden sollte, gehört es auch, außerhalb des sozialen Wohnungsbaus Wohnraum zur Verfügung zu stellen, um alt und hilfsbedürftig werdenden Eltern den Zuzug zu ihren Kindern zu ermöglichen, um erwachsen werdenden Jugendlichen preisgünstigen Wohnraum zu bieten, ohne sie ganz aus der Gemeinde zu verdrängen, und um vor allem jenen vielen Familien, die oberhalb der Einkommensgrenzen des sozialen Wohnungsbaus liegen, aber dennoch die marktüblichen Mieten nicht bezahlen können, was besonders für viele Familien mit Kindern und nur einem Verdiener zutrifft, Chancen auf dem Wohnungsmarkt zu eröffnen. Ohne finanzielles und organisatorisch-planerisches Engagement der Kommunen lassen sich auch hier kaum befriedigende Lösungen finden.

Der allgemeine Boden- und der allgemeine Wohnungsmarkt als regionale Märkte können auch im Stadtumland – vor allem der wachstumsintensiven Verdichtungsräume – nur einen gewissen Beitrag zur Deckung der bestehenden Bedürfnisse leisten. Aufgabe der Städte und Gemeinden ist es, durch kommunale Boden- und Wohnungsmärkte die Eigentumsbildung breiter Schichten der Bevölkerung zu fördern und eine angemessene Wohnraumversorgung für alle sicherzustellen. Sie könnten diese Aufgaben erheblich besser und schneller bewältigen, wenn ihnen der Gesetzgeber das hierfür erforderliche Instrumentarium zur Verfügung stellen würde.

Uwe Kessler

Wohnungspolitik vor Ort – wo sonst?

Die Kommunen müssen wohnungspolitischen Spielraum erkämpfen

Wer heute die Zeitung aufschlägt oder den Fernseher anstellt, die kurzen Texteinlagen zwischen Radiomusik beachtet oder in der Straßenbahn den Leuten zuhört: überall wird von Wohnungsnot gesprochen. Die publizierte Öffentlichkeit hat das Thema Wohnen neu entdeckt und ist immer noch erstaunt darüber, daß es da Probleme geben soll: Es war doch alles so gut in den vergangenen Jahren! Wer redete schon vom Wohnen; eine Wohnung hat man, das ist doch kein Thema!

Das einzig Erstaunliche an dieser staunenden Publizistik ist ihr Erstaunen: An dieser Wohnungsnot ist im Grunde nichts Neues! Nur daß sie ein volles Jahrzehnt lang politisch und publizistisch totgeschwiegen worden ist, macht heute ihre Bewältigung so außerordentlich schwer. So schwierig, daß ehrliche Politik zugeben muß, wir wissen derzeit nicht, ob wir das Problem in absehbarer Zeit wenigstens grundsätzlich in den Griff bekommen.

Wie konnten wir in dieses Dilemma geraten?

Seitdem in der Kölner Wohnungsbehörde Not systematisch erfaßt wird – und das geschieht immerhin seit 1975 –, hat es noch nie weniger als 5000 Haushalte gegeben, deren dringende Wohnungsnot nicht bewältigt werden konnte. Und selbst solche »Ergebnisse« mußten mit ständig steigenden städtischen Aufwendungen für die Wohnhilfen erkauft werden: Diese sind zwischen 1978 und 1989 von rd. 30 Mio auf rd. 130 Mio DM um mehr als das Vierfache gestiegen.

Dabei ist das wahrlich keine Kölner Spezialität; die gleiche Situation zeigt sich in allen Ballungsgebieten.

- Die Zahl der Einwohner in Köln und allen anderen Ballungsgebieten der Republik wächst schneller als die Zahl der benötigten Wohnungen;
- Während der Grundstücks- wie auch der Mietenmarkt auf diesen Mangel mit immer drastischeren Preiserhöhungen antwortet, leisten sich die Besserverdienenden steigende Wohnflächenbedürfnisse, so daß eine wachsende Zahl mark(t)schwächerer Haushalte auf immer engerem Raum zusammengequetscht wird und zugleich dafür noch explodierende Mieten zahlen muß;
- Schließlich hat ein volles Jahrzehnt Baudämpfungspolitik des Bundes dafür gesorgt, daß die Wohnungswirtschaft ihre Grundstücks- und Personalkapazitäten abgebaut und die Bauwirtschaft sich zu einem Rest von einigen Großkonzernen gesundgeschrumpft hat.

Wenn jetzt die Politik – seit einigen Monaten erst, aber immerhin – das Ruder herumwirft und plötzlich »Bauen, bauen, bauen!« fordert, trifft das auf einen völlig ruinierten Markt: es gibt kaum noch baureife Grundstücke, die Wohnungs- und die Baugesellschaften haben kein Personal und keine Maschinen; und zu allem Überfluß steigen derzeit die Baugeldzinsen so gewaltig, daß damit aller Neubau-Elan schon wieder im Keim erstickt wird.

Kölner Zahlen können das deutlich machen: Die Verwaltung hat dem Rat im Frühjahr 1990 eine ausführliche Situationsbeschreibung und Prognose auf den Tisch gelegt. Daraus ist ablesbar, daß wir in den nächsten 12–15 Jahren eine Jahresneubauleistung von wenigstens 5000 Wohneinheiten (WE) benötigen, davon mindestens die Hälfte preisgünstig. 1989 sind jedoch nur für 1989 WE Baugenehmigungen erteilt und gleichzeitig 1043 WE öffentlich gefördert worden. Wenn all die im Vorjahr zusätzlich unternommenen Anstrengungen vollen Erfolg bringen, werden wir in den nächsten sechs Jahren Grundstücke für noch einmal 30000 WE bereitstellen können. Wo dann in den folgenden Jahren der kleine Rest von weiteren

30000 Einheiten herkommen soll, kann heute noch niemand sagen.

Der Rat hat im vergangenen Jahr schon die städtischen Finanzmittel für den Wohnungsbau um weitere 20 Mio DM aufgestockt. Da wir aber gleichzeitig fast 130 Mio DM städtisches Geld ausgeben müssen, um den Sozialhilfeempfängern ihre Wohnungen zu erhalten und Obdachlosen ein Dach über den Kopf zu verschaffen, kann diese Investitionshilfe kaum noch wesentlich verstärkt werden. Dabei verschlingt eine neue Sozialwohnung, um die Kaltmiete bei rund 6,70 DM/qm halten zu können, schon mehr als 140000 DM an Subentionen.

Auf dem Mietsektor sieht es nicht besser aus: Nur noch für rd. 40 % der derzeit gut 104000 Sozialwohnungen in Köln hat die Stadt ein Mieterbenennungsrecht, nach dem die betreffenden Wohnungen nach Kündigung des Mieters vom Vermieter der städtischen Wohnungsvermittlungsstelle zur Vermittlung freigemeldet werden müssen. Im Jahre 1989 wurden gerade noch 2647 Wohnungen beim Amt für Wohnungswesen freigemeldet und vermittelt, im Jahre 1985 waren es hingegen noch 6281 Wohnungen. Im gleichen Zeitraum ist die Zahl der Wohnungssuchenden von 22155 auf rd. 24200 gestiegen. Hierbei ist anzumerken, daß die Zahl der wohnungsuchend gemeldeten Aus- und Übersiedler bei 2985 Haushalten in 1989 liegt und damit zu rechnen ist, daß sich viele Wohnungsuchende aus diesem Personenkreis noch gar nicht gemeldet haben.

Die Vermittlung von öffentlich geförderten Wohnungen geschieht nach einem Dringlichkeitskatalog mit den Rängen 1–13. Zur Zeit ist davon auszugehen, daß Wohnungssuchende mit Dringlichkeitsrang 6–13 nicht vermittelt werden können, weil die wenigen freigemeldeten Wohnungen natürlich nach Dringlichkeitsrang und bisheriger Warteliste vergeben werden. Wohnungsuchende von außerhalb – darunter fallen auch alle Aus- und Übersiedler – werden seit August 1989 für die Dauer von zwei Jahren, unabhängig von ihren Wohnverhältnissen, in die schlechteste Dringlichkeitsstufe 13 eingestuft, um die Kölner Bevölkerung nicht zu benachteiligen.

In einer derartigen Mangelsituation konkurrieren natürlich

verschiedene Personenkreise, die aufgrund fehlender oder schlechterer eigener Möglichkeiten der Wohnungsuche besonders auf die Hilfe der Stadt angewiesen sind. Hierzu zählen alleinerziehende Frauen mit Kindern, aber auch Ausländer, Sozialhilfeempfänger, Räumungsschuldner und andere, wobei beim Zusammentreffen mehrerer Merkmale eine erfolgreiche eigene Wohnungsuche die absolute Ausnahme ist.

Am Rande des Kollaps

»Wir stehen am Rande des Kollaps«, hat der Kölner Wohnungsdezernent Anfang Februar 1990 erklärt – vor dem Hintergrund eines Etat-Entwurfs, der immerhin mehr als 200 Mio DM städtische Ausgaben für die Wohnversorgung einplant. Der Bund rühmt seine 2 Mrd. DM Finanzhilfen für den sozialen Wohnungsbau; das Land wird in diesem Jahr gegenüber 1988 mit Fördermitteln für 950 Mietwohnungen mehr als das Fünffache nach Köln pumpen.

Wer das gegenwärtige Dilemma verstehen will, muß es als das Ergebnis langfristiger Strategien begreifen, die zwar schon immer falsch gewesen sind, deren Untauglichkeit für die allgemeine Öffentlichkeit aber erst durch das zufällige Zusammentreffen von wahlpolitischen Überraschungen und Zuwanderer-Strömen Realitätsgehalt gewann.

Es gibt – nach dem Recht auf das physische Leben – wohl kein dringlicheres menschliches Grundbedürfnis als das nach Behausung. Es gibt keinen anderen Lebenszusammenhang, der für die Sozialisation der Menschen so prägend wirkt wie ihre Wohnsituation. Aber im Gegensatz zu dieser physisch, sozial und kulturell existentiellen Bedeutung des Wohnens steht die Tatsache, daß dieses Thema in der staatlichen Politik mit nur kurzfristigen Ausnahmen nie eigenständigen Stellenwert genossen hat. Was als »Wohnungspolitik« verkauft wurde, ist nie mehr als eine Art Rest-Resultante vorrangiger Politikkonzepte gewesen, Abfallprodukt der jeweiligen Mehrheitsstrategien in den Bereichen der Wirtschafts- und Finanzpolitik, der

Arbeits- und Konjunkturpolitik, der Vermögens- und Sozialpolitik, der Raumordnungs- und Baupolitik, der Verkehrs- und Rechtspolitik, jüngstens gar der Deutschland-, um nicht zu sagen: der Wahlpolitik.

Der Bund, der sich noch 1956 mit dem *II. Wohnungsbaugesetz* (WoBauG) selbst in die Pflicht einer Gemeinschaftsaufgabe für ihn, die Länder und die Gemeinden zur Wohnversorgung breiter Schichten der Bevölkerung genommen hatte (bezeichnend ist darin die nicht auf das Wohnen als Grundbedürfnis, sondern auf Eigentumsbildung gerichtete Zielbestimmung), begann bereits 1960 mit dem breiten Rückzug (*Abbau-Gesetz* vom 2.06.1960) und hat seitdem nie wieder – unabhängig von wechselnden Mehrheitskonstellationen – substantielle eigenständige Wohnungspolitik angestrebt. Der Versorgungsaspekt des Wohnens wurde – mit immer stärkerer steuerpolitischer Flankendeckung – dem »Markt«, der Ergänzungsbedarf der direkten Förderung den Ländern überlassen, die aber ebenfalls an die vermögensorientierte Grundausrichtung gebunden blieben.

Der soziale, schärfer: der sozialkonsumtive Aspekt der Wohnversorgung wurde mit einem Wohngeldsystem abgedeckt, das streng darauf konzentriert ist und bleibt, steigende Mietpreise bezahlbar zu halten.

Die Wahlbürger waren es so auch zufrieden. Deutlichstes Beispiel: Unmittelbar nach der »Wende« in Bonn hatte der Bundesgesetzgeber noch 1982 die für Mietwohnungen gültigen Preisbestimmungen erheblich gelockert und diese Lockerungsübung mit geradezu zynischer Offenheit *Gesetz zur Erhöhung des Angebots an Mietwohnungen* genannt.

Das Gesetz hatte zwei Wirkungen: Es machte die Wohnungspolitik zu einem der Top-Themen des Bundestagswahlkampfes 1983, dessen Ergebnis die neue Regierungskoalitioin ohne Zweifel als Bestätigung auch ihres wohnungspolitischen Kurses verstehen durfte. Und zweitens wurde das Gesetz, nimmt man seinen Titel wörtlich, ein Flop: Die Mieten sind seither bis 1989 immer schneller, jahresdurchschnittlich fünfmal schneller als die allgemeinen Lebenshaltungskosten, angehoben worden. Umgekehrt dazu sank die Neubaurate, um schließlich 1988 ihren absoluten Tiefpunkt zu erreichen, so daß am Ende jenes Jahres pro Kopf der BRD-Wohnbevölkerung weniger Wohnungen verfügbar waren als noch ein Jahr zuvor.

Aber das war gewollt! Das ist Ergebnis einer politischen Strategie, die durch »Deregulierung« marktwirkschaftliche Grundsätze auch für das Wohnen allgemeingültig machen will.

Die Wohnung gilt dieser Strategie als eine Ware, deren Herstellung und Verteilung der Markt nach dem angeblichen Naturgesetz des ewigen Ausgleichs zwischen Angebot und Nachfrage regelt. Es bleibt staatliche Aufgabe, durch Regulierung der steuerlichen, mietrechtlichen, planungs- und baurechtlichen Rahmenbedingungen immer genügend Anreize für Investoren, Produzenten und Händler dieser Ware zu bieten. Regionale Verzerrungen zu begradigen ist Sache der Länder; örtliche und soziale Notlagen, die sich bei der natürlichen Pendelbewegung zwischen Angebot und Nachfrage wohl nicht immer vermeiden lassen, federt die Kommune ab. Begegnet diese ebenso klare wie sparsame Strategie unverhofften »nationalen Herausforderungen«, die mit Steueranreizen allein nicht zu bewältigen sind, dann darf auch schon einmal etwas gesündigt und – eigentlich systemwidrig – sogar ein wenig direkte Investitionshilfe ausgelobt werden. Sollte auch das nicht helfen, muß das an mangelhafter kommunaler Baulandausweisung oder daran liegen, daß die örtlichen Baubehörden planungs- und baurechtliche Vorgaben unangemessen ernst nehmen, statt den bauwilligen Investoren endlich ihren Willen zu lassen.

Vor über einem Jahrzehnt, im Sommer 1979, hat der Deutsche Städtetag in München darauf hingewiesen, daß die im Bund sich anbahnende »Marktöffnung« als liberale Begründung für den Ausstieg aus der Förderung des Mietwohnungsbaus sozialstrukturelle Segregationstendenzen auslösen werde.

Gegen solche Warnungen hat der Bund den Rückzug des Staates, ja: generell der Behörden, aus der Wohnversorgungshilfe fortgesetzt, theoretisch überhöht mit der These, der Markt könne den laufenden Ausgleich zwischen Angebot und Nachfrage auch auf dem Wohnungssektor allein viel besser bewältigen; für sektorale Restprobleme blieben das Wohngeld und im übrigen die lokale Verantwortung der Sozialbehörden.

Ob freiwillig oder aus Not – jedenfalls haben auch die Länder dieser Politik im auslaufenden Jahrzehnt immer weniger eigene Förderkraft entgegengesetzt.

Chancen auf dem Tugendpfad

Der Markt hat die ihm eröffneten Chancen genutzt – auf *seine* Weise. Wo der Staat keine Förderung mehr gab, sahen Investoren erst recht keinen Grund zum Neubau: je knapper das Angebot, desto leichter hat es die Preispolitik. Und weil in den Planungsstäben der Großinvestoren die strukturellen Wirtschaftsdaten realistischer bewertet wurden als in den Ministerien, wußten sie, daß die Einkommensentwicklung der Besserverdienenden deren von allen Konjunkturschwankungen unberührten Wohnflächenmehrbedarf stetig finanzieren werde.

Die Arbeitsmarktentwicklung kam – und kommt noch immer! – solchem Bewohneraustausch hilfreich entgegen: Wo die Reste eines sozialen Kündigungsschutzrechts Hemmschwellen gegen allzu drastischen Mieterwechsel vorsehen, sorgt die aus Arbeitslosigkeit wachsende Finanznot zahlloser Altmieter dafür, daß ihnen wegen Mietrückständen fristlos der Hausschlüssel weggenommen wird. Die seit Jahren anwachsende Zahl der Zwangsräumungen ist das deutlichste und zugleich beschämendste Signal für diesen Strukturprozeß (in Köln: 1987 = 2184 Fälle, 1989 = 3240).

Wenn sich die Auflistung dieser Probleme wie eine Klage anhört, ist das ein zutreffender Irrtum. Irrtum insofern, als man einer Wohnungswirtschaft, die ausdrücklich und gezielt auf den angeblichen Tugendpfad »Marktorientierung« geschickt wird, nicht vorwerfen kann, daß sie ihre Chancen nutzt.

Wer will einen Kapitalanleger dafür tadeln, daß er nur so investiert, wie es ihm – nach *seiner* Zieldefinition – kurz-, mittel- oder langfristig eine optimale Rendite verspricht? Mit welchem Recht kritisiere ich einen Vermieter, der sein Angebot knapp hält, weil längere Warteschlangen von Nachfragern die beste Gewähr dafür bieten, den pflegeleichtesten Mieter auswählen und die besten Konditionen durchsetzen zu können? Wer will dem Finanzmakler verübeln, daß er die offen auf der Straße liegenden Steuergeschenke bei Umwandlung tatsächlich und systematisch aufgreift?

Nein, die zutreffende Klage muß sich gegen die verantwortliche Politik richten, die unter offener Verletzung des Verfassungsgebots zur Sozialstaatlichkeit die Wohnversorgung dem »Markt« überläßt, ohne auch nur ansatzweise zu berücksichtigen, daß dieser in solcher Freiheit sozial blind agieren *muß*.

Wohnung ist ein Wirtschaftsgut, das kaum ein Haushalt zum vollen Zeitwert bezahlen kann. Vor diesem Problem angelangt, teilt unser Wohnversorgungssystem die Nachfrager in zwei Gruppen und behandelt sie *qualitativ* höchst unterschiedlich.

Wer es sich leisten kann und will, dem hilft der Staat mit beträchtlichen Steuernachlässen, auf die ein unlimitiert sicherer Rechtsanspruch besteht, bei der Selbstverwirklichung durch frei und individuell gestaltetes Eigentum.

Die anderen sind auf kapitalkräftige Anbieter angewiesen, die sich (a) die Vorfinanzierung über die Zeitschiene bezahlen lassen und dem Nachfrager (b) allen Gestaltungsärger, dafür allerdings auch die staatlichen Steuervergünstigungen abnehmen.

Wie die daraus entwickelte, geradezu antagonistische Unterschiedlichkeit zwischen Eigentums- und Mietsystem vor dem oft beschworenen »existentiellen Grundbedürfnis auf menschenwürdige Wohnversorgung« bestehen kann, wird mir immer ein Rätsel bleiben. Ich denke, sozialstaatliche Menschenwürde kann und darf nicht einkommenorientiert unterschiedlich zugemessen werden.

Das ist kein Problem eines prinzipiellen Unterschieds zwischen Eigentum und Miete; solange ich einigermaßen frei zwischen den beiden Systemen wählen, gar wechseln kann, ist der Unterschied verfassungsrechtlich unbeachtlich. Das am Sozialstaatsprinzip hängende (Verfassungs-) Rechtsproblem entsteht erst dahinter, dort nämlich, wo Haushalte *weder* über Vermögen *noch* über hinreichende Einkommen verfügen, um am Markt mithalten zu können. Diese Gruppe wird vom herrschenden System eben nicht im Sinne »sozialer Marktwirtschaft« integriert mitgenommen; sie wird ausdrücklich ausgegrenzt, mit der regierungsamtlichen These nämlich, für ihre Versorgung gebe es noch genügend kommunale und kirchliche Wohnungsbestände. Alle Begründungen zur Beseitigung des bisherigen marktintegrierten sozialen Pufferkontingents der gemeinnützigen Wohnungswirtschaft, samt den Tremolo-Appellen an die auf das freie Unternehmertum Verwiesenen, folgten und folgen noch immer dieser Grundmelodie: den einen der Markt, den anderen die Caritas; vergeßt nur bitte unsere Armen nicht, wenn ihr jetzt reich werdet...

Sozialkrücken für Fußkranke

Statt nun die Marktmechanismen der befreiten Wohnungswirtschaft weiter auszumalen, gebietet die Fairneß, an dieser Stelle auf zwei Sozialkrücken zu verweisen, die dieses System für Fußkranke bereitstellt.

a) Als wichtigste Sozialstütze dient der staatlichen Wohnungspolitik nach ihrer eigenen Definition das Wohngeldsystem.

Das ist mit z. Zt. etwa 4 Mrd. DM Aufwand zwar recht teuer; aber es macht nur einen Bruchteil dessen aus, was an laufenden Steuervergünstigungen dem Wohnungssektor zukommt. Zum Ausgleich dafür macht allerdings auch die Zahl der Steuerhilfen empfangenden Bürger nur einen Bruchteil derjenigen aus, die auf Wohngeld angewiesen sind.

Aber das strukturelle Problem des Wohngeldsystems als *soziale* Stütze liegt woanders:

(1) Ein durchschnittliches Mietverhältnis dauert zehn Jahre, und die Frage, ob ich mir eine bestimmte Wohnung leisten kann, ist eine ganz normale betriebswirtschaftliche Investitionskalkulation. Ein Kaufmann, der eine Zehn-

jahres-Investition mit bestenfalls einjährigem Geld finanzieren wollte, würde für unseriös erklärt.

(2) Zwar besteht dem Grund nach Rechtsanspruch auf Wohngeld; aber ob und wann die Beträge der Mietpreisentwicklung angepaßt werden, bestimmt der Bundesgesetzgeber in freier Will-Kür nach haushaltspolitischen Erwägungen.

(3) Gerade in (plötzlichen) Finanznot-Fällen, beim Arbeitsplatzverlust oder Übergang zur Sozialhilfe, ist der bürokratische Aufwand hoch und langwierig genug, um – ganz vorsichtig formuliert – an der Sicherungstauglichkeit dieser Sozialstütze Zweifel aufkommen zu lassen.

b) Eines der Charakteristika des Marktsektors Mietwohnen ist das Dauerverhältnis zwischen den Geschäftspartnern. Hier liegt zugleich die Sollbruchstelle des grundsätzlichen Interessenkonflikts zwischen Anbieter und Nachfrager. Wo der eine an rendite-orientierter Beweglichkeit interessiert sein muß, strebt der andere umso stärker nach dauerhafter Existenzsicherheit, je weniger er in der Lage ist, sich Marktschwankungen anzupassen. Verkürzt: Je mehr der eine auf Dauer angewiesen ist, desto eher ist der andere geneigt, ihn loszuwerden.

Der heutige Rest an gesetzlichem Interessenausgleich, mit dem das allgemeine Mietrecht diesen Grundkonflikt in Balance hielt, stammt noch aus der Zeit, als der Staat die Wohnversorgung aller Bürger als eine öffentliche Sicherungsaufgabe ansah.

Abgesehen davon, daß das allgemeine Wohnungsmietrecht in Deutschland schon immer ein hochsensibler Gradmesser für die soziale Machtbalance gewesen ist, haben wir heute eine Schieflage erreicht, die es auch den massivsten Anstrengungen der kommunalen »Streudienste« immer schwerer macht, eine immer größer werdende Zahl von »Verkehrsteilnehmern« vor dem Ausrutschen zu bewahren.

Was hat nun das Mietrecht aus dem Gleichgewicht gebracht?

(1) Der Gesetzgeber hat die Duldungspflichten des Mieters gegenüber Modernisierungswünschen des Vermieters so ver-

schärft, daß auf diesem Wege und vor allem zugunsten schärfster Aufwertungstendenzen fast jeder hartnäckige Mieter vertrieben werden kann.

(2) Gerade noch hat das Bundesverfassungsgericht die Kündigungsgründe Eigenbedarf und wirtschaftliche Verwertung drastisch zugunsten des Vermieters verschoben.

(3) Die theoretisch wunderschöne Sozialklausel des § 556a Abs. 1 *BGB* (es fehlt angemessener Ersatzraum) funktioniert schon von Gesetzes wegen (Abs. 4 Nr. 2) gerade nicht in den eigentlich wichtigen Fällen, dann nämlich, wenn dem Mieter gegenüber der Forderungsschraube des Vermieters die finanzielle Luft ausgeht. Dann funktioniert die Räumungsguillotine im Gegenteil besonders schnell und scharf.

Ich will hier beileibe nicht den Eindruck erwecken, alle Mietverhältnisse seien kriminalitätsverdächtig. Aber wer Rechtsregeln analysiert, hat nicht die Masse der Normalabläufe, sondern die Konfliktfälle im Visier. Und dann wird deutlich, der gegenwärtige Stand des Mietkonfliktrechts begünstigt in einem Ausmaß den Vermieter, daß von sozialstaatlicher Ausgewogenheit nicht (mehr) die Rede sein kann.

Mehrverbrauch der Besserverdienenden

Der Wohnungsmarkt wird immer enger. Diese Entwicklung wird nun durch den unerwartet hohen Zustrom von Um-, Aus- und Übersiedlern, die zusätzlich auf den Wohnungsmarkt drängen, noch verschärft.

Die größte Not herrscht bei denen, die auf amtliche Hilfen angewiesen sind, weil die allgemeine Marktenge am stärksten den behördlichen Verteilungsspielraum einschränkt. An Kölner Zahlen sei das verdeutlicht:

- die Zahl der Sozialwohnungen geht seit Jahren um durchschnittlich 3000 WE jährlich zurück,
- die Aufhebung des Gemeinnützigkeitsrechts entzieht auf einen Schlag rund 27000 WE der Bindung,

– bei rund 10000 »Gewährleistungswohnungen«* konnten 1987 noch 1087 Notfälle neu versorgt werden; schon 1989 waren es etwa 45 % weniger.

Dementsprechend steigt die Zahl der reinen Notunterbringungen in Hallen, Schulen und Hotels, die keine Dauerlösung des Wohnungsproblems darstellen, aber enorm hohe Kosten verursachen. Zur Zeit gibt die Wohnungsbehörde ca. 75000 DM täglich an Hotelkosten aus. Aber auch diese Notkapazitäten sind zwischenzeitlich erschöpft.

Die Zahl der Beschlagnahmen und Wiedereinweisungen, mit denen Zwangsräumungen aber auch immer nur kurzfristig aufzuhalten sind, stiegen von 1987 = 924 Fälle auf 2328 Fälle im Jahre 1989.

Diese Schlaglichter auf die Spitzen der Schere verdeutlichen den darunterliegenden Grundkonflikt: die bundespolitische Investitionssteuerung begünstigt den Wohnflächenmehrverbrauch der Besserverdienenden; bei nur 0,3 qm durchschnittlichem Mehrverbrauch p. a. (man rechnet bundesdurchschnittlich mit 0,5 qm p. a.) würde allein dieser Faktor in Köln jährlich 3900 zusätzliche Wohnungen erfordern; tatsächlich sind 1988 aber nur 1827 WE neu fertiggestellt worden. Doch noch im gleichen Jahr sind rd. 2500 Aus- und Übersiedlerhaushalte in Köln aufgenommen worden, die auf einen Wohnungsmarkt trafen, der keine Leerstände kennt.

Auf der einen Seite also holen sich die Kräftigeren, was sie haben wollen *und* zahlen können, ohne daß der Wohnungsbestand im gleichen Tempo mitwächst. Auf der Gegenseite strömen Menschen in die Stadt, die hier rechtlich zwingend untergebracht werden *müssen*. Und zwischen diesen Mahlsteinen werden die Wohnwünsche und Unterbringungssorgen des – sozialwirtschaftlich bedingt – wachsenden hilfebedürftigen Teils der eingesessenen Bevölkerung bei gleichzeitig abschmelzendem Interventionskontingent schlicht zerrieben.

* Die Wohnungsbehörde bürgt dem privaten Vermieter für alle finanziellen Forderungen, die er bei dem von ihr vermittelten Mieter nicht durchsetzen kann.

Wer fühlt sich von der »nationalen Herausforderung« angesprochen? Warum reagieren die Wähler in Berlin und Frankfurt »so wehleidig«? Könnte das daran liegen, daß bei dieser Rollenverteilung Menschen nicht vorkommen?

Der als Wählerrevolte begriffene Frust in Berlin und Frankfurt ist von Leuten geäußert worden, die nicht nur ein Dach über dem Kopf haben, sondern sicher wohnen. Was wollen die denn bloß?! Könnte es sein, daß es da mehrschichtige Zusammenhänge gibt? Könnte es sein, daß der von Willy Brandt 1969 verkündete Aufbruch zur Demokratisierung der Gesellschaft jetzt endlich auch den Bereich des Wohnens erreicht hat? Für Besitzende übersetzt sich der Politbegriff »Demokratie« sehr einfach in Expansion. Und wenn kongruente Marktstrategien ihnen für solchen Expansionsdrang noch die staatlich-rechtlich-steuerliche Legitimation des »enrichissez vous!« in die Hand drücken, werden nicht nur marktschwächere fünf Prozent zu Randgruppen, dann werden weitere zig Prozent Mieterwähler existentiell verunsichert. Zugleich kommt die Demokratisierungswelle bei ihnen als Denkanstoß zur Erörterung ihrer Wohnsituation an. Sie merken plötzlich, daß sie in einer Zweiklassengesellschaft leben, in der sie als Mieter qualitativ und quantitativ Rechte entbehren, die Eigentümern ebenso selbstverständlich zugestanden sind.

Wir alle haben an dem Netz mitgeknüpft, das durchschnittliche Mieter gefangen hält. Ein ganz simples Beispiel dafür: An der Herstellung einer neuen Mietwohnung wirken, wenn sämtliche Teilfunktionen addiert werden, etwa 150 Personen mit – nur ein einziger fehlt: Der künftige Nutzer hat mit »seiner« Wohnung bis zur Unterzeichnung des selbstverständlich vorformulierten Mietvertrages nichts zu tun. Das geht das gesamte Mietverhältnis hindurch so weiter. Er ist Adressat hoch entwikkelter und aufwendiger Apparatstrategien, wird je nach Konjunkturlage sogar umworben, aber immer als Konsument, in der Regel nie als Partner. Hier liegt der feine, aber in der praktischen Auswirkung von der betrieblichen Kostenrechnung bis zum sozialkulturellen Grundsatz gravierende Unterschied. Den klagen, denke ich, Mieter von Berlin bis Chorweiler in Köln jetzt ein. Das Dumme ist nur, daß es schwerfällt, den oder die richtigen Beklagten zu finden sowie eine klagetragende Anspruchsgrundlage.

Im offenen Gegensatz zu jenem existentiellen Grundbedürfnis gibt es nämlich bis heute in der Bundesrepublik keinen gesicherten Rechtsanspruch auf menschenwürdige Behausung. Jeder Oberamtmann kann direkt aus dem Grundgesetz einen Anspruch auf Erste-Klasse-Fahrkarten für seine Dienstreise ableiten; aber wer legal aus der Wohnung zwangsgeräumt wird oder gar nicht erst eine hat, der kann allenfalls darauf hoffen, daß die örtliche Ordnungsbehörde ihre objektive Rechtsverpflichtung zur Beseitigung einer Störung der öffentlichen Sicherheit und Ordnung einigermaßen ernstnimmt.

Kein Wunder also, daß für die DDR und ihre Bewohner der in ihrer Verfassung festgeschriebene Rechtsanspruch auf Wohnung eine der wichtigsten Forderungen für die kommende Vereinigung der beiden deutschen Staaten darstellt. Dagegen wenden Interessenvertreter westdeutscher Wirtschaftsverbände ein, das Ergebnis solcher Versorgungssicherheit und Kündigungssperren sei der bekannte katastrophale Zustand des Wohnungsbestandes in der DDR. Das ist Lobbyistengeschwätz. Wer etwas genauer hinsieht, stellt schnell fest, daß es, vor allem bei Genossenschaften und in dem gar nicht so geringen privaten Mietwohnungsbesitz sehr gut gepflegte Bestände gibt. Nicht das DDR-Wohnrecht, sondern die »realsozialistischen« Bedingungen der Preisbildung und der zentralgesteuerten Instandhaltungsstrategien haben total versagt. Legt man die DDR- und die BRD-Erfahrungen angemessen übereinander, wird vielmehr deutlich, daß Versorgungssicherheit und Bestandspflege keine Gegensätze zu sein brauchen; es wäre im Gegenteil ein wichtiger Schritt zur Auflösung der hiesigen Zweiklassen-Wohngesellschaft, wenn Wohn-Berechtigung einerseits und Mitverantwortung für die Bestandspflege andererseits näher zusammengebracht würden, z. B. durch die Übertragung bestimmter Instandhaltungspflichten auf die Mieter(gemeinschaft) – natürlich mit entsprechender Berücksichtigung bei der Mietpreiskalkulation.

Es entspräche den Prinzipien sozialer Marktwirtschaft, wenn die Überlassung der Wohnversorgung an den Markt ergänzt würde durch Regeln, die wenigstens ansatzweise gewährleisten, daß der Markt die Wohnversorgung *sichert*. Soll heißen: Wiederherstellung der Machtbalance im allgemeinen Mietrecht, z. B. volle Geltung der Ersatzraum-Klausel im Kündigungsschutz, z. B. finanzielle Bremse durch Einbeziehung *aller* Mietverhältnisse in den Mietspiegel.

Es wäre ein Akt sozialstaatlichen Ausgleichs, wenn die wohnbezogenen Privilegien für Eigentümer schrittweise geöffnet würden für die Mehrzeit der anderen. Soll heißen: z. B. durch Steuerbefreiung für Genossenschaftsanteile und gleichzeitige Vereinfachung des Genossenschaftsrechts könnte die klassische Solidarkraft der Schwächeren neben die Finanzkraft der Stärkeren gehoben, also reaktiviert werden.

Letztlich bleibt aber kein Ausweichen möglich vor der Forderung nach der Neueröffnung eines gesicherten Dauerkontingents von Wohnungen, in denen die »Fußkranken«, die trotz sozialer Abfederung im Markt sich nicht halten können, langfristig menschenwürdig versorgt werden können.

Wir wissen alle, daß der tonangebende Teil der früheren gemeinnützigen Wohnungswirtschaft selbst die Befreiung von Sozialpflichten betrieben und begrüßt hat. Es bleiben deshalb für den neuen sozialen Sicherungsauftrag oft nur die Kommunen und ihre Gesellschaften. Denen muß dann aber durch Einräumung gesetzlicher Vorkaufsrechte, vor allem für abgelöste Sozialwohnungen, und durch Konzentration der staatlichen Neubauförderung eine reelle Chance zu baldigem Aufbau eines hinreichend großen Sozialkontingents geboten werden.

Weil solche Hilfen den gewaltigen Finanzbedarf jedoch nicht decken werden, der dabei entsteht, muß ebenso ernsthaft erwogen werden, durch Steuerumschichtungen Ausgleich zu schaffen, z. B. durch Erhöhung der Grunderwerbsteuer und der Erbschaftssteuer für bebaute Grundstücke ebenso wie durch Zuschläge zur Grundsteuer auf Nichtmietwohnobjekte, alles natürlich mit Ertragszweckbindung für den nun hinreichend oft berufenen »Sozialen Abschleppdienst«.

Bei dem herrscht derzeit aber ein ganz anderer Not- und Hochbetrieb, weil die flutartig angestiegene Zahl von Aus- und Übersiedlern und Flüchtlingen erst einmal in Notquartieren vorübergehend untergebracht werden muß. Es ist manchmal schon abenteuerlich, demonstriert andererseits aber auch die praktische Kreativität der Kommunen, was dabei an Schnellhilfen aus dem Boden gestampft wird.

Ich fürchte, daß auch die Summe all dieser Notmaßnahmen auf absehbare Zeit *nicht* sicherstellen kann, daß immer für jeden wenigstens ein Dach über dem Kopf angeboten werden kann.

Um so wichtiger sind die mittelfristigen Folgeanstrengungen: All die Personen, die heute einen Platz im Übergangsheim oder wenigstens ein Notbett haben, müssen möglichst bald eine angemessene, menschenwürdige und bezahlbare Wohnung bekommen.

Bund und Land sind dabei, *quantitativ* wieder mehr Hilfen zu entwickeln. Aber auch nicht im entferntesten ist erkennbar, daß an den strukturellen Rahmenbedingungen, die zu der akuten Not geführt haben, irgend etwas geändert werden soll. Wir müssen deshalb davon ausgehen, daß die Stadt mit den Sorgen ihrer Bewohner *qualitativ* allein fertig werden, gar noch staatliche Fehllenkungen neutralisieren muß.

In Zahlen übersetzt, rechnet die Stadt Köln damit, daß sie auf der Basis der Bevölkerungswerte von Anfang 1989, also ohne die jüngsten Zuwanderer-Ströme, jährlich wenigstens 5000 WE Nettozugang braucht, davon mindestens die Hälfte sozialzugänglich, und das sofort und bis über die Jahrtausendwende hinweg.

Bei diesen Bemühungen ragen aus dem Bündel von Maßnahmen, das die Bundesregierung im vergangenen Jahr geschnürt hat und nun stückweise »zur Post« bringt, zwei Angebote wenigstens qualitativ hilfreich aus der Menge mehr kosmetisch appellativer Veränderungen heraus:

– Es ist ein - viel zu kleiner, aber präjudizierend wirkender –

wichtiger Schritt in die richtige Richtung, daß die Kreditanstalt für Wiederaufbau, eine bundeseigene Spezialbank, (wieder) spezielle – und interessant verbilligte – Wohnungsbaukredite zur Verfügung stellt; wesentlicher Makel: es wird nicht sichergestellt, daß die Zinsverbilligung den Mieten zugute kommt.

- Hier liegt der wohl wichtigste Aspekt des Steuerprogramms, das – meines Wissens zum ersten Mal – eine Steuervergünstigung mit der Verpflichtung zu sozialer Gegenleistung verbindet: Der Bauherr darf eine neugebaute Wohnung binnen 10 Jahren mit insgesamt 85 % abschreiben; dafür muß er sich aber bei der Belegung und bei der Mietpreisbildung Sozialbindungen unterwerfen. Es kennzeichnet umgekehrt die herrschende Lehre zur Markttheorie in der Wohnungswirtschaft, daß diese Sozialbindung sofort als wesentlicher Makel »erkannt« worden ist: für die reine Lehre der Wirtschaftstheoretiker mag das »non olet« wesentliches Merkmal des Marktsystems sein; in der praktischen Wohnungswirtschaft sind Qualität und Umfang der Auswahlmacht aber ganz wesentliche Entscheidungskriterien des Investors. Die bisherigen Anfragen potentieller Investoren zu diesem Teilprogramm halten sich jedenfalls in engen Grenzen.

Andererseits bietet dieses Programm nach meinem Eindruck den interessantesten Ansatz für flankierende Kooperation zwischen Kommune und Investor. Wir verhandeln z. B. gerade über ein Projekt mit 2 × 100 WE, für das der Investor diese Regelung nutzen will. Weil er aber langfristig für den eigenen Mietwohnungsbestand bauen will, fragt er mit Recht, was nach dem zehnten Jahr mit den Mieten passieren soll. Gemeinsam wird deshalb überlegt, ab dem elften Jahr städtische Aufwendungshilfen einzuplanen, mit deren differenziertem, einkommensorientierten Einsatz eine allmähliche sozialstrukturelle Normalisierung gesichert werden könnte.

Die örtliche Gemeinschaft als Subjekt

Aus der Kritik der alten und der Analyse der neuen Rahmenbedingungen müssen wir nun das aufbauen, was den Namen »Wohnungspolitik« verdient. Die Rechtslage ist eigentlich völlig eindeutig:

- Die Sicherung menschenwürdiger Wohnversorgung ist eine »vordringliche« Gemeinschaftsaufgabe von Bund, Land und Stadt (§ 1 Abs. 1 *II. WoBauG*); dabei muß der Staat die rechtlichen Rahmenbedingungen und die finanziellen Ressourcen bereitstellen, während der Stadt die praktische Umsetzung obliegt.
- Der Staat verhält sich auf beiden Ebenen offen rechtswidrig, wenn er den gesetzlichen Auftrag zur Förderung des Wohnungsbaus als vordringliche Aufgabe nicht bedarfsgerecht erfüllt.
- Der Staat handelt ebenso offen verfassungswidrig (Art. 28 GG), wenn er die praktische Umsetzung der Aufgabe nicht der örtlichen Gemeinschaft zu autonomer Eigenverantwortlichkeit überläßt (Art. 11 GG).
- Unbestritten und als Notnagel staatlicher Strukturvorgaben haben die Kommunen als Ordnungsbehörden und örtliche Träger der Sozialhilfe individuelle Absturzvorsorge oder -nothilfe zu leisten.

Diese Rechtsgrundlagen müssen politisch offensiv umdefiniert werden:

- Wohnen findet ortsbezogen statt oder gar nicht. Also kann nur die örtliche Gemeinschaft als die nächste politische Einheit Subjekt der Wohnungspolitik sein.
- Das Grundbedürfnis für Behausung ist ein für jeden Menschen prinzipiell gleiches. Aus dem Auftrag, gleichwertige Lebensverhältnisse im ganzen Land sicherzustellen, erwächst der Verfassungsauftrag an den Staat, für das Wohnen Rahmenbedingungen zu schaffen, die allen Menschen prinzipiell gleichwertiges Wohnen ermöglichen.
- Und das heißt: Der Staat muß Rahmenbedingungen und finanzielle Ressourcen so bereitstellen, daß der Menschenan-

spruch auf gleichwertiges Wohnen vor Ort, also kommunalpolitisch realisiert werden kann.

Ich will zwei Beispiele für die Forderung nach derart umgerüsteten Rahmenbedingungen und Finanzzuordnungen geben, die alle ebenso notwendig wie sachlich relativ einfach machbar sind, wenn eigenständige örtliche Wohnungspolitik entstehen können soll:

- Die Steuervergünstigung für Althaus-Erwerb, die schon gegenwärtig kommunale Wohnungspolitik illusorisch macht, ließe sich von kommunaler Zustimmung abhängig machen;
- das gleiche könnte für Eigenbedarfskündigungen und Zwangsräumungen geregelt werden, bisher die massivsten Zulieferer für den örtlichen »Abschleppdienst«;
- sowohl die Rückzahlungen für staatliche Wohnbaukredite als auch die bisherigen Landesaufwendungen für den Neubau könnten in den kommunalen Finanzausgleich so eingebracht werden, daß kommunale Eigenverantwortlichkeit in der Wohnungspolitik finanzierbar wird, ohne daß der Staat mehr aufwenden müßte;
- die inzwischen vom Bundesverfassungsgericht sogar als verfassungsrechtlich geboten definierte Fehlsubventionsabgabe könnte und sollte, samt begrenzter örtlicher Hebesatzkompetenz, vollständig der kommunalen Wohnungspolitik zugeführt werden.

Fröhliche Schwarzepeter-Spielchen

Wenn es gelingt, auf diese oder andere Weise den Boden zu bereiten, dann erwächst daraus aber für die Kommune auch eine nicht mehr revidierbare Gestaltungsverantwortung. Die bisherige – vorsichtig formuliert – »Gemengelage« wohnungspolitischer Verantwortung erlaubt bislang auch fröhliche Schwarzepeter-Spielchen. Wenn umgekehrt die Städte ihre eigenen, seit vielen Jahren formulierten Forderungen nach wohnungspolitischer Eigenverantwortlichkeit immer noch ernst meinen, dann müssen sie auch ernsthaft darum kämpfen.

Mit dem plötzlichen Aufflackern politischer Relevanz entsteht eine neue Chance, den Kommunen eine wohnungspolitische Verantwortung endlich zuzuordnen, die sie faktisch doch längst wahrnehmen; es entsteht aber zugleich auch die – von Berliner und Frankfurter Wählern unüberhörbar geltend gemachte – Anforderung, Wohnungspolitik aus der bisherigen Enge ergänzender Versorgungsmentalität und Bedarfsdekkungsmechanik hinüberzuheben zu eigenständiger Sozialkulturpolitik.

Was heißt das konkret? Eine Stadt, die urbanes Wohnen als Kulturelement solidarischen Zusammenlebens begreift, muß drei Ebenen berücksichtigen:

(1) Wohnungspolitik muß – unter Versorgungsgesichtspunkten – alle Bürger im Auge haben. Wer auf vorgegebene Sozialschichtungen vertraut und – mit Blick auf den Kämmerer - nur für jene plant, die sich am Markt nicht helfen können, der verstärkt und legitimiert die Tendenz zur »Zweidrittel-Gesellschaft«. Wenn ich nicht konkrete Planungsangebote für die Besserverdienenden bereitstelle, zwinge ich sie geradezu, in den Bestandsmarkt hineinzudrängen. Umgekehrt: Planungskompetenz und Finanzkapazität eröffnen Chancen vernünftiger struktureller Mischung bis ins einzelne Bauprojekt.

(2) Selbst wenn die oben genannten Forderungen an die staatliche Finanzbereitstellung Wirklichkeit werden sollten, kann nicht einmal eine reiche Großstadt aus eigener Kraft all das Geld aufbringen, das nötig ist, um allen Bürgern Wohnungen als gleichwertige Basis ihrer sozialkulturellen Selbstentfaltung zu verschaffen. Also muß Drittgeld, müssen private Anlagegelder herangezogen werden. Vor allem muß aber berücksichtigt werden: Erst wenn ich Wohnversorgung als Teil der für alle Einwohner prinzipiell gleichwertigen Grundsicherung menschenwürdigen Lebens begreife, kann ich die kostentreibende Kombination von Wohnhilfen und Vermögenssteigerung auflösen. Eine kommunale Wohnungspolitik, die ihren Bürgern menschenwürdige Dauerwohnungen

sichert, kann z. B. sprudelnde Quellen der Bausparkassen anzapfen.

Anders ausgedrückt: Solange sich kommunale Wohnungspolitik – und sei es zähneknirschend – darauf beschränken läßt, die Löcher, die durch steuer-, wirtschafts-, arbeits- und konjunkturpolitische Staatsstrategien gerissen werden, nach dem Bedarfsdeckungsprinzip zu stopfen, wie es der Stadtetat zuläßt, muß sie ausbluten und wird scheitern. So viel preiswerten Wohnraum nachzurüsten, wie allein durch den § 10e *Einkommensteuergesetz* und das Auslaufen der Sozialbindungen abgesaugt wird, schafft auch die reichste Kommune nicht.

Die Kommunen müssen deshalb um den rechtlichen und finanziellen Spielraum kämpfen, der es ihnen erlaubt, konkret und akut problemgerecht die ganze Palette behördlicher Regulierungsinstrumente einzusetzen. Simples Beispiel: Gegenwärtig darf die Fehlsubventionsabgabe nur für den Bau von Sozialwohnungen eingesetzt werden. Das bedeutet, daß der Jahresbetrag von etwa 250 Fehlsubventionsabgabe-Zahlern eingesetzt werden muß, um eine einzige neue Sozialwohnung zu schaffen, die dann aber so teuer ist, daß sie für Minderverdienende noch zusätzlich Dauersubventionen braucht. Das ist unsinnig.

Gelingt es mir aber, z. B. Versicherungsträger zur Anlage eines kommunalen Immobilienfonds zu bewegen, könnte ich mit dem Fehlsubventionsabgaben-Ertrag z. B. eine Rendite-Bürgschaft finanzieren, die bei verbesserten Abschreibungssätzen kaum mehr als zwei bis drei Prozent ausmachen muß. Oder ich könnte mit dem gleichen Geld Mietrückstandsübernahmen oder Fabrikumbau finanzieren.

(3) Die dritte Ebene ist nach meiner Erfahrung die schwierigste und zugleich wichtigste. Die Wahlerfolge der extremen Rechten in den Hochhaus-Mietquartieren in Berlin und Frankfurt machen deutlich: Wohnen ist mehr als Bauen; also muß auch Wohnungspolitik mehr sein als Projektplanung, Finanzierung und Verteilung. Aus Modellprojekten in sozialen Brennpunkten wissen wir, daß eine Verteilungs-

und Betriebspolitik, die die Bewohner als Partner ernst und real in die Mitverantwortung nimmt, sehr schnell durchschlagende Erfolge erzielt. Daraus leite ich – als Antwort auf die Berliner und die Frankfurter Mahnungen – die Forderung ab: Wir müssen die Bürger zu mündigen Partnern der Wohnungspolitik machen. Schon das genügt als Beweisargument, daß Wohnungspolitik nur noch vor Ort funktionieren kann.

Auf der Ebene der Bauleitplanung gibt es dafür bereits gute Standards, in der Stadtsanierung auch schon bis zur Einzelprojektgestaltung. In der allgemeinen Neubau- und Bestandspolitik machen uns die Österreicher vor allem in der Steiermark seit Jahren vor, wie mitbestimmtes Wohnen ohne wesentlichen Zeit- und Kostenmehraufwand funktionieren kann. Und schließlich zeigt auch das Vorbild der Frankfurter Vereinbarung zwischen Sozialamt und Wohnungsgesellschaften, wie selbst für die scheinbar völlig Hilflosen soziale Sicherung so funktionieren kann, daß sie mit Selbstzahlern gleichwertige Nachbarn sein und bleiben können.

Zusammenarbeit mit den Gemeinnützigen

Die an manchen Orten vor der Steuerreform praktizierte Zusammenarbeit der Kommunen mit den gemeinnützigen Wohnungsunternehmen muß, so meine ich, mit wenig korrigierter Stoßrichtung neu aufgelegt werden. Eine Stadt, die Wohnungspolitik in weitgehender Eigenverantwortung gestalten kann und muß, hat Partnern eine ganze Menge zu bieten. Umgekehrt sind solche Partner nötig für eine Wohnungspolitik, die sich nicht als Ghettowärter, sondern als gesamtverantwortlich begreift. Aus solcher Interessenverwandtschaft läßt sich ein guter und wirkfähiger Verantwortungsverbund schmieden, der mit Hilfe des neuen § 88d *II. WoBauG* auch projektgenaue Dauerzusammenarbeit möglich macht.

Ich komme ein letztes Mal auf meinen Kardinal-Punkt zurück. Das, was wir bislang im staatlichen Kontext als Wohnungspolitik bezeichnen, hat einen eminent wichtigen Beitrag zur Festigung der »Zweidrittel-Gesellschaft« geleistet. Wer Geld hat, bekommt Steuerhilfen dazu und hat weit offene Möglichkeiten, sich seine Wohnung als Basis seiner Selbstverwirklichung zu schaffen. Wer solches Geld nicht hat, ist bloßes Objekt einer Kombination aus industriellen Rendite-Interessen und staatlichen Versorgungsstrategien.

Dagegen setze ich die Forderung, auch und gerade den Wohnungsbau und die Bestandsbewirtschaftung zum Vehikel solidarischer Emanzipationsstrategie zu machen. Ohne lange Zwischenerklärungen heißt das auf die Frage nach der Neubauförderung übersetzt: Statt einem Bauherrn 140000 DM in die Hand zu drücken, damit er – nach seinen Gestaltungsideen und nach staatlichen bautechnischen Förderregeln – eine Sozialwohnung baut, die zwei Jahre später ein dringend Wohnungsuchender zugeteilt bekommt, möchte ich dem Wohnungsuchenden eine nach Einkommen und Haushaltsgröße gestaffelte Förderzusage aushändigen und die Partner des oben genannten Verantwortungsverbundes darauf präparieren, Inhaber solcher »Förderschecks« zu Gruppen zu sammeln und mit ihnen Projekte aufzulegen, die ihnen anschließend auch zu weitgehender Selbstverwaltung überantwortet werden können. Diese endlich den Namen »Direktförderung« verdienende Methodik soll dann zwingend verknüpft werden mit der Anforderung materieller Selbstbeteiligung des Wohnungsuchenden. Ob und inwieweit Betragswerte einer derartigen Eigenbeteiligung in Geld oder in Sachleistung ausgedrückt werden, kann den Projekt-Beteiligten überlassen werden. Wichtig ist, daß auch denjenigen, die nach generell gültigen Sozialstaatskriterien zu wenig oder gar nichts aufbringen können, der fällige Eigenbeitrag durch so etwas wie »Eigenkapital-Ersatzdarlehn« vorgestreckt wird, um ihnen gleichberechtigtes Mithalten möglich zu machen. In Österreich funktioniert das Mietförderrecht seit langem und mit gutem Erfolg nach diesem Muster.

Angesichts der angeblich unvorhersehbaren Aussiedlerzahlen hat der Bundeskanzler von einer »nationalen Herausforderung« gesprochen. Wieder einmal sind es die Städte, die sich dadurch unmittelbar und konkret einer »kommunalpolitischen Herausforderung« gegenübergestellt sehen – und sie nicht mit frommen Sprüchen bewältigen können.

Aber es ist auch gute kommunale Tradition, solche Probleme als Chance zu begreifen und mit praxisorientierter Unbefangenheit aufzugreifen. Auf dieser Linie sehe ich die Chance und die Aufgabe einer neuen kommunalen Wohnungspolitik, die vorab um den nötigen Freiraum energisch kämpft und dann solidarische Menschlichkeit und sozialkulturelle Urbanität auch in die Wohnungen trägt. Das sollte die kommunale Wohnungspolitik der neunziger Jahre sein.

KURT MÜHLHÄUSER

Versäumte Chancen: Boden- und Steuerrecht

Als im Dezember 1988 der damalige Bundeswohnungsbauminister Oscar Schneider die Wohnungsversorgung in der Bundesrepublik mit den Worten pries, sie sei nicht gut, nicht sehr gut, sondern vielmehr ausgezeichnet, stieß er auf heftigen Widerspruch. Denn schon damals war die »neue Wohnungsnot« zumindest in allen bundesdeutschen Großstädten deutlich sichtbar geworden; so zogen z. B. die Neuvermietungspreise kräftig an, und die Warteschlangen bei den Wohnungsämtern wurden immer länger. Was Schneider zu seiner geradezu euphorischen Bemerkung veranlaßte, war die Tatsache, daß im statistischen Durchschnitt jeder Bundesbürger über 36,5 m^2 Wohnfläche verfügte – ein bis dahin in der Bundesrepublik nicht erreichter Wert und auch im internationalen Vergleich durchaus ein Spitzenwert. Doch der statistische Durchschnitt sagt wenig über die soziale Wirklichkeit aus. Statistisch gesehen verfügen z. B. die neben mir im Hochhaus lebende vierköpfige Familie, untergebracht für 900 DM Monatsmiete in einer 33 m^2 großen Einzimmerwohnung, und das kinderlose Ehepaar, das im Münchner Villenvorort Grünwald ein eigenes Landhaus mit 186 m^2 Wohnfläche bewohnt, im Durchschnitt genau über jene 36,5 m^2 Wohnfläche. Niemand käme auf die absurde Idee, die Wohnverhältnisse aller sechs Personen als ausgezeichnet zu preisen.

Wie groß die Wohnungsnot auf der einen Seite und der Überfluß auf der anderen Seite sind, belegen auch folgende Zahlen:

Nach den Erhebungen der Volkszählung verfügen über 1 Million Haushalte in der BRD über mehr als eine Wohnung. Noch größer dürfte die Zahl der Haushalte sein, die sich Wohnraum im Überfluß im eigenen Haus bzw. in der eigenen Wohnung leisten können.

Auf der anderen Seite – so ermittelte in einer im März 1990 vorgelegten Untersuchung das Münchner Ifo-Institut – fehlen in der BRD Wohnungen für 1,7 Millionen Haushalte, eine Zahl, die vom Ifo-Institut als die unterste Grenze des Bedarfs eingeschätzt wurde.

Überfluß auf der einen und Not und Mangel auf der anderen Seite sind typische Ausprägungen eines marktwirtschaftlichen Steuerungsmechanismus der Güternachfrage bei stark ungleichen Einkommens- und Vermögensverhältnissen. Die kaufkräftige Nachfrage entscheidet allein über die »Zuteilung« von Gütern. Wird z. B. eine Vierzimmerwohnung für 1800 DM Monatsmiete angeboten, dann kann sie sich in der Regel nicht die vierköpfige Arbeitnehmerfamilie mit kleinem oder mittlerem Einkommen, sondern viel eher der Single-Haushalt bzw. das kinderlose Ehepaar mit überdurchschnittlichem Einkommen leisten. Wohnungszuteilung nach Bedarf und Einkommen also als Alternative zur Wohnungszuteilung über die kaufkräftige Nachfrage? Ein Prinzip, daß sich bei der erstmaligen Zuteilung von Sozialwohnungen durchaus bewährt hat. Aber wenn sich Bedarf und Einkommen später ändern, erfolgt keine ausreichende Anpassung. Die Probleme der Fehlsubventionierung und Unterbelegung von Sozialwohnungen zeigen dies deutlich. Eine umfassende Wohnraumbewirtschaftung in den Händen einer Zuteilungs- und Überwachungsbürokratie schiene mir der falsche Lösungsansatz, um die gravierenden Notlagen sowie Ungerechtigkeiten in der Wohnungsversorgung der BRD zu beseitigen. Eine »soziale« Marktwirtschaft, die dieses Prädikat wirklich verdient, wäre durchaus in der Lage, heute bestehende Mißstände in der Wohnungsversorgung zu beseitigen. Eine sozialgesteuerte Boden- und Wohnungspolitik würde dazu all jene Lenkungsinstrumente gezielt einsetzen, die im interventionistischen Wirtschaftssystem der BRD zur Verfügung stehen und die von rechtlich zwingenden Regelungen bis zu Subventionen und steuerlichen Ent- und Belastungen reichen. Insbesondere im Bereich des Bodenrechts läßt sich nachweisen, wie die konservativen Parteien in der BRD seit Jahrzehnten den Sozialstaat pervertiert haben, um ihrer Klientel Hunderte von Milliarden Mark leistungslose Gewinne zuzuschanzen.

Mißstände aufgrund des bestehenden Bodenrechts

Das geltende Bodenrecht verdiente eher den Namen Bodenunrecht. Es ist nicht nur ganz entscheidend schuld an der bestehenden Wohnungsnot, sondern trägt auch wesentlich zu der zunehmenden Zersiedelung und Asphaltierung der Landschaft bei.

1. Leistungslose Milliardengewinne

Macht eine Gemeinde eine bislang landwirtschaftlich genutzte Wiese zum Bauland, dann muß von ihr nicht nur das neue Baugebiet erschlossen werden (Straßen, Wasser, Entwässerung usw.), sie muß dort auch für die notwendige neue Infrastruktur sorgen (wie z. B. Kindergärten, Schulen, Massenverkehrsmittel usw.) bzw. ihre vorhandenen Einrichtungen (z. B. Friedhöfe, Altenheime, Krankenhäuser usw.) erweitern. Während sie die Kosten der Erschließung zu 90 % auf die Grundstückseigentümer des neuen Baugebiets umlegen kann, müssen die Gemeinde bzw. die Gemeindebürger die teueren Kosten der neuen Infrastruktur bzw. der Erweiterung der alten selbst bezahlen. Gerade aber durch diese Leistungen der Gemeinde in Verbindung mit der Bauleitplanung wird aus dem bisher landwirtschaftlich genutzten Gelände mit einem qm-Preis von ca. 25 DM wertvolles Bauland mit einem qm-Preis von bis zu 1000 DM und mehr. In München werden mittlerweile sogar in Stadtrandlage bei einer Geschoßflächenzahl von 1,2 Preise von 2700 DM/m^2 verlangt (SZ vom 21. 04. 90). Wer nun meint, der Erbringer der Leistung, nämlich die Gemeinde und ihre Bürger, würde auch die Vorteile haben, täuscht sich gründlich. Die Wertsteigerung von der saftigen grünen Wiese zum teuren Bauland streicht ausschließlich der Grundstückseigentümer ein, obwohl er dafür keinerlei eigene Leistung erbracht hat. So kann z. B. der Landwirt im Münchner Stadtteil Feldmoching seine 2 ha große Wiese dann für mindestens 20 Millionen Mark verkaufen (pro m^2 1000 DM), wenn die Stadt München diese Wiese zum Bauland macht und die notwendige Infrastruktur schafft. Der Grundstückseigentümer braucht dafür keine müde Mark selbst aufzuwenden. War die Wiese als landwirtschaftliches Grundstück vorher ca. 500000 DM wert, dann kann der Landwirt einen leistungslosen Gewinn von 19,5 Millionen DM vereinnahmen. Die Rechnung dafür müssen später die Käufer und Mieter der auf dem Grundstück erstellten Wohnungen bezahlen. Der Kaufpreis von 20 Millionen Mark für das Grundstück geht nämlich in voller Höhe in die Kalkulation der Wohnungs- bzw. Hauskaufpreise und Mieten ein. Mit einem runden Drittel sind heute die Grundstückskosten an den gesamten Kosten einer Wohnung beteiligt. Bei Wohnungen in innenstadtnahen Lagen und bei Reihen- und Einzelhäusern liegt der Anteil der Bodenkosten noch höher und übersteigt nicht selten sogar 50 %. Die leistungslosen Gewinne, die das seit über 40 Jahren in diesem Punkt unverändert geltende Bodenrecht der kleinen Schicht von Grundeigentümern beschert hat, liegen insgesamt in einer Größenordnung von mehreren 100 Milliarden Mark – ein Betrag, mit dem sich rund 5 Millionen Sozialwohnungen hätten finanzieren lassen.

Die leistungslosen Gewinne aus gemeindlichen Planungen und Infrastrukturleistungen werden in der Regel von den Grundeigentümern steuerfrei vereinnahmt. Dies gilt im übrigen nicht nur im Falle der erstmaligen Ausweisung eines Gebietes als Bauland mit der Schaffung entsprechender Infrastruktureinrichtungen. Auch später kann der Wert eines Grundstücks durch gemeindliche Planungen und Einrichtungen wesentlich erhöht werden. Wird z. B. in einem Stadtviertel ein Park neu angelegt (wie z. B. der Westpark in München) oder mit Hunderten Millionen Mark Steuergeldern ein Stadtviertel ans U-Bahnnetz angeschlossen, dann steigt der Wert der Grundstücke in dem Viertel, ohne daß die Grundeigentümer dazu einen eigenen finanziellen Beitrag leisten. Auch diese

Wertsteigerung, die sich in höheren Mieten und einem steigenden Verkaufswert realisiert, wird in der Regel steuerfrei vereinnahmt.

Aber nicht nur bei der Einkommensteuer, auch bei der Grund-, Vermögen- und Erbschaftsteuer wird das Grundeigentum unangemessen privilegiert. Die für diese Steuern maßgeblichen Einheitswerte liegen derzeit bei rund 10–20 % der heutigen Verkehrswerte. Die Einnahmen aus diesen Steuern leisten also keinen nennenswerten Beitrag zur Finanzierung öffentlicher Infrastruktur-Einrichtungen.

2. Übermäßiger Anstieg der Baulandpreise

»Die Lage auf dem Bodenmarkt ist besorgniserregend: Hohe Preissteigerungen bei abnehmenden Grundstücksverkäufen machen den Baulanderwerb und die Wohnungsmieten für breite Bevölkerungsschichten unerschwinglich. Der Teufelskreis ist perfekt: Das geringe Angebot treibt die Preise hoch. Hohe Preissteigerungen machen das Horten von Grundstükken wirtschaftlich noch interessanter. In der Landeshauptstadt München z. B. haben sich die Grundstückspreise seit 1960 versiebenfacht. Die Entwicklung beschleunigt sich: So betrugen z. B. in den letzten beiden Jahren die Preissteigerungen jeweils mehr als 30 %. Zu keiner Zeit stiegen die Baulandpreise stärker.« So beschrieb 1981 die vom Landesvorstand der bayerischen SPD eingesetzte Expertenkommission die dramatische Lage auf dem Grundstücksmarkt. Die Situation hat sich inzwischen noch weiter zugespitzt:

Von 1961 bis Ende 1988 weist z. B. der Baulandindex der Landeshauptstadt München eine durchschnittliche Steigerung von 100 auf 1047 aus, d. h. die Baulandpreise haben sich in 28 Jahren im Durchschnitt mehr als verneunfacht. In den letzten eineinhalb Jahren hat sich der Anstieg sogar noch beschleunigt.

In den Vororten der Metropolen ist der Anstieg noch atemberaubender:

So wurde z. B. in einer Gemeinde 25 km von Stuttgart entfernt 1950 noch Bauland für 2 DM/m^2 verkauft; heute müssen dafür 500 bis 600 DM/m^2 bezahlt werden.

Die Grundeigentümer können im Durchschnitt mit zweistelligen Wertsteigerungsraten pro Jahr rechnen. Dieser Wertzuwachs braucht zudem in der Regel nicht versteuert zu werden. Welch lohnenderes Geschäft gibt es für Grundeigentümer, die selbst nicht bauen wollen oder können, als Grundstücke zu horten? Weder eine Bebauung mit anschließendem Verkauf bzw. Vermietung noch der Verkauf des Grundstücks mit Anlage des Verkaufserlöses kann auch nur annähernd dieselbe Rendite bringen. Das Horten von Grundstücken macht aber den Markt noch enger und treibt die Grundstückspreise weiter nach oben. Auf zwischen 8 % und 15 % in größeren Städten und zwischen 10 % und 25 % in Umlandgemeinden und kleineren Städten (jeweils bezogen auf die Siedlungsflächen) wird der Umfang von Baulücken geschätzt, die vor allem durch das Horten von Grundstücken entstehen (Kommissionsbericht Seite 6).

Wir brauchen dringend ein soziales Bodenrecht

Die derzeit wieder weit überdurchschnittlich steigenden Grundstückspreise, die den Wohnungsbau bremsen und eine wesentliche Ursache für die Mietpreisexplosion darstellen, eröffnen die Chance, auch in der Öffentlichkeit die Bereitschaft zu einer Reform des unsozialen Bodenrechts zu wecken. Dies ist natürlich auch den konservativen Reformgegnern bekannt. Deshalb versuchen sie in einer Art Vorwärtsverteidigung die Schuld an den steigenden Grundstückspreisen den Gemeinden in die Schuhe zu schieben, weil diese nicht genügend neues Bauland ausweisen würden. Sie fordern unverblümt, »auf Teufel komm raus« neue Baurechte zu schaffen, um damit die Wohnungsnot zu bekämpfen. Daß damit natürlich vor allem leistungslose Planungsgewinne in Milliardenhöhe in die Taschen ihrer Klientel fließen würden, verschweigen sie diskret. Ohne eine grundlegende Reform des Bodenrechts sind aber die zunehmenden Wohnungsprobleme, insbesondere von Millionen Mieterhaushalten, nicht vernünftig zu lösen. Die entsprechenden Vorschläge für eine Reform des Bodenrechts liegen seit langem auf dem Tisch. 1973 schon hatte der Bundesparteitag der SPD ein umfangreiches Papier zur Bodenrechtsreform verabschiedet. 1981 hat die schon erwähnte Expertenkommission der bayerischen SPD diese Vorschläge aktualisiert. Es würde an dieser Stelle zu weit führen, die Reformvorschläge im einzelnen darzustellen und zu werten. Deshalb möchte ich mich im Rahmen dieses Beitrags auf zwei Punkte beschränken, für die der dringlichste Handlungsbedarf besteht:

Das ist zum einen die Abschöpfung bzw. Vermeidung leistungsloser Planungsgewinne in Milliardenhöhe bei der Baulandausweisung und zum anderen die Mobilisierung gehorteter Grundstücke für den alsbaldigen Wohnungsbau.

Um den absehbaren Wohnraumbedarf einigermaßen befriedigen zu können, halten Experten den Bau von bundesweit 400000 Wohnungen in den nächsten zehn Jahren für erforderlich. Rund die Hälfte dieser Wohnungen kann auf bestehendem Bauland (Baulücken bzw. Abriß und Neubau von Häusern) geschaffen werden. Für die andere Hälfte aber muß neues Bauland ausgewiesen werden. Um den Landschaftsverbrauch möglichst gering zu halten, muß es dabei gelingen, eine gegenüber heute flächensparendere Bauweise durch eine höhere Verdichtung zu erreichen. Rechnet man mit einem jährlichen Baulandbedarf von ca. 5000 ha, dann würden bei einem durchschnittlichen Wertzuwachs von 200 DM/m^2 durch die Baurechtsausweisung Planungsgewinne in Höhe von 10 Milliarden Mark entstehen. Bei einer Reform des Bodenrechts muß es nun darum gehen, diese leistungslosen Gewinne nicht in die Taschen der Grundeigentümer fließen, sondern sie in vollem Umfang den Gemeinden zugute kommen zu lassen. Mit ihren Ausgaben für Infrastrukturmaßnahmen sind – wie dargestellt – die Gemeinden an der Wertsteigerung der Grundstücke entscheidend beteiligt. Nach dem bodenpolitischen Konzept der vom Landesvorstand der bayerischen SPD eingesetzten Expertenkommission müssen Widmung, Erschließung und Bebauung bei der Schaffung von neuem Bauland Hand in Hand gehen. Planungsgewinne müssen dabei vermieden werden. Die bodenpolitische Sicherung dieser Zielsetzung soll durch eine Kombination folgender Regelungen ermöglicht werden:

- Die Gemeinde bestimmt Lage und Größe des neuen Baugebiets.
- Die Gemeinde erhält für dieses Gebiet ein generelles Ankaufsrecht.
- Die Entschädigung der ehemaligen Eigentümer erfolgt im Regelfall in Flächen und nicht in Geld. Die Entschädigung bemißt sich nach der bislang gestatteten Nutzung.
- Die ursprünglichen Grundeigentümer können ihre Entschädigungsflächen zum Verkehrswert veräußern oder selbst bebauen.
- Die Gemeinde bewirtschaftet die erworbenen Flächen.

Die Hauptvorteile dieser Regelungen bestehen darin, daß leistungslose Planungsgewinne von vornherein vermieden werden können und die Gemeinden gleichzeitig ausreichend Baugrundstücke für die Schaffung preiswerten Wohnraums erhalten.

Mobilisierung gehorteten Baulands

Gehortetes Bauland liegt entweder im Gebiet eines rechtskräftigen Bebauungslands oder könnte nach § 34 *Baugesetzbuch* bebaut werden. Bei diesen Grundstücken sind planungsbedingte Wertsteigerungen bereits eingetreten und damit nach geltendem Recht entschädigungspflichtig. Ein beträchtlicher Teil dieser Grundstücke wird spekulativ zurückgehalten. Da für diese Grundstücke die gemeindliche Infrastruktur in der Regel bereits vorhanden ist und im Falle der Bebauung der Grundstücke die ansonsten notwendige Ausdehnung der Siedlungsfläche eingeschränkt wird, ist die Bebauung dieser Grundstücke aus siedlungspolitischen Gründen vordringlich. Die Gemeinden müssen deshalb mit einem wirkungsvollen Baugebot ausgestattet werden. Darüber hinaus ist zur Unterstützung der Mobilisierung und zur Finanzierung von Ankäufen eine spezielle Besteuerung der bebaubaren Grundstücke notwendig.

Baugebot

Das bisher geltende Baugebot hat sich in der derzeitigen Ausgestaltung als stumpfe Waffe erwiesen. Soll das Ziel der Mobilisierung von Bauland erreicht werden, sind folgende Änderungen notwendig:

- Als Anordnungstatbestand muß für ein Baugebot die Schaffung von Wohnraum rechtlich ausreichend sein.
- Generelles Ankaufsrecht der Gemeinde für den Fall, daß der Grundstückseigentümer innerhalb angemessener Frist und nach Beratung das Grundstück nicht selbst bebaut.
- Preislimitierung des Ankaufsrechts auf den Zeitpunkt des Aufstellungsbeschlusses des Bebauungsplans bzw. bei bereits bestehendem Bebauungsplan auf den Zeitpunkt der Anordnung des Baugebots.
- In Gebieten erhöhten Wohnungsbedarfs gilt die Vermutung, daß für sämtliche Anordnungen ein öffentliches Interesse am Sofortvollzug der Maßnahmen gegeben ist.

Grundsteuer

Baulücken und andere bebaubare Grundstücke unterliegen der Grundsteuer B. Die Belastungen aus dieser Steuer reichen jedoch bei weitem nicht aus, um unbebaute Grundstücke zu mobilisieren. Die generelle steuerliche Privilegierung des Grundbesitzes und die Bodenwertsteigerungen übersteigen die Belastungen aus der Grundsteuer um ein Vielfaches. Deshalb muß die Belastung durch die Grundsteuer B wesentlich fühlbarer werden. Dies wird durch folgende Änderungen erreicht:

- Der Einheitswert muß sich am Verkehrswert der unbebauten Grundstücke mit Baurecht orientieren.

- Im Vergleich zu bebauten Grundstücken soll für Baulandgrundstücke ein höherer Meßbetrag vorgesehen werden.
- Die Gemeinden sollen die Möglichkeit erhalten, den Hebesatz speziell für unbebaute Grundstücke mit Baurecht festsetzen zu können.

Die wesentlich stärkere Besteuerung von Bauland wird nur zum Teil Grundstücke für den Wohnungsbau mobilisieren. Die zusätzlichen Einnahmen werden aber die Gemeinden finanziell in die Lage versetzen, verstärkt ihr Ankaufsrecht für Baugrundstücke auszuüben und damit Bauland zu mobilisieren.

Steuerrecht als Instrument einer sozialen Wohnungspolitik

Im interventionistischen Wirtschaftssystem der BRD sind Steuern ein wichtiges staatliches Lenkungsinstrument. Im Bereich der Wohnungs-, Bau- und Bodenpolitik spielen die Einkommensteuer (Körperschaft, Lohnsteuer) sowie Grund-, Vermögen-, Erbschaft- und Grunderwerbsteuer eine Rolle – mit Abstand die wichtigste Lenkungsfunktion hat allerdings die Einkommensteuer, der auch die nachfolgende Betrachtung gelten soll.

Der gezielte Einsatz von Steuern kann neben der Erzielung von Einnahmen bestimmte wohnungspolitische oder allgemeinpolitische Ziele fördern oder behindern, wie z. B. Ankurbelung des Wohnungsbaus, Eigentumsbildung, soziale Gerechtigkeit usw.

Um den Einsatz der Einkommensteuer auf wohnungspolitische Zielsetzungen abschätzen zu können, soll ihre Wirkung nachfolgend dargestellt werden:

Der Staat kann bestimmte Einnahmen dadurch begünstigen, daß er sie von der Steuer freistellt. Dies gilt z. B. für realisierte und nicht realisierte Wertzuwächse von Grundstücken (bebaut oder unbebaut), die im Eigentum einer natürlichen Person stehen; eine Ausnahme davon bildet die Weiterveräußerung von Grundstücken innerhalb der Spekulationsfrist von 2 Jahren.

Hat z. B. A 1985 eine grüne Wiese mit 10000 m^2 für 200000 DM gekauft und verkauft er sie 1990, nachdem sie Bauland geworden ist, für 10 Millionen DM an den Bauträger B weiter, dann muß er den erzielten Gewinn von 9,8 Millionen DM nicht versteuern. Die Möglichkeit, steuerfreie Gewinne zu erzielen, erhöht die Attraktivität der Anlage in Grundstücke.

Ein beliebtes Mittel der Begünstigung von Einnahmen aus bebauten Grundstücken ist die Möglichkeit der degressiven Abschreibung bei neu erstellten Gebäuden, d. h. der Gebäudeeigentümer kann einen bestimmten Prozentsatz der Herstellungs- bzw. Anschaffungskosten, der zum Teil erheblich über dem tatsächlichen Wertverzehr liegt, als Ausgaben ansetzen und damit seine Steuerschuld erheblich mindern. Die tatsächliche Steuerschuld wird damit zunächst z. T. auf Jahrzehnte als zinsloses Darlehen gestundet und, falls das Grundstück zwischenzeitlich weiterverkauft wird, sogar ganz »erlassen«.

Die Bundesregierung setzt bei der Ankurbelung des Wohnungsbaus sehr stark auf steuerliche Vorteile aus erhöhten Abschreibungen: Im Februar 1989 wurden die Abschreibungssätze für neu erstellte Mietwohnungen von bisher 5 % bzw. 3 % in den ersten 12 Jahren auf 7 % bzw. 5 % angehoben. Mit dem *Gesetz zur Förderung des Wohnungsbaus* vom 22.12.89 wurden erhöhte steuerliche Abschreibungen bei der Schaffung neuer Mietwohnungen in bestehenden Gebäuden (5 Jahre lang je 20 % bis zu 60000 DM Gestehungskosten) und bei Herstellung und Anschaffungen von Wohnungen mit Sozialbindung (5 Jahre lang 10 %, 5 Jahre lang 7 %; der Restwert in 33⅓ Jahren) eingeführt. Das nachfolgende Berechnungsbeispiel zeigt, daß sich damit insbesondere für Personen mit hoher Steuerprogression in den ersten zehn Jahren recht ansehnliche Renditen ergeben. Berücksichtigt man noch, daß Grundvermögen bei den Bestandsteuern aufgrund der niedrigen Einheitswerte privilegiert wird und Wertzuwächse steuerfrei vereinnahmt werden können, dann zeigt sich, daß die Anlage in Immobilien recht lukrativ sein kann.

Geht man von einer durchaus realistischen Wertsteigerung des Wohngebäudes einschl. Grund und Boden von 5 % p. a.

Neubauförderung: 58 % ohne Mietpreisbindung oder 85 % mit Mietpreisbindung?

	freifinanzierter Wohnungsbau	Dritter Förderungsweg
Abschreibungen (degressive AfA, falls Bauantrag/Neukauf nach dem 28.2.1989, AfA in % der Gebäudekosten)	4 J. × 7% = 28% + 6 J. × 5% = 30% = 10 J. × % = 58%	5 J. × 10% = 50% + 5 J. × 7% = 35% = 10 J. × % = 85%
Abschreibungen von Gesamtkosten	58% der Gebäudekosten = 46% der Gesamtkosten	85% der Gebäudekosten = 68% der Gesamtkosten
(Grundstücksanteil von 20% der Gesamtkosten)	4,6% der Gesamtkosten p.a.	6,8% der Gesamtkosten p.a.
Mietrendite auf das eingesetzte Kapital (Sozialmiete 30% unter Marktmiete)	4% p.a.	2,8% p.a.
Nettorendite bei 50% Steuerprogression	4,3%	4,8%
Rendite vor Steuern	8,6%	9,6%

aus, und verkauft der Investor das Wohngebäude nach 10 Jahren, dann kann er neben der oben berechneten Rendite noch einmal 5 % p. a. steuerfrei vereinnahmen. Insgesamt erreicht er damit eine Nettorendite von 9,3 % bzw. 9,8 %; bei einer Steuerprogression von 50 % entspricht dies einer Rendite vor Steuern von rund 19 % – ein sehr üppiger Gewinn. Einen beachtlichen Teil davon machen die ersparten Steuern durch erhöhte Abschreibungen aus. Beim »Dritten Förderungsweg« summieren sich diese »Steuergeschenke« bei einer Wohnung mit Gesamtkosten (einschl. Grundstück) in Höhe von 300000 DM auf knapp über 100000 DM. Als Gegenleistung dafür, daß der Staat ihm 100000 DM »schenkt«, muß der Eigentümer einen Mieter 10 Jahre lang zur Sozialmiete wohnen lassen.

Nach Ablauf von 10 Jahren unterliegt die Wohnung keinerlei Bindungen mehr. Dies ist sicher ein viel zu hoher Preis für eine derart kurze Sozialbindung. Doch dies ist nicht das einzige Beispiel für eine »Fehlsteuerung« durch Steuern.

Verfehlte Konstruktion der Abschreibung nach § 10e EStG

Der seit 1986 neu gefaßte § 10e *EStG* (er löste den bis dahin geltenden § 7b *EStG* ab) läßt die Abschreibung von 5% der jährlichen Herstellungs- bzw. Anschaffungskosten einer eigengenutzten Wohnung im eigenen Haus oder einer eigengenutzten Eigentumswohnung im Inland für acht Jahre zu. Maximal wird ein Abzugsbetrag von 15000 DM p. a. zugelassen. Der steuerliche Vorteil dieser Regelung ist um so höher, je höher die Steuerprogression ist. Wer 50% von seinem Einkommen Steuern zahlt, hat einen Vorteil von jährlich 7500 DM und von insgesamt 60000 DM (in 8 Jahren). Wer dagegen nur 20% von seinem Einkommen für Steuern aufbringen muß, für den vermindert sich das staatliche Steuergeschenk auf jährlich 3000 DM bzw. insgesamt 24000 DM. Den Einkommenstärkeren unterstützt also diese Abschreibungsregelung des § 10e *EStG* wesentlich stärker, obwohl er für den Kauf seiner Wohnung oder seines Hauses weniger oder gar überhaupt nicht auf staatliche Hilfe angewiesen ist. Es wird aber nach dem Motto verfahren: »Wer viel hat, dem wird noch mehr gegeben.« Dagegen erhält der Einkommenschwächere eine viel geringere Unterstützung und kann sich deshalb die eigene Wohnung oder das eigene Haus oft gar nicht leisten.

Eine effiziente Wohnungsbauförderung würde reine Mitnahmeeffekte für Einkommenstärkere ausschließen und im Gegenteil diejenigen stärker fördern, bei denen die staatliche Unterstützung ausschlaggebend für die Investitionsentscheidung ist. Dies wäre nicht nur gerechter, sondern würde auch den Wohnungsbau weit stärker ankurbeln, ohne daß zusätzliche staatliche Mittel notwendig würden.

Noch in einem zweiten Punkt ist der § 10e *EStG* eine Fehlkonstruktion, die zu Lasten des Wohnungsneubaus geht. Die steuerliche Abschreibungsförderung erhält auch derjenige, der eine sogenannte »Gebrauchtwohnung« erwirbt. Damit werden durch staatliche Steuergeschenke Finanztransaktionen im Wohnungsbestand attraktiv gemacht. Dies begünstigt nicht nur die von den Mietern gefürchtete Umwandlungsspekulation, sondern stellt eine Verschwendung von Steuermitteln dar. Diese Mittel könnten viel wirksamer im Wohnungsneubau eingesetzt werden. Die konservative Regierung in Bonn rechtfertigt diese Steuergeschenke damit, daß nur auf diesem Wege Durchschnittsverdiener sich eine eigene Wohnung leisten könnten. In Wahrheit kommt die steuerliche Subvention aber dem Verkäufer zugute, der sie in den Kaufpreis einrechnet, da die (durch steuerliche Vergünstigungen) künstlich erhöhte Nachfrage dies zuläßt. Allein sinnvoll wäre es, diese Steuermittel voll auf den dringend notwendigen Neubau von Wohnungen zu konzentrieren.

Die »Mehrfachabschreibung«

Nachfolgendes Beispiel soll dokumentieren, daß die »Mehrfachabschreibung« von Wohnungen/Häusern den Staat viel Steuergelder kostet, ohne wohnungspolitischen Nutzen zu stiften. Es soll einmal unterstellt werden, daß eine Wohnung mit einem abschreibungsfähigen Aufwand von 100000 DM alle zehn Jahre mit einem Wertzuwachs von 60 % weiterverkauft wird (an Käufer mit Steuerprogressionen von jeweils 50 %). Dies entspricht einem jährlichen Wertzuwachs von knapp 5 %.

Die summierte Steuerersparnis (ohne Abzinsung) übersteigt bereits nach 40 Jahren die ursprünglichen Gestehungskosten um rd. ein Viertel. Es stellt geradezu eine Verschwendung von staatlichen Geldern dar, die Mehrfachabschreibung von immer höheren Anschaffungspreisen zu begünstigen. Notwendig wäre es, diese staatlichen Mittel in Form von direkten Subven-

Zeitraum	abschreibungs-fähiger Aufwand	Abschreibungssatz	Steuer-ersparnis
1.–10. Jahr	100000 DM	10% (1.– 5. Jahr) 7% (6.–10. Jahr)	42500 DM
11.–20. Jahr	160000 DM	2%	16000 DM
21.–30. Jahr	260000 DM	2%	26000 DM
31.–40. Jahr	410000 DM	2%	41000 DM
			125500 DM

tionen oder Steuervergünstigungen konzentriert für den dringend erforderlichen Wohnungsneubau einzusetzen. Die Abschreibung von Häusern und Wohnungen sollte dagegen auf die einmalige Abschreibung der Herstellungskosten begrenzt werden. Jede Mark, die für die steuerliche Förderung von bloßen Finanztransaktionen im Wohnungsbestand ausgegeben wird (und dort nur preistreibend wirkt), fehlt zur Förderung des Wohnungsneubaus.

Steuerliche Förderung des Überflusses im Eigentumsbereich

Dem Mangel an bezahlbarem Wohnraum auf der einen Seite steht ein erheblicher Überfluß an Wohnraum auf der anderen Seite gegenüber. Dieser Überfluß (z. B. über 1 Million Zweitwohnungen, weit überdurchschnittlicher »Wohnflächenverbrauch« von Haushalten) bei gleichzeitiger Not einer immer größer werdenden Zahl von Menschen fordert geradezu zu einer Wohnraumbewirtschaftung heraus, wenn nicht durch weniger einschneidende Maßnahmen, wie z. B. steuerliche Regelungen, bald Abhilfe geschaffen wird. Der Schwerpunkt liegt im Eigentumsbereich. Eine wesentliche Ursache dafür ist die völlig undifferenzierte steuerliche Privilegierung von eigengenutztem Wohnraum. Nach der seit 1987 geltenden Regelung des § 52 Abs. 21 *EStG* entfällt die Besteuerung des Nutzungswerts der Wohnung im eigenen Haus grundsätzlich sogar ganz. Eigengenutzter Wohnraum wird behandelt wie jedes andere Konsumgut. Weder müssen die erzielbaren Einnahmen angesetzt, noch können die für die Erzielung der Einnahmen notwendigen Ausgaben abgesetzt werden (sog. Konsumgutlösung). Wer also im Münchner Nobelvorort Grünwald in seiner eigenen 250 qm großen Villa wohnt, die für 5000 DM monatlich vermietet werden könnte, muß die erzielbare jährliche Mieteinnahme von 60 000 DM nicht versteuern und bekommt damit im Falle einer Steuerprogression von 50 % ein staatliches Steuergeschenk von bis zu 30 000 DM p. a.

Mit dieser Regelung soll der Bau und Erwerb eigengenutzten Wohnraums gefördert werden. Sozial- und wohnungspolitisch ist dabei unerträglich, daß diese Förderung völlig unabhängig von der Zahl und Größe des eigengenutzten Wohnraums ist. Wer fünf eigene Wohnungen nutzt, wird genauso mit Steuergeschenken belohnt wie der Einpersonenhaushalt, der allein ein 250 qm großes Landhaus bewohnt. Der Wohnraumverschwendung wird damit durch staatliche Steuerregelungen Vorschub geleistet. Dringend geboten wäre es, die Steuervorteile auf eine Wohnung pro Haushalt (gebunden an den Hauptwohnsitz) und an eine bestimmte Wohnfläche pro Person zu binden (z. B. 70 qm für die erste Person und 40 qm für jede weitere Person). Über eine Wohnung pro Haushalt und die genannte Fläche hinausgehender Wohnraum sollte nicht mehr steuerlich privilegiert werden. Im Ergebnis würde diese Neuregelung dazu führen, daß teilweise heute im Überfluß genutzter selbstbewohnter Wohnraum vermietet würde (zur Vermeidung steuerlicher Belastung, ohne daß tatsächlich Einnahmen erzielt werden) und damit Wohnungsuchende eine Wohnung finden würden. Zum anderen Teil würden zusätzliche Steuern in Milliardenhöhe in die Staatskasse fließen und eine verstärkte Förderung des Wohnungsneubaus ermöglichen. Diese Effekte könnten in Gebieten erhöhten Wohnungsbedarfs noch verstärkt werden durch eine Wohnraumsteuer nach den selben Bemessungsgrenzen. Diese Wohnraumsteuer, die gleichermaßen für eigengenutzten wie gemieteten Wohnraum gelten würde, könnte einkommensabhängig ausgestaltet werden. Die erzielten Einnahmen aus dieser Steuer müßten für den Wohnungsneubau zweckgebunden werden.

Wertzuwachs von Grundstücken besteuern

Der über die Geldentwertung hinausgehende Wertzuwachs von Grundstücken beruht in der Regel auf Leistungen der Allgemeinheit. Daß dieser Wertzuwachs privat vereinnahmt wird und dazu noch unversteuert bleibt, ist eine der größten Ungerechtigkeiten des geltenden Steuerrechts. Dieser Mißstand muß deshalb durch Einführung einer sogenannten Bodenwertzuwachssteuer beseitigt werden. Durch entsprechend hohe Freibeträge ist sicherzustellen, daß Kleineigentümer von der Versteuerung derartiger Inflationsgewinne freigestellt bleiben. Die Bodenzuwachssteuer würde der wachsenden Vermögenskonzentration entgegenwirken und zusätzliche Steuereinnahmen für die Förderung des Wohnungsbaus bringen.

MARIA KNAUER

Karrieren nach unten

Die Obdachlosen und die Gemeinden

Obdachlos? Das ist nach herkömmlicher Ansicht der Penner unter der Brücke, das ist die Familie im Obdachlosenasyl, die alle Vorurteile bestätigt: der Vater säuft, die Kinder sind verwahrlost, die Mutter abgekämpft und vor der Zeit gealtert.

Bilder, mit denen sich Otto Normalverbraucher nur aus der Distanz befassen muß, Probleme, die äußerstenfalls Sozialarbeiter beschäftigen müssen.

Zum Thema ist Obdachlosigkeit erst geworden, als im Sommer 1988 der Strom der Aus- und Übersiedler in die Bundesrepublik einsetzte. Erst zu diesem Zeitpunkt begann man sich Gedanken zu machen, wo eine Vielzahl von Menschen, die über keine Wohnung verfügen, untergebracht werden könnte.

Zu diesem Zeitpunkt gab es jedoch in der Bundesrepublik bereits fast eine Million Menschen, die keine oder nur eine unzureichende Wohnung hatten oder die von Obdachlosigkeit bedroht waren. Es waren schon damals nicht die Randgruppen der Gesellschaft, auf die sich das Problem Obdachlosigkeit reduzierte.

Um obdachlos zu werden, muß man weder Alkoholiker sein noch vor der Gewalt des Ehemannes flüchten – obdachlos kann heute zumindest in Großstädten jeder werden, dessen Haus in Eigentumswohnungen aufgeteilt wird und der nicht in der Lage ist, sich auf einem überteuerten Markt rechtzeitig eine Alternative zu sichern. Obdachlos ist auch die Mutter, die mit ihren Kindern nach Trennung oder Scheidung »vorübergehend« bei ihren Eltern unterschlüpft und dann drei Jahre auf der Couch im Wohnzimmer schläft, weil sie keine bezahlbare Wohnung für sich und ihre Kinder finden kann.

Selbstverständlich sind es nach wie vor die gering verdienenden Bevölkerungsschichten, die von drohender und bestehender Obdachlosigkeit besonders betroffen sind; sie können am wenigsten auf dem Markt konkurrieren. Die Gruppe der von Obdachlosigkeit Bedrohten steigt aber ständig weiter an. Waren noch vor wenigen Jahren Arbeitslose und Sozialhilfeempfänger die am stärksten betroffene Gruppe, sind es heute zunehmend Familien, vor allem aber Einzelpersonen, die auf Grund ihres Arbeitseinkommens nicht mehr sozialwohnungsberechtigt sind, andererseits aber die Mieten des freifinanzierten Marktes in Großstädten nicht tragen können. Sie trifft eine Eigenbedarfskündigung meist völlig unvorbereitet, und es fehlt ihnen zunächst jedes Problembewußtsein: Es kann doch nicht so schwer sein, eine andere Wohnung zu finden. Die erste Enttäuschung ist die Ablehnung des Wohnungsamtes, das sich für nicht zuständig erklärt. Jede Absage nach endlosen Telefonaten auf Zeitungsannoncen hin läßt zwar die Angst wachsen, jede Woche, die den Kündigungstermin näherrücken läßt, verstärkt das Gefühl, ungerecht behandelt zu werden (»aber jeder hergelaufene Ausländer kriegt eine Wohnung«); es beginnt ein zähes Feilschen mit dem Vermieter um einen Monat und noch einen Monat Verlängerung des Mietvertrags.

Kaum jemand aber macht sich, selbst wenn bereits das Räumungsverfahren eingeleitet ist, klar, daß ihm etwas bevorstehen könnte, was eben nur die anderen trifft, die Asozialen, diejenigen, die selber schuld sind: Obdachlosigkeit.

Das Thema Obdachlosigkeit ist immer noch nicht salonfähig: Schulden kann man haben, arbeitslos darf man sein, ohne das gesellschaftliche Ansehen zu verlieren – nur keine Wohnung zu haben, rückt jeden in eine Ecke, in die keiner hineinschauen will.

Ursachen der Obdachlosigkeit

Die Ursachen steigender Obdachlosigkeit sind in ihrer Logik so einleuchtend, daß man sich fast schämt, derartige Selbstverständlichkeiten immer und immer wieder herzubeten.

Alle Bemühungen, dafür höhere Wohnflächenansprüche frühzeitigere Haushaltsbildung von Jugendlichen, steigende Scheidungsraten, längere Ausbildungszeiten oder die Verlängerung der Lebenszeit verantwortlich zu machen, erweisen sich als fruchtlos. Gewiß existieren all diese Gründe auch – sie treiben das Problem aber lediglich auf die Spitze.

Die ebenso entscheidende wie altbekannte Ursache steigender Obdachlosigkeit ist die anhaltende Verknappung billigen Wohnraums. Und ihre Gründe sind bekannt:

- Auslaufen von Bindungen im sozialen Wohnungsbau, insbesondere der frühen Förderjahrgänge
- Zweckentfremdung von Wohnungen durch gewerbliche Nutzung
- Abbruch von Altbauten
- Übermaßmodernisierung, nun bereits im Baubestand der Fünfzigerjahre
- Umwandlung von Miet- in Eigentumswohnungen.

Nun spukt seit vielen Jahren ein Gespenst durch die wohnungspolitische Szene, das den Schwund billigen Wohnraums vernebeln kann wie kein anderes: die oft zitierte *Theorie des Sickereffekts*.

Nach der Sickertheorie lösen sich alle Probleme des Wohnungsmarkts durch ausreichenden Neubau, am sichersten durch den Bau von Eigentumswohnungen. In diese schönen neuen Wohnungen ziehen dann die Leute, die bisher die billigeren, wenn auch nicht so schönen Wohnungen bewohnt haben; in diese billigeren Wohnungen ziehen wiederum die Familien, die bisher in ganz billigen Wohnungen gewohnt haben, weil sie sich jetzt die teurere Wohnung leisten können, und am Ende der Kette stehen die ganz billigen Wohnungen für die ärmeren Bevölkerungsschichten zum Weitersickern zur Verfügung.

Ganz klar? Ganz klar falsch: In einem unausgeglichenen Markt sickert gar nichts, geschweige denn effektiv.

Eine freiwerdende Wohnung ist ein Geschenk für jeden Vermieter. Die kann er nämlich in Ruhe modernisieren. Da hat er keinen Mieter, der den Einbau einer Zentralheizung nicht dulden will, weil er erst vor zwei Jahren eine Gasetagenheizung eingebaut hat für 30000 DM. Diese Wohnung kann der Vermieter, wenn es eine Eigentumswohnung ist, leichter und teurer verkaufen. Die kann er selbst dann, wenn er nicht modernisiert, in einem neuen Mietverhältnis teurer vermieten, als er dies bei einem bestehenden Mietvertrag im Wege der Erhöhung je könnte.

Mit einer leerstehenden Wohnung kann der Vermieter weitgehend tun, was er will. Er kann nur eines kaum, wenn er wirtschaftlich denkt: sie zum gleichen Mietpreis wie bisher vermieten. Genau an dieser Stelle hat es sich in der Praxis ausgesikkert. Die Vorstellung, die dem Sickereffekt zugrunde liegt, daß nämlich ein generell ausreichendes Wohnungsangebot die Versorgung sichere, erweist sich als blauäugig.

Es hilft nichts, wenn teure Wohnungen leerstehen, solange daneben keine billigen, sondern höchstens etwas billigere zu haben sind. Es ist auch ein Irrtum zu glauben, daß teure Wohnungen billiger werden, solange noch günstige Wohnungen angeboten werden. Im Gegenteil: Solange es noch günstige Wohnungen gibt, werden sich alle Wohnungssuchenden darauf stürzen. Und je mehr sich für eine billige Wohnung interessieren, desto eher besteht die Gefahr, daß sie teurer wird – der Preis, der auf dem Markt erzielbar ist, wird auch verlangt.

Weil der Vermieter wählen kann, unterliegt in aller Regel in diesem Verteilungskampf der Bewerber mit dem geringeren Einkommen. Bereits hier kann die klassische Obdachlosenkarriere in einer Großstadt beginnen: Der Einkommenschwache zieht in eine zu teure Wohnung, er kann über kurz oder lang die Miete nicht mehr zahlen, es kommt zu Mietschulden und schließlich zur Räumung.

Bestenfalls zieht er nun in eine neue, ebenso teure Wohnung, um das Spiel von vorne zu beginnen. Schlimmstenfalls wird er von der Gemeinde in einer Obdachlosenunterkunft oder in einer Billigpension untergebracht: Der Sickereffekt hat sich in ein »drop-out« verkehrt.

Was der Einstieg in eine Obdachlosenkarriere bedeutet, wissen alle Fachleute, denn damit haben sie jahrzehntelang Erfahrung.

»Strategien« der Gemeinden

Das Wissen der Fachleute um den Verlauf einer Obdachlosenkarriere hält die zuständigen Behörden allerdings keineswegs davon ab, der Problematik weiterhin tatenlos gegenüber zu stehen.

Das liegt gewiß nicht am mangelnden Engagement der Mitarbeiterinnen und Mitarbeiter, sondern daran, daß es für den Bereich der Obdachlosenpolitik kaum gangbare Konzepte gibt.

Es stößt schon auf Schwierigkeiten, solche Konzepte zu entwickeln, weil die gesetzlichen Grundlagen, mit denen man der Obdachlosigkeit begegnen könnte, bisher in keinem Bundesland in Kraft sind – damit ist es weitgehend dem Grad der Fortschrittlichkeit der Länder und Gemeinden überlassen, welchem Bereich – gesetzlich wie politisch – die Bekämpfung der Obdachlosigkeit überhaupt zuzurechnen ist.

Fest steht lediglich, daß die Gemeinden dafür zuständig sind, Obdachlose unterzubringen. Dieser nur auf den ersten Blick harmlos klare Satz wirft aber bereits eine Fülle von Problemen auf: Welche Gemeinde ist denn zuständig, einen Obdachlosen unterzubringen? Diejenige, in der er bisher gewohnt hat, oder diejenige, in die er gefahren ist nach Eintritt der Obdachlosigkeit, weil er die Schande, obdachlos zu sein, nicht allen seinen bisherigen Nachbarn mitteilen wollte? Nein – auch dieser Satz bleibt unklar: Was heißt denn »nach Eintritt der Obdachlosigkeit«? Tritt die Obdachlosigkeit tatsächlich bereits mit Vollzug des Räumungsurteils oder erst mit Geltendmachung des Unterbringungswunsches in einer anderen Gemeinde auf? Das, sagt der Jurist, kommt darauf an. Es kommt genau darauf an, welchem Rechtsgebiet die Obdachlosenproblematik zuzuordnen ist.

Eigentlich, sagt die reine Lehre, ist das mangels anderer Rechtsgrundlagen das Recht der öffentlichen Sicherheit und Ordnung. Unter dem Gesichtspunkt, daß ein Obdachloser auch nur abstrakt die öffentliche Sicherheit, zumindest aber die Ordnung gefährden könnte, kann man es als Pflichtaufgabe der Gemeinden ansehen, alle Einwohner, die in ihrem Gemeindegebiet obdachlos werden, unterzubringen. Das gilt aber natürlich nur eigentlich. Denn mit dem Grundrecht auf Freizügigkeit ausgestattet, kann auch der Obdachlose nach der Zwangsräumung in eine andere Stadt fahren und dort seinen Wohnsitz begründen wollen. Wenn er das nicht mit eigenen Mitteln kann, ist er in dieser neuen Gemeinde obdachlos und unter dem Gesichtspunkt der öffentlichen Sicherheit und Ordnung – siehe oben. Das wäre soweit klar – der Bürger kann sich aussuchen, in welcher Gemeinde er wohnen will, die Gemeinde seiner Wahl hat ihm dann eben eine Unterkunft zu besorgen.

So einfach ist es aber leider nicht. Über die Problematik der örtlichen Zuständigkeit sind Ströme von Tinte und Druckerschwärze vergossen worden, ohne eine Lösung herbeizuführen. Die Praxis löst freilich die Schwierigkeit der Doppelzuständigkeit zügig und unbürokratisch dadurch, daß sie jeweils die andere Gemeinde für zuständig erklärt. Das führt dann konsequenterweise zu dem Vorgehen, das der Vizepräsident des Deutschen Städtetages und Oberbürgermeister von Hannover, Herbert Schmalstieg, so beschreibt: »Wer sich keine Wohnung besorgen kann, wird als Nichtseßhafter behandelt, für eine Nacht untergebracht und dann in seinen Wohnort zurückgewiesen.« (*Süddeutsche Zeitung* vom 31.1.1990) Dieses Spiel läßt sich, wenn sich einmal mehrere Gemeinden daran beteiligen, beliebig fortsetzen, auf jeden Fall so lange, bis die Betroffenen nicht mehr nur als Nichtseßhafte behandelt werden, sondern auch tatsächlich keine Verwurzelung mehr haben, natürlich auch keinen familiären Bezug, keine Arbeit und keine Perspektive. Dann sind sie endlich in der Ecke, wo sie die Volksmeinung schon immer gesehen hat.

Nun sind sich einige Gemeinden – besonders Großstädte – durchaus bewußt, daß dieses Vorgehen zwar vordergründig die Schwierigkeiten für die einzelne Gemeinde löst, aber von keiner rechtlichen Grundlage gedeckt ist. Sie haben daher schon vor längerer Zeit für viel Geld Obdachloseneinrichtungen geschaffen, in denen Familien und Einzelpersonen »wenigstens vorübergehend« untergebracht sind, bis sie wieder in eine Wohnung vermittelt werden können. Mit der Vermittlung klappte es allerdings dann doch nicht so richtig, weil die einschlägigen Adressen den Vermietern schnell bekannt waren. Eine von den schönen neuen Sozialwohnungen für solche Leute? Die sollen doch erst einmal mietfähig werden.

Nachdem die Gemeinden nicht abstreiten konnten, daß sich die teilweise sehr großen Obdachloseneinrichtungen zunehmend als soziale Brennpunkte erwiesen, hielten sie dieser Forderung der Vermieter zunächst einmal eine sozialpädagogische Betreuung in den Unterkünften entgegen. Über Jahre hinweg übten die Familien in den Unterkünften Wohlverhalten, wie es Vermieter verstehen: pünktliche Mietzahlung, zumutbares Verhalten, Umgang mit Geld – alles sinnvolle und notwendige Tätigkeiten. Sie wurden nur leider großenteils umsonst geübt. Denn am Status der Obdachlosen änderte sich nichts. Die Wohnungen, in die sie vermittelt werden sollten, standen gar nicht mehr zur Verfügung (dieses Mißverständnis vom Sickereffekt!), es kamen im Gegenteil immer mehr Obdachlose hinzu, die die billigen und einfachen Wohnungen räumen mußten.

Und damit stimmte plötzlich die immer schon gepflegte Rechtsgrundlage mit der öffentlichen Sicherheit und Ordnung nicht mehr. Denn das waren keine Menschen, die die Sicherheit oder die Ordnung gefährdeten, das waren Menschen, die einfach nur eine Wohnung benötigten. Eine Wohnung, die allerdings nicht vorhanden war. Aber, sagten die Gemeinden, jemand, der auf der Straße steht, der gefährdet halt doch die Ordnung, also muß er weg von der Straße. Mit dieser Argumentation begann ein Teufelskreis, der bis heute anhält: Die Gemeinden waren nicht in der Lage, das Übel an der Wurzel anzugehen und zu agieren, sie reagierten nur. Je mehr Obdachlose, desto mehr Unterbringungsmöglichkeiten – zur Freude der Betreiber von Billigpensionen, die auf einmal ins Geschäft kamen. Zimmer, die für Touristen nur während großer Messen und Ausstellungen als Notlösung in Frage kamen, gingen plötzlich das ganze Jahr über an den sicheren Zahler »Stadt«. Und – besonders praktisch – dieser sichere Zahler ließ sich auch noch finanziell unter Druck setzen: Wenn man zu Messezeiten die Obdachlosen auf die Straße setzte oder wenigstens damit drohte, mußte er einem höheren Pensionspreis zustimmen. Was Wunder, daß da in so mancher Stadt Pensionen eigens für Obdachlose eingerichtet wurden. Wenn man Glück hatte, konnte man dafür sogar bisherigen Wohnraum zweckentfremden, denn die Gemeinde bestätigte das überwiegende öffentliche Interesse an der gewerblichen Nutzung als Pension – sie mußte schließlich Obdachlose unterbringen. Der Grund für die Obdachlosigkeit war häufig genug die Zweckentfremdung der bisherigen Wohnung – aber das wurde in den Riesenbetrieben der Großstadtverwaltungen erst nach längerer Betrachtung bemerkt. Zu diesem Zeitpunkt war das Unglück bereits geschehen. In den Pensionen saßen Tausende von Obdachlosen, die ihre Arbeit verloren hatten und auf Grund ihrer Adresse auch wenig Chancen auf eine neue hatten, Familien waren zerbrochen, Kinder in ihrer Ausbildung beeinträchtigt – wie soll man in einem Pensionszimmer, das der einzige Aufenthaltsraum für eine vierköpfige Familie ist, Hausaufgaben machen.

Für diese Ergebnisse zahlen die Gemeinden einen hohen Preis: Die Unterbringung in einer Pension kostet im Durchschnitt pro Person und Tag 25 DM mit steigender Tendenz.

Außer dieser enormen Belastung der Sozialhilfehaushalte und den unabsehbaren sozialen Folgekosten haben die Gemeinden damit nichts erreicht: Die Bewohner von Pensionen und Unterkünften sind nach wie vor obdachlos. Daß sie auf Grund ihrer aussichtslosen Situation immer problematischer werden, liegt auf der Hand. Sozialarbeit ist mit ihren Möglichkeiten nicht mehr in der Lage, die Folgen zu beheben.

Es geht nicht mehr darum, Randgruppen der Bevölkerung durch sozialpädagogische Maßnahmen in normale Wohnverhältnisse zurückzuführen. Notwendig ist vielmehr, breiten Bevölkerungsschichten ein bezahlbares und angemessenes Wohnen zu sichern und sie vor dem Schicksal der Obdachlosigkeit zu bewahren.

Die Problematik drohender oder bereits eingetretener Obdachlosigkeit muß deshalb als Teil gemeindlicher Wohnungspolitik gesehen werden und in die Gesamtproblematik eingebunden sein.

Lösungsansätze

Am Beginn einer neuen Obdachlosenpolitik steht das Eingeständnis, daß das bisherige Vorgehen die Obdachlosen bekämpft hat, nicht aber die Obdachlosigkeit – zum sozialen und finanziellen Schaden des Gemeinwesens.

Die Bekämpfung der Obdachlosigkeit aber kann nur zum Erfolg führen, wenn man zugibt, daß sie als gesellschaftliches Problem existiert.

Obdachlosigkeit muß bewußt gemacht werden, nicht nur in der Fachbasis der Sozialberufe, sondern auch in den höheren Gefilden der Wirtschafts- und Finanzpolitiker.

Die alte Krankheit der Sozialpolitik, unverdrossen Einzelteile zu reparieren, wo längst der Motor wegen Überdrehung ausgetauscht gehört, bietet sich auch für eine Kostenreform an.

Obdachlosigkeit läßt sich effektiv nur bekämpfen, wenn man sie *verhindert*, bevor sie entsteht.

Daß das möglich ist, wird deutlich, wenn man sich die einzelnen Stufen der Obdachlosenkarriere vor Augen hält:

- Zweckentfremdungen können untersagt werden, wenn man dem öffentlichen Interesse an der Erhaltung von Wohnraum die höchste Priorität einräumt.
- Ungerechtfertigte Eigenbedarfskündigungen können ins

Leere gehen, wenn umfassend beratene und aufgeklärte Bürger ihre Rechte wahrnehmen.
- Mietschulden müssen nicht zur Zwangsräumung führen, wenn die Träger der Sozialhilfe Mietrückstände übernehmen, ohne zu fragen, ob der Mieter dessen auch würdig ist.
- Übermaßmodernisierungen können verhindert werden, wenn eine Gemeinde Erhaltungssatzungsgebiete ausweist.

Gewiß erfordert dieser Weg ein Umdenken, fort vom Gedanken der öffentlichen Sicherheit und Ordnung, fort von der Beschränkung auf Betreuung, hin zum »upside-down«-Denken der Managementlehre, das das Denken von den Ursachen, die Infragestellung aller bisherigen Vorgaben und Grundsätze favorisiert.

Ganz sicher wird es auch auf diesem Weg nicht möglich sein, *alle* Fälle von Obdachlosigkeit zu verhindern. Aber es kann gelingen, dem Ansteigen der Massenobdachlosigkeit, das den Durchschnittsbürger bedroht, entgegen zu wirken.

Die Gemeinden werden dies nicht alleine schaffen. Ihre grundsätzliche Zuständigkeit ist unbestritten – Obdachlosigkeit kann nur vor Ort verhindert und behoben werden.

Aufgabe der Länder bleibt es jedoch, für die Gemeinden die Voraussetzungen zur Verhinderung von Obdachlosigkeit zu schaffen. Das heißt: eindeutige Zuständigkeitsregelungen, klare Kompetenzabgrenzungen, um die Verantwortung gerecht zu verteilen. Es darf den Gemeinden nicht mehr möglich sein, auf dem Rücken von Bürgern und zu Lasten der Allgemeinheit ihr Kompetenzgerangel auszutragen. Es muß klar sein, daß keine Gemeinde durch »freiwillige Beiträge« zur überregionalen Nichtseßhaftenhilfe ihre Obdachlosen an die nächste Großstadt verkaufen kann.

Erst wenn das gesichert ist, haben die Gemeinden einen Anlaß, in ihrem Gebiet Obdachlosigkeit zu verhindern.

Über eine solche gesetzliche Regelung hinaus muß aber auch das Instrumentarium der Gemeinden verbessert werden. Alle Anstrengungen müssen ins Leere gehen, wenn die Rahmenbedingungen der Bundespolitik die Verantwortung der Kommunen ignorieren oder ihnen entgegenstehen.

Einige Großstadtgemeinden haben, der Not gehorchend, damit begonnen, den neuen Weg der Prävention in der Obdachlosenpolitik zu gehen.

Möglich war dies nur, weil diese Gemeinden nicht nur berechnet haben, was es kostet, wenn sie tätig werden, sondern ausnahmsweise auch die Kosten berechnet haben, die entstehen, wenn sie *nicht* tätig werden.

Erstaunlicherweise war es wesentlich billiger, etwas gegen die Obdachlosigkeit zu unternehmen (Fallkostenvergleich der Stadt Köln 1986: Vorbeugende Obdachlosenhilfe 1075,30 DM; Einweisung in die Obdachlosenunterkunft 7758,50 DM).

Welchen Grund sollte es geben, auf sozialpolitisch richtige und gleichzeitig billigere Lösungen zu verzichten?

Peter Derleder

Wohnungslosigkeit im Sozialstaat

Wohnungslosigkeit ist in der Bundesrepublik Deutschland ein vielfältiges Phänomen. Die »Penner« auf den Bahnhofsvorplätzen sind nur der unübersehbare Teil einer Gruppe von Menschen am untersten Rand der sozialen Skala. Die meisten von ihnen bewegen sich so unauffällig zwischen individuellen Notlösungen, privaten und öffentlichen Einrichtungen, daß schon die Schätzung ihrer Zahl den Statistikern seit jeher beträchtliche Schwierigkeiten bereitet.[1] Im letzten Jahr hat die Welle der Aus- und Übersiedler zu neuen Formen der Wohnungslosigkeit geführt. Es gibt Familien, die noch nach Wochen und Monaten in Behelfsunterkünften bis hin zu Turnhallen hausen müssen, auch wenn es sich für viele nur um eine Zwischenphase bis zur Erlangung einer Wohnung handeln wird. Da der Strom der Zugezogenen aber auch in erheblichem Umfang bisher sozial gefährdete Menschen umfaßt, die die erforderliche Umstellung nicht ohne weiteres verkraften werden, ist ein sprunghafter Anstieg der längeren und sogar der dauernden Wohnungslosigkeit zu befürchten. Es ist noch zu früh, die Geschichte der Wanderungsbewegung, ihrer Formen, ihrer Verarbeitung und ihrer Opfer zu schreiben. Aber es erscheint geboten, die sozialstaatliche Herausforderung durch Wohnungslosigkeit jetzt unter anderem Aspekt als im UNO-Jahr der Obdachlosen zu thematisieren, als weitgehend an die schrecklichen Wohnungsprobleme aus den Zentren der Dritten Welt erinnert wurde.

Für die Bundesrepublik Deutschland war es vor der Wanderungsbewegung der letzten Jahre ausgemachte Sache, daß im Hinblick auf den vorhandenen reichen Wohnungsbestand Obdachlosigkeit eine private Angelegenheit war. Man machte familiäre Katastrophen und den Verlust des sozialen Netzes für den Abstieg Wohnungsloser verantwortlich. Nun kommen zweifelsfrei gesellschaftliche Gründe hinzu, da die unterschiedliche Arbeits- und Lebenswelt im Westen mit ihren Freiheiten und Gefahren sich nicht mehr als Privatproblem der Emigranten verstehen läßt.

Im übrigen verweisen Juristen jedoch gern auf das ausgefeilte System zivil- und sozialrechtlicher Auffangmöglichkeiten, das von Wohnungslosen genutzt werden könnte, so daß von vornherein die Frage verdrängt zu werden droht, ob nicht gerade auch die bisherige Rechtspraxis Wohnungslose produziert hat. »Die Gesetze sind gut«, könnte insoweit eine verbreitete These lauten; »es fehlt nur unter den Wohnungslosen an den Menschen, die von ihnen Gebrauch machen könnten.« Ob dieser Befund zutrifft, soll hier mit einer systematischen Sichtung der miet-, familien- und sozialhilferechtlichen Präventionsmöglichkeiten gegenüber drohender Wohnungslosigkeit untersucht werden. Dieser Beitrag soll eine Antwort auf die Frage liefern, ob ganz unabhängig von der erforderlichen Neubaupolitik Änderungen von Gesetzen und Rechtsprechung notwendig sind, um (weitere) Wohnungslosigkeit einzudämmen. Demgemäß befaßt sich diese Untersuchung mit der Wohnungslosigkeit, wie sie schon vor der Emigrationswelle anzutreffen war. Ihre Ursachen und die Mittel zu ihrer Bekämpfung können auch für die neuen Mitbürger eine Orientierungsgröße sein.

I. Der Weg in die Wohnungslosigkeit

Sozialempirische Berichte, Daten und Abhandlungen zur Wohnungslosigkeit gibt es in Hülle und Fülle.[2] Wenn hier speziell die allgemeine Statistik und das Ergebnis einer Befragung von Wohnungslosen und ehemals Wohnungslosen der Zentralen Beratungsstelle für alleinstehende Wohnungslose (ZBS) in Bremen[3] wiedergegeben werden, so geschieht das deswegen, weil es sich dabei um eine erklärt sozialstaatlich ambitionierte Großstadt handelt, die Untersuchung in hohem Maße von den Betroffenen angenommen wurde[4] und zum Weg in die Wohnungslosigkeit wesentliche Aufschlüsse liefert. Es ist seit langem bekannt,[5] daß die Männer unter den Wohnungslosen bei weitem überwiegen, wenn auch der Anteil der Frauen in den letzten Jahren steigt.[6]

Zur Kehrseite der verbliebenen patriarchalischen Gesellschaftsstrukturen gehört, daß der sich ökonomisch und sozial nicht behauptende Mann noch stärker zum Versager abgestempelt wird als die Frau.[7] So waren denn auch unter den in Bremen repräsentativ Befragten nur etwa 6 % Frauen. Während im allgemeinen gut 60 % der Wohnungslosen aus der Region stammen,[8] erfaßte die Befragung einen größeren Anteil von ihnen. Auffällig ist ferner der in der Statistik der Beratungsstelle sehr große Anteil der Ledigen mit knapp 60 %, während die Geschiedenen etwa 25 % ausmachen. Bei der Altersstruktur fallen zunächst der hohe Anteil der bis zu Fünfundzwanzigjährigen (etwa 25 %) und der geringe Anteil der über Fünfzigjährigen (gut 10 %) auf, wobei freilich auch die geringere Inanspruchnahme von Beratung durch Ältere ins Gewicht fallen dürfte; gut ein Drittel sind im allgemeinen ungelernte Arbeiter, über die Hälfte ist als Facharbeiter einzustufen; ehemalige Angestellte (etwa 5 %) und Selbständige (unter 1 %) spielen ebenso wie die Rentner (2,5 %) eine geringe Rolle. Die Lebenserwartung Wohnungsloser dürfte einer der düstersten Ausschnitte der Sozialstatistik sein, wenn sie darauf erstreckt würde.

Von den bei der Untersuchung befragten Personen hatten 15 % nie eine eigene Wohnung oder ein separates Zimmer, wenn man von der elterlichen Wohnung absieht. Bis auf ganz wenige Ausnahmefälle[9] bezogen sich die Wohnungsverluste der Befragten auf Mietwohnungen und gemietete Zimmer. Die Befragten hatten zu etwa 60 % zwischen 1981 und 1985 ihre Wohnungen verloren, die restlichen 40 % jedoch schon zwischen 1950 und 1980. Die Selbstaufgabe der Wohnung und die Kündigung durch den Vermieter hielten sich in etwa die

Waage, wobei sich allerdings der Anteil der Kündigungen in den letzten Jahren verdoppelt hat. Mehr als die Hälfte der Gekündigten führten einen Mietrückstand als Grund an, während die Eigenbedarfskündigung nur einen sehr geringen Anteil ausmachte. Unzumutbares Verhalten wurde etwa von einem Drittel der Befragten als Kündigungsgrund des Vermieters genannt. Nur bei etwa einem Sechstel der Gekündigten kam es zu einem Räumungsstreitverfahren, das dann ganz überwiegend mit der Räumung endete. Die Wohnungsaufgabe wegen Scheidung wurde nicht gesondert erfaßt.

Nach dem Wohnungsverlust ging etwa ein Fünftel in eine andere Stadt, etwa ein Sechstel auf die Straße, etwa ein Zehntel ins Ausland, auf See oder über die Jahrmärkte. Etwa ein Viertel kam in eine Einrichtung für »Nichtseßhafte«, in eine Justizvollzugsanstalt, in eine Therapieeinrichtung oder ins Asyl. Gut ein Viertel kam zunächst bei Freunden, Bekannten, Verwandten oder in einer anderen Wohnung unter.

II. Mietrecht und Wohnungsverlust

Bis auf ganz wenige Ausnahmen haben die Wohnungslosen, die eine Wohnung freiwillig oder unfreiwillig aufgegeben haben, in einem Mietverhältnis gestanden und sind durch den geltenden Mieterschutz nicht aufgefangen worden. Dabei erscheint dessen Netz weitgehend als feinmaschig gestrickt. Im Normalmietverhältnis gibt es Kündigungsschutz, Miethöheschutz, Räumungsschutz und Vollstreckungsschutz sowie am Ende noch die Möglichkeit der verwaltungsbehördlichen Einweisung. Die genauere Betrachtung ergibt jedoch ein weniger rosiges Bild.

1. Kündigungsschutz und Normalmietverhältnis

Aus dem Kündigungsschutz für das Normalmietverhältnis in § 564b des *Bürgerlichen Gesetzbuchs (BGB)* sind gerade sozial besonders schutzbedürftige Gruppen ausgegrenzt.

a) Kündigungsschutz bedeutet, daß der Vermieter dem Mieter

nicht ohne ein berechtigtes Interesse kündigen kann. Nach § 564b Abs. 7 *BGB* kann ein Vermieter jedoch auch ohne berechtigtes Interesse kündigen, wenn die Wohnung nur zum vorübergehenden Gebrauch vermietet worden ist, wenn es sich um möblierten Wohnraum in der Vermieterwohnung für eine(n) Alleinstehende(n) oder Wohnraum in einem Studenten- oder Jugendheim handelt. Es versteht sich, daß in solchen Mietverhältnissen gerade auch Mieter landen, die besonders von Wohnungslosigkeit bedroht sind.

b) Die vom Kündigungsschutz ausgenommenen möblierten *Alleinstehenden*, die innerhalb der Vermieterwohnung leben, sind also häufig von Wohnungslosigkeit bedroht. Wer keine abgeschlossene Wohnung zu erlangen vermag und in den Möbeln des Vermieters lebt, soll wegen der Unzuträglichkeit von Konflikten bei besonderer Enge des Zusammenlebens mit dem Vermieter[10] ohne Kündigungsschutz weichen. Hier wird besonders deutlich, daß das soziale Mietrecht den Schutz für den Mieter auf der untersten Stufe der sozialen Leiter verringert. Nur wenn der Vermieter für keine Möblierung sorgt, erhält der Mieter Kündigungsschutz. Insoweit kümmert sich die kompromißhafte gesetzliche Norm also nicht um die Nähe des Zusammenlebens. Aber selbst falls man der Erwägung zustimmt, daß bei Konflikten wegen allzu großer Nähe derjenige in schwächerer Rechtsstellung notfalls weichen muß, sollte doch das Vermieterbelieben für die Kündigung nicht genügen. Das bleibt freilich eine rein rechtspolitische Forderung. Die möblierten Alleinstehenden haben sich unter der Geltung des § 564b Abs. 7 *BGB* nur in ganz spärlichem Umfang wegen Kündigung zur Wehr gesetzt, wenn man die veröffentlichte Rechtsprechung zugrunde legt. So reicht es als Möblierung nach dem Amtsgericht Köln aus, wenn ein »komplettes Bett«, ein Schrank, ein Tisch mit zwei Stühlen, eine Lampe und eine Waschgelegenheit vorhanden waren.[11] Wer als Vermieter für einen solchen Mindestbestand sorgt, braucht danach den Kündigungsschutz für Mieter nicht zu fürchten.

c) Der hohe Anteil wohnungsloser junger Menschen bis zum Alter von fünfundzwanzig Jahren, die öffentliche Beratung in Anspruch nehmen, überrascht. Um so bedauerlicher ist es, daß es seit dem 1. Januar 1983 keinen Kündigungsschutz mehr für die *Bewohner von Studenten- und Jugendwohnheimen* gibt (§ 564 b Abs. 7 Nr. 3 *BGB*). Zuvor hatten sich die Gerichte überwiegend gesträubt, den Heimbewohnern den Kündigungsschutz zu versagen.[12] Damit war die Realisierung des Rotationsprinzips vor allem in den Studentenwohnheimen erschwert. Die völlige Beseitigung des Kündigungsschutzes gerade auch für Jugendwohnheime ist jedoch im Hinblick auf die bei vielen von ihnen fehlenden familiären Wohnungsmöglichkeiten, die meist sehr begrenzten finanziellen Mittel Jugendlicher und die besondere Gefahrensituation in einer noch nicht beruflich und familiär gefestigten Lebensphase rechtspolitisch nicht zu rechtfertigen.

d) Seit dem 1. Januar 1983 müssen auch Mieter, deren Mietverhältnis schon im *Vertrag auf eine bestimmte Zeit* begrenzt worden ist, gem. § 564 c *BGB* ihre Wohnung pünktlich räumen, wenn der Vermieter seine Eigennutzungs-, Sanierungs-, Modernisierungs- oder Abbruchsabsicht bei Vertragsabschluß mitgeteilt hat und bei Ablauf der Mietzeit darauf besteht. Vor allem in sanierungs- und abbruchreifen Wohnungen können nunmehr Vermieter Zeiten von bis zu fünf Jahren mit Mietern zweiter Klasse überbrücken. Diese können auch im Gegensatz zu Normalmietern nach Auslaufen der Mietzeit nicht den sog. Räumungsschutz in Anspruch nehmen, d. h. bei Gericht keine Räumungsfrist von einigen Monaten und eventuell bis zu einem Jahr wegen fehlender anderweitiger Wohnung beantragen.[13]

Verbreiterung des Angebots durch Auslastung leerstehenden Wohnraums war das erklärte Gesetzesziel.[14] § 564 c geht jedoch zu Lasten derer, die mangels Kündigungsschutz keine rechtlichen Mittel mehr haben, mit denen sie sich für die Erhaltung ihres preiswerten Wohnraums einsetzen könnten. Da aber die Wohnungsversorgung der Problemgruppen Kernaufgabe sozialstaatlicher Vorsorge ist, sollten die Mietverhältnisse in sanierungs- oder abbruchreifen Häusern nicht auch noch rechtlich als Vorstadien der Wohnungslosigkeit ausgestaltet sein. Die Wiedereinführung des Räumungsschutzes mit der Möglichkeit, daß der Richter eine Räumungsfrist für die Bewältigung von Übergangsproblemen der Mieter bewilligt, ist daher ein sozialstaatliches Mindestgebot.

e) Aber auch dort, wo Kündigungsschutz gewährt ist, greift er oft zu kurz. Ein Großteil der befragten Wohnungslosen hatte in seinen Mietverhältnissen *Rückstände*. Die Kündigung des Vermieters wegen Zahlungsverzugs kann gemäß § 554 *BGB* sogar fristlos und ohne Kündigungsschutz ausgesprochen werden, wenn der Mieter an zwei aufeinanderfolgenden Terminen jeweils auch nur einen Teil des Mietzinses nicht bezahlt hat und der Rückstand insgesamt den Mietzins für einen Monat übersteigt. Eine Mahnung ist nicht erforderlich.[15] Diese außerordentlich strenge Sanktion setzt kein vorwerfbares Verhalten des Mieters voraus, kann also auch dann zum Zug kommen, wenn der Mieter unverschuldet seinen Arbeitsplatz verliert oder eine größere Einkommensreduzierung hinnehmen muß. Denn der Schuldner hat stets für seine finanzielle Leistungsfähigkeit einzustehen.[16] Zwar kann der Mieter eventuell seinen Verzug nachträglich durch rechtzeitige Nachzahlung[17] oder Beibringung einer Zusage der (Stadt)gemeinde als Sozialhilfeträger heilen (§ 554 Abs. 1 Satz 2 und 3, Abs. 2 Nr. 2 *BGB*).[18] Wem dies nicht gelingt, der muß aber eine strengere Verzugsfolge hinnehmen als viele Kreditnehmer, deren Kredit nur bei größeren Rückständen insgesamt fällig gestellt werden kann.[19] Die ordentliche Kündigung mit normaler Kündigungsfrist wird sogar bei noch geringeren Rückständen zugelassen.[20] Die herrschende Auffassung[21], daß bei der ordentlichen Kündigung (anders als bei der fristlosen) der Mieter einen Verzug nicht durch nachträgliche Befriedigung oder die Beibringung einer sozialbehördlichen Einstandserklärung heilen kann, führt zu dem Widerspruch, daß nur bei größeren Rückständen und fristloser Kündigung eine nachträgliche Heilung und eine sozialbehördliche Absicherung zugelassen werden.[22] Dies ist auch dann, wenn man die Probleme der Wohnungslosigkeit nicht in den Vordergrund stellt, rechtssystematisch nicht zu rechtfertigen.[23] Bei der gegebenen Rechtslage und im Hinblick auf die noch aufzuzeigenden Probleme sozialbehördlicher Absicherung kann es somit nicht einfach psychischer Instabilität zugeschoben werden, wenn von Wohnungslosigkeit bedrohte Mieter vor Rückständen kapitulieren. Ohnehin konnten sich, wie die Untersuchung der Auswirkungen des *2. Wohnraumkündigungsschutzgesetzes* gezeigt hat,[24] bei den Kündigungen wegen Vertragspflichtverletzungen, die zu Gerichtsverfahren geführt haben, also auf besonders abwehrbereite Mieter gestoßen sind, nur etwa 15 % der betroffenen Mieter behaupten,[25] wobei davon auszugehen ist, daß dies bei der Kündigung wegen Zahlungsverzugs wegen der relativ klaren diesbezüglichen Gesetzeskriterien nur ein noch viel kleinerer Anteil geschafft hat.

f) Da ein nicht unbeachtlicher Teil der Wohnungslosen seine Wohnung nach einer *Kündigung wegen unzumutbaren Verhaltens* verloren hat, bedürfen die Kriterien der Rechtsprechung hierzu ebenfalls einer kurzen Sichtung. Je zügiger Gerichte die Kündigung nach § 564b Abs. 2 Nr. 1 *BGB* wegen Abweichung vom Normalverhalten für wirksam erklären, je weniger Integrationsbereitschaft sie vom Vermieter und von den anderen Mietern erwarten, desto mehr beschleunigt sich der Stigmatisierungsprozeß, der mit der Wohnungslosigkeit endet. Belästigungen[26] wie Beleidigungen, Tätlichkeiten, Drohungen, ungewöhnliche Lärmentfaltung und sonstige Störungen des Hausfriedens sind klassische Kündigungsgründe, die die anderen Vertragspflichtverletzungen, etwa wegen Vernachlässigung der Mietsache,[27] überwiegen. Ein Vergleich mit dem schwedischen Recht zeigt aber, daß die Sanktionen nach § 564b *BGB* die Ausgrenzung stärker fördern als das schwedische Recht. Dort ermöglicht das Mietgesetz dem *hyresnämnd*, einem Mieteinigungsamt, auf unzumutbares Verhalten auch in der Weise zu reagieren, daß der Mietvertrag mit verkürzten Vertrags- und Kündigungsfristen weitergeführt wird,[28] also der Hinauswurf durch Bewährung verhindert werden kann. Eine erhebliche Rückfallquote wird aus der Praxis der schwedischen Ämter nicht berichtet. In Schweden zeigt sich somit eine wesentlich höhere Bereitschaft, die vorhandenen Resozialisierungschancen auszuschöpfen. Insofern erscheinen § 564b Abs. 2 Nr. 1 und die deutsche Gerichtspraxis hierzu unter dem Gesichtspunkt des verfassungsrechtlichen Verhältnismäßigkeitsgrundsatzes[29] als bedenklich.

g) Ein gesondertes *Auffangnetz für Härtefälle* scheint die *Sozialklausel des § 556a BGB* bereit zu halten. Danach kann der Mieter einer auch unter Anwendung der allgemeinen Kündigungsschutzvorschriften gerechtfertigten Kündigung widersprechen und vom Vermieter die Fortsetzung des Mietverhältnisses verlangen, wenn die Beendigung des Mietverhältnisses für ihn und seine Familie eine Härte bedeuten würde, die auch unter Würdigung der berechtigten Interessen des Vermieters nicht zu rechtfertigen ist; eine Härte liegt insbesondere auch dann vor, wenn angemessener Ersatzwohnraum zu zumutbaren Bedingungen nicht beschafft werden kann (Abs. 1 Satz 2). Auf diese Vorschrift, die der Wohnungslosigkeit bei Einhaltung gewisser Formalien vorzubeugen erlaubt, können sich aber paradoxerweise wiederum die davon in erster Linie bedrohten, vom allgemeinen Kündigungsschutz ausgegrenzten Mieter von vornherein nicht berufen, also weder die Mieter mit Verträgen zur vorübergehenden Nutzung noch die möblierten alleinstehenden Mieter in Vermieterwohnungen (§ 556a Abs. 8 *BGB*) oder die Zeitmieter im Sinne des § 564c Abs. 2 *BGB*, also gerade nicht diejenigen in erklärtermaßen sanierungs- oder abbruchreifen Wohnungen. Nur den Bewohnern von Jugend- und Studentenwohnheimen kommt die Sozialklausel zustatten. Sieht man die Judikatur zu ihr durch, so findet man dann auch kaum Entscheidungen von Konflikten mit Mietern, denen ernsthafte Wohnungslosigkeit droht. Ältere Entscheidungen wollten immerhin einen Härtegrund anerkennen, wenn der Mieter eine angemessene Ersatzwohnung zum bisherigen Mietzins nicht bekommen und wegen seines geringen Einkommens und seiner schlechten wirtschaftlichen Verhältnisse keinen höheren Mietzins zahlen konnte.[30] Vorausgesetzt wird aber heute stets, daß der Mieter seiner sogenannten Ersatzraumbeschaffungsobliegenheit genügt,[31] also notfalls Anzeigen aufgegeben, Makler und Behörden eingeschaltet hat, um eine vergleichbare Wohnung zu erlangen, und seine grundsätzliche Bereitschaft gezeigt hat, auch einen höheren als den bisherigen Mietzins zu zahlen, falls er nicht erheblich über der ortsüblichen Vergleichsmiete liegt und dem Mieter wirtschaftlich zumutbar ist.[32] Wessen Einkommen nicht ausreicht, der muß auch eine Wohnung mit schlechterem Wohnwert anmieten.[33] Wer all dies rechtzeitig, aber ergebnislos versucht und der Kündigung rechtzeitig[34] und formgerecht[35] widersprochen hat, kommt dann in den Genuß der Fortführung des Mietverhältnisses aus Härtegründen, wenn er nicht zu den ohnehin ausgegrenzten Problemgruppen gehört. In Wahrheit kommt die Sozialklausel also eher Mietern zugute, die weniger die Wohnungslosigkeit, als beträchtliche Ungelegenheiten zu ertragen hätten, beispielsweise denen, die zu einem kurzfristigen Zwischenumzug gezwungen wären, aber eine andere Wohnung schon haben.[36] Rechtspolitisch wäre die Sozialklausel aber gerade für die Mieter vonnöten, die schon den Kündigungsschutz des Normalmietverhältnisses entbehren müssen; außerdem wäre sie so auszugestalten, daß nicht die ohnehin am meisten von Resignation bedrohten Mieter besonders weitreichende Aktivitäten im Umgang mit Vermietern und Vermittlern zu entfalten haben.

h) Ohne gesetzgeberische Intervention hat in den letzten Jahren die Rechtsprechung unter Führung des Bundesgerichtshofs (BGH) den *Kündigungsschutz bei Zwischenvermietungen gelockert*. Wird Wohnraum vom Eigentümer an einen Zwischenvermieter vermietet, etwa an die Verwaltungsgesellschaft einer Bauherrengemeinschaft oder an ein gemeinnütziges Unternehmen einer Kommune, dann handelt es sich insoweit nach der Rechtsprechung des BGH um Geschäftsraummiete ohne Kündigungsschutz.[37] Vermietet der Zwischenvermieter an die eigentlichen Wohnungsnutzer weiter, dann haben diese zwar Kündigungsschutz gegenüber dem Zwischenvermieter, nicht aber gegenüber dem Eigentümer, der das Hauptmietverhältnis regelmäßig durch Kündigung beenden und Herausgabe der Wohnung auch von dem Untermieter verlangen kann, wenn diesem die Zwischenvermieterrolle seines Vertragspartners bekannt war.[38] Nun werden in solchen zwischenvermieteten Wohnungen weitgehend auch anspruchsvolle Mieter wohnen, so etwa in den Eigentumswohnungen von Bauherrenmodellen. Wo jedoch kommunale Wohnungsunternehmen als Zwischenvermieter auch an Personen vermieten, die sonst schwer unterzubringen sind, oder wo die Plätze in Studenten- und Jugendwohnheimen über einen Zwischenvermieter vergeben werden, entsteht die Gefahr des Wohnungsverlusts auch für diejenigen, die keine Alternative haben. Gegenüber dem Herausgabeanspruch eines Eigentümers nach Beendigung seines Vertragsverhältnisses mit dem Zwischenvermieter kann ein Betroffener, etwa ein Jugendlicher in einem umgewidmeten Jugendwohnheim, nicht einmal geltend machen, er sei ein Härtefall,[39] denn darauf kann er sich nur gegenüber dem Zwischenvermieter als seinem Mietvertragspartner berufen. Der BGH ist auf diese Konsequenzen seiner Rechtsprechung mit keinem Wort eingegangen.

2. Kündigungsschutz und Miethöheschutz

Dem Kündigungsschutz muß prinzipiell Miethöheschutz zur Seite stehen, da sonst die Kündigungen beliebig durch Mieterhöhungen und Zahlungsrückstände ausgelöst werden könnten. Demgemäß begrenzt das *Miethöhegesetz (MHG)* für freifinanzierten Wohnraum Mieterhöhungen grundsätzlich nach dem Vergleichsmietenprinzip, so daß die Anhebung der Miete zeitlich und betragsmäßig, nämlich nach dem Niveau der ortsüblichen Vergleichsmiete, begrenzt und zudem die Kappungsgrenze von 30 % einzuhalten ist (§ 2 *MHG*). Nach dieser ist eine weitergehende Mietanhebung ausgeschlossen, jedenfalls bis zum nächsten Mieterhöhungsverfahren nach gut einem Jahr. Daneben gibt es allerdings Sondermieterhöhungen bei Betriebskosten, wegen Modernisierungen und Kapitalkostensteigerungen (§§ 3 bis 5 *MHG*). Problemgruppen, die keinen Kündigungsschutz genießen, fallen aber auch aus dem Miethöheschutz heraus (§ 10 Abs. 3 *MHG*). Eine Sonderstellung nehmen hier jedoch die Zeitmieter ein, bei denen eine Erhöhung der vereinbarten Miete gem. § 1 Satz 3 *MHG* ausgeschlossen ist, falls nichts anderes vereinbart wird.[40]

3. Der Räumungsschutz

Wer seine Wohnung nach einer Kündigung oder dem Auslaufen der Mietzeit räumen muß, kann grundsätzlich vom Mietrichter bei Einhaltung einer Antragsfrist noch eine *Räumungsfrist* erhalten, wenn es zum Räumungsprozeß gekommen ist und dieser durch ein Urteil oder einen Vergleich beendet wird (Räumungsschutz nach den §§ 721, 794a *ZPO*). Die Bewilligung einer Räumungsfrist steht im Ermessen des Gerichts, setzt ebenfalls eine hinreichende Bemühung um Ersatzwohnraum voraus[41] und kann sich auf einen Teil der zu räumenden Wohnung beschränken.[42] Die Frist kann praktisch zwischen einem Monat[43] und einem Jahr[44] betragen. Bei der Entscheidung über die Räumungsfrist sind auch die Gläubigerinteressen mit zu berücksichtigen. Keinerlei Räumungsschutz genießt der Mieter, der nur auf bestimmte Zeit gemietet hat (§ 564c Abs. 2 *BGB*).

4. Der Vollstreckungsschutz

Wer keine Räumungsfrist erhalten, einen rechtzeitigen Antrag versäumt oder die Räumungsfrist ausgeschöpft hat, kann dann allenfalls noch Vollstreckungsschutz gem. § 765a *ZPO* erwirken. Das Vollstreckungsgericht kann danach die Räumung untersagen oder einstweilen verhindern, wenn sie »unter voller Würdigung des Schutzbedürfnisses des Gläubigers wegen ganz besonderer Umstände eine Härte« bedeuten würde, »die mit den guten Sitten nicht vereinbar ist«. Die auf der Basis dieser Vorschrift ergangene Rechtsprechung macht deutlich, daß mit ihr nur begrenzte Übergangsprobleme gelöst werden. Die wichtigste Fallgruppe betrifft Mieter, die sich schon eine neue Wohnung oder einen Heimplatz gesichert haben, aber für eine Zwischenzeit obdachlos würden.[45] Außergewöhnliche Umstände wie eine Entbindung,[46] sehr hohes Alter[47] oder besonderer Kinderreichtum[48] erhöhen die Aussichten des Schuldners auf Vollstreckungsschutz. Die Gruppe, die real von Obdachlosigkeit bedroht ist, kann sich über § 765 a *ZPO* kaum helfen. Für sie gilt vielmehr die Grundaussage der Rechtsprechung[49] aus Zeiten mit allgemein schwieriger Wohnungsmarktlage, daß es noch keinen Anlaß für eine Vollstreckungsschutzmaßnahme darstellt, wenn eine Ersatzwohnung fehlt.

5. Der Schutz der Nichtmieter

Dieses fein abgestufte System von Kündigungsschutz, Miethöheschutz, Räumungsschutz und Vollstreckungsschutz droht außer den jeweils ausgegrenzten Problemgruppen vor allem weitgehend diejenigen zu verfehlen, die sich nicht als Mieter (und damit als Besitzer) in einer Wohnung aufhalten. Kündigt der Vermieter seinem Mieter und erwirkt gegen ihn ein Räumungsurteil oder einen Prozeßvergleich über die Räumung, also einen sog. Räumungstitel, so genügt dies auch für die Räumungsvollstreckung gegen den Ehegatten des Mieters,[50] seine Kinder, seine Pflegepersonen,[51] Besucher und Gäste.[52] Ob es zur Räumungsvollstreckung eines Vermieters gegen den nichtehelichen Partner des Mieters eines gesonderten Titels bedarf, ist gegenwärtig noch umstritten, wird aber überwiegend verneint.[53] Eine Person, gegen die ohne einen gegen sie gerichteten Titel vollstreckt werden kann, kann weder Räumungs- noch Vollstreckungsschutz beantragen, da dieser nur dem jeweiligen Schuldner zusteht, gegen den der Titel gerichtet ist.[54] Allenfalls kann der Schuldner selbst einen Antrag auf Umstände stützen, die die anderen Personen in seiner Wohnung betreffen. Auch vom geltenden Recht her zu legitimieren ist es jedenfalls, daß man für die Räumungsvollstreckung einen Titel gegen jeden selbständigen Bewohner, insbesondere auch einen (nicht)ehelichen Partner fordert, der Besitz oder Mitbesitz an der Wohnung hat. Zumindest bei ihnen sollte die Vorwarnung vor einem Wohnungsverlust die Chance sichern, rechtzeitig Ersatzwohnraum zu finden.

Viel häufiger wird der Wohnungsverlust dem Nichtmieter allerdings von demjenigen drohen, der ihn in seine Mietwohnung aufgenommen hat. Selbst ein nichtehelicher Partner hat in der vom anderen Mieter gemieteten Wohnung nach ganz herrschender Auffassung keinerlei Kündigungsschutz.[55] Er kann bei Unstimmigkeiten hinausgesetzt werden, ohne daß ihm irgendein Recht zum Besitz zuerkannt wird. Verlangt der Partner, der Mieter ist, vom anderen Räumung, so gibt die Rechtsprechung seiner Klage unter Bezug auf einen Anspruch aus ungerechtfertigter Bereicherung statt,[56] wobei freilich Räumungsschutz und Vollstreckungsschutz nicht ausgeschlossen sind.[57] Wer von seinem Partner einfach eigenmächtig auf die Straße gesetzt wird, kann Wiedereinräumung des Besitzes verlangen.[58] Dabei ist aber Voraussetzung, daß er selbst zumindest Mitbesitzer der Wohnung war, d. h. nach der sozialen Anschauung als gleichberechtigter Besitzer der Wohnung anzusehen war, schon etwa aufgrund eines gemeinsamen Türschildes. Das ist auch bei nichtehelichen Partnern keineswegs selbstverständlich und bei sonst ohne Mietvertrag in die Wohnung aufgenommenen Personen eher die Ausnahme. Rechtspolitisch ist hier eine gesetzliche Regelung zu fordern, die bei längerem Zusammenleben in einer Wohnung eine gerichtliche Verteilung ermöglicht. Die Anerkennung sozialer Gemeinschaften auch außerhalb von Ehe und Familie sollte nicht mit der Hypothek willkürlicher Möglichkeiten zum Hinauswerfen des anderen belastet bleiben.

6. Das polizeiliche Eingreifen

Wie gezeigt, rekrutieren sich die Obdachlosen zum größten Teil aus dem Kreis der Mieter. Wer in einer Mietwohnung wohnt und von Obdachlosigkeit bedroht ist, kann schließlich, wenn private Schutzrechte nicht mehr helfen, noch auf ein ordnungsbehördliches Eingreifen hoffen. Traditionell wird die Obdachlosigkeit als Störung der öffentlichen Ordnung angesehen.[59] Die Gemeinden können demgemäß aufgrund der polizeilichen Generalklauseln notfalls präventiv den von Obdachlosigkeit Bedrohten in eine Privatwohnung einweisen, wobei die bisherige Mietwohnung zuvörderst in Betracht kommt. Das Dilemma solcher Einweisungen besteht jedoch darin, daß der Wohnungseigentümer und der Vermieter nicht als Störer angesehen werden können, woraus seit der Aufhebung der Wohnraumbewirtschaftung immer weitergehende Einschränkungen für Einweisungsverfügungen abgeleitet worden sind. Im Falle der Einweisung eines Räumungsschuldners in einen Teil der bisher von ihm bewohnten Räume hat schon vor Jahrzehnten der BGH verlangt, daß die Behörde vom Tag der Einweisung an sinnvolle und zweckentsprechende Maßnahmen einleitet, die Gewähr dafür bieten, daß der Obdachlose alsbald, längstens aber in sechs Monaten, anderweitig untergebracht werden kann.[60] Inzwischen leitet der Bayerische Verwaltungsgerichtshof[61] aus dem Grundsatz der Verhältnismäßigkeit ab, daß die Einweisungsfrist auf den bei größter Anstrengung der Gemeinde unvermeidbaren Zeitraum begrenzt wird; dieser soll äußerstenfalls zwei Monate betragen. Im neueren Schrifttum wird bereits die Auffassung vertreten,[62] es sei ermessensfehlerhaft, wenn ein Obdachloser trotz anderwärts freistehender Räume bei einem Wohnungsinhaber (wieder) eingewiesen wird, der zuvor ein zivilgerichtliches Räumungsurteil erstritten hat. Wenn also in größeren Gemeinden leerstehender, zumeist wegen hoher Baukosten unrentabler oder noch nicht marktgängiger Wohnraum nachweisbar ist, scheidet eine ordnungsbehördliche Einweisung ohne Zustimmung des betroffenen Eigentümers hier praktisch aus. Die ordnungsbehördliche Intervention unter Inanspruchnahme von Privatwohnungen ist daher im Hinblick auf die rechtlichen Schwierigkeiten, die eine Gemeinde bei ihr zu erwarten hat, ein theoretisches Relikt aus Zeiten eines geringeren Wohnungsbestandes, das heute weitgehend nur noch auf dem Papier steht. Mit der Unterbringung in kommunalen Obdachlosenwohnungen aber setzt sich regelmäßig ein Stigmatisierungsprozeß fort, in dessen Verlauf die Fähigkeit zu eigener Vorsorge der Betroffenen schwindet. Wer nur aus Armutsgründen seine Mietwohnung verloren hat, sollte somit nicht eingewiesen, sondern wieder in einer Mietwohnung untergebracht werden.

Im Hinblick auf die Probleme der Unterbringung von Aus- und Übersiedlern ist in den letzten Monaten immer wieder eine ordnungsbehördliche Einweisung gefordert worden. Daß die betroffenen Wohnungseigentümer sich dagegen bei den Verwaltungsgerichten wehren könnten, ist jedoch aufgrund der erörterten Rechtsprechung wahrscheinlich. Die Gemeinden haben darum auch kaum von ihren ordnungsbehördlichen Eingriffsbefugnissen Gebrauch gemacht.

III. Sozialhilfe, Wohngeld und Wohnungslosigkeit

Soweit nur die Finanzierung der Wohnung Schwierigkeiten bereitet, Arbeitseinkommen, Arbeitslosengeld und Arbeitslosenhilfe nicht ausreichen, scheint die Sozialhilfe[63] eine verläßliche Sicherung vor Wohnungslosigkeit zu sein. Vorgeschaltet ist ihr noch die Wohngeldgewährung nach dem *Wohngeldgesetz (WoGG)*, das einen (nicht rückzahlbaren) Zuschuß je nach Höhe des Einkommens und der Miete oder Belastung vorsieht, wobei jedoch Höchstbeträge für Miete und Belastung angesetzt sind (§ 8 *WoGG*). Gerade für die von Wohnungslosigkeit Bedrohten besteht insoweit das Dilemma, daß ihnen häufig auch in älteren und bescheideneren Wohnungen ein Entgelt mit einer Art Risikozuschlag abverlangt wird und sie so leicht über die Höchstbeträge der Tabelle des § 8 *WoGG* hinausgeraten. Außerdem sind nur Mieter, Eigentümer und vergleichbare Berechtigte als Wohngeldbezieher für sich und ihre Familien vorgesehen (§ 3 und 4 *WoGG*). Wer also einen von Wohnungslosigkeit bedrohten Dritten einfach in seine Wohnung aufnimmt, muß eine Reduzierung seines etwaigen Wohngeldanspruchs gem. § 7 Abs. 3 *WoGG* hinnehmen. Insgesamt erübrigen die Zuschüsse für vorhandene Mietwohnungen also ihrer Struktur nach[64] nicht den Rückgriff auf die Sozialhilfe, von der sie als bedarfsmindernd abgezogen werden.[65] Über entstandene Schulden helfen sie ohnehin nicht hinweg. Das Wohngeld verhilft also nicht zu einer Wohnung.

1. Die Bezahlung der Unterkunft als Hilfe zum Lebensunterhalt

Die Hilfe zum Lebensunterhalt gem. den §§ 11 ff *Bundessozialhilfegesetz (BSHG)* umfaßt auch die Unterkunftskosten (§ 12 *BSHG*). Sie werden in Höhe der laufenden Aufwendungen geleistet; übersteigen sie jedoch einen der Besonderheit des Einzelfalles angemessenen Umfang, so sind sie nur solange anzuerkennen, als es dem Hilfeempfänger nicht möglich oder zuzumuten ist, die Aufwendungen zu senken, sei es etwa durch einen Wohnungswechsel oder durch Vermietung (§ 3 Abs. 1 *VO* zu § 22 *BSHG*).

Die Angemessenheit von Mieten kann nicht strikt nach den Höchstbeträgen des § 8 *WoGG* beurteilt werden, zumal sie der Mietentwicklung regelmäßig hinterherhinken.[66] Das kann aber auch bei den Mietpreisspiegeln der Fall sein, so daß unter Umständen die Sozialhilfebehörden die neuere Marktentwicklung feststellen müssen. Eine Kürzung der Sozialhilfe auf den angemessenen Betrag[67] scheidet aus, wenn ein Umzug – etwa bei einem alten Menschen – nicht mehr zumutbar ist und auch eine anderweitige Mietreduzierung nicht in Frage kommt. Ferner kann eine vorübergehende Überschreitung der angemessenen Unterkunftskosten – etwa wegen der mit einem alsbaldigen Umzug verbundenen Schulprobleme für Kinder – geboten sein. Schließlich zählen zu den Unterkunftskosten auch die zur Beschaffung einer Unterkunft notwendigen Kosten,[68] zu denen auch Maklergebühren, Abstandszahlungen und Kautionsleistungen gehören können.[69] Soweit Sozialhilfebehörden etwa eine Maklerprovision verweigern, um Wohnungssuchende vom Abschluß von Maklerverträgen abzuhalten, kann der Verwaltungsrechtsweg gerade von solchen Personen kaum mit Erfolg beschritten werden, die zu den Problemgruppen des Wohnungsmarkts gehören und daher besondere Schwierigkeiten bei der Wohnungssuche haben. Ein Umzug ist notwendig, wenn ein Räumungsurteil vorliegt,[70] aber auch wenn vom Vermieter eine wirksame Kündigung ausgesprochen und die Kündigungsfrist abgelaufen ist. Er kann ferner bei schweren Familienkonflikten erforderlich sein. Auch darf der Träger der Sozialhilfe die Gewährung von Umzugskosten nicht verzögern, bis er Einvernehmen mit einem anderen Träger der Sozialhilfe hergestellt hat.[71] Was den Raumbedarf angeht, so sind grundsätzlich die Wohnungsgrößen des sozialen Wohnungsbaus die Richtschnur,[72] so daß in der Vergangenheit regelmäßig für Alleinstehende eine Wohnungsgesamtgröße von 40 bis 45 qm anzuerkennen war.

Im übrigen ist für Behinderte Eingliederungshilfe zur Wohnungsbeschaffung und -erhaltung nach § 40 Abs. 1 Nr. 6a *BSHG* vorgesehen, etwa für den Einbau eines behindertengerechten Wohnungszugangs. Als weitere Hilfe in besonderen Lebenslagen kommt diejenige zur Überwindung besonderer sozialer Schwierigkeiten gemäß § 72 *BSHG* in Betracht, gerade auch bei den sogenannten Nichtseßhaften, insbesondere wenn die Versorgung mit einer Wohnung über den Markt versagt.[73] Auch die Altenhilfe nach § 75 *BSHG* kann Maßnahmen zur Beschaffung und Erhaltung einer Wohnung umfassen, die den Bedürfnissen des alten Menschen entspricht, etwa durch Beratung oder altersgerechte Wohnungsausstattung.[74]

Die hier zusammengefaßten Grundsätze zur Konkretisierung des *BSHG* sind allerdings kaum höchstrichterlich abgesichert und demgemäß auch nur zum Teil für die Praxis bestimmend.[75] Soweit eine Sozialhilfebehörde etwa keine Kaution von zwei Monatsraten gewährt, obwohl sie von den in Betracht kommenden Vermietern gefordert wird, müßte der Sozialhilfeempfänger den Rechtsweg beschreiten und bei entsprechender Dringlichkeit einstweiligen Rechtsschutz anstreben. Dazu werden aber gerade viele von Wohnungslosigkeit bedrohte oder wohnungslos gewordene Berechtigte trotz möglicher Prozeßkostenhilfegewährung kaum in der Lage sein.

Ein Spezialproblem sind die *Mietrückstände*, deretwegen der Vermieter unter den dargelegten Voraussetzungen fristlos oder fristgemäß kündigen kann. Grundsätzlich gehört zu den Unterkunftskosten im Sinne des § 12 *BSHG* nicht die Schuldentilgung. Zur Sicherung der Unterkunft ist allerdings nach § 15a *BSHG* eine Übernahme von Mietschulden durch den Sozialhilfeträger möglich. In einigen Großstädten versuchen die Sozialhilfeträger sich der Übernahme dadurch zu entledigen, daß sie es zum Räumungstermin und zur verwaltungsbehördlichen Einweisung kommen lassen. Die Einweisung nötigt die Gemeinde dann zur Zahlung eines Nutzungsentgelts,[76] nicht aber der Rückstände. Soweit die Wohnungseigentümer gegen dieses Vorgehen nichts einzuwenden haben oder die Einweisungen aufgrund entsprechender Abmachungen zwischen Gemeinden und großen Wohnungsunternehmen vollzogen werden, wird mit dem Übergang vom Miet- zum Nutzungsverhältnis ein Weg eingeschlagen, der zu einer unnötigen kostenmäßigen und seelischen Belastung des Mieters führt, da das Räumungsverfahren bis zu seinem Abschluß durchgezogen werden muß, um die Einweisung wegen drohender Obdachlosigkeit zu rechtfertigen. Aufgrund der Abneigung der Sozialhilfeträger gegen eine weiterreichende Übernahme von Mietrückständen[77] ist es auch möglich, daß sie den Mieter statt dessen auf eine neue Mietwohnung verweisen. Soweit in den Großstädten größere Vermieter, etwa gemeinnützige Wohnungsunternehmen, zur Aufnahme der von Obdachlosigkeit bedrohten Personen grundsätzlich bereit sind, sind Verträge zwischen ihnen und dem Sozialhilfeträger vonnöten, um das überflüssige Anwachsen von Mietrückständen und die nutzlose Abfolge von Räumungsprozeß, Vollstreckungsverfahren und Weiternutzung zu verhindern. Die Hilfegewährung zur Sicherung der Unterkunft nach § 15 a *BSHG* setzt auch keineswegs voraus, daß bereits das Vollstreckungsverfahren läuft, sondern kann schon bei Androhung einer Kündigung greifen. Allerdings hat die Sozialhilfebehörde hier ein Ermessen. Die pflichtgemäße Ausübung des Ermessens soll insbesondere bei Familien mit minderjährigen Kindern oder bei einer erstmaligen Notlage auf eine Schuldenübernahme hinauslaufen, während Wiederholungen der Notlage insbesondere bei Alleinstehenden auch eine Versagung dekken.[78] Entsprechendes gilt bei Energieschulden. Wegen des behördlichen Ermessens kann der Sozialhilfeempfänger also mit der Übernahme nicht sicher rechnen und hätte bei einem Verwaltungsgerichtsprozeß somit erhebliche Risiken.

2. Die Einstandserklärung der Sozialhilfebehörde

Nicht im *BSHG* geregelt ist die Erklärung der Sozialhilfebehörde, für die Befriedigung von Vermieteransprüchen einzustehen. Sie ist jedoch in § 554 Abs. 2 Nr. 2 Satz 1 *BGB* erwähnt und kann danach, wie dargelegt, die Funktion haben, eine bereits ausgesprochene fristlose Kündigung wegen Zahlungsrückstands wieder unwirksam zu machen. Voraussetzung dafür ist allerdings, daß die Einstandserklärung bis zum Ablauf eines Monats nach Zustellung der Räumungsklage vorliegt und es sich nicht um einen Wiederholungsfall innerhalb von zwei Jahren handelt.[79] Da bei fristloser Kündigung die Räumungsklage sofort erhoben werden kann und unverzüglich zuzustellen ist,[80] muß der Mieter eine solche Einstandserklärung unter Umständen binnen wenig mehr als einem Monat seit der Kündigung beibringen. Daraus muß sich eine Berechtigung des Vermieters und eine Verpflichtung der Sozialhilfebehörde ergeben.[81] Sie muß sich auf den gesamten bis dahin aufgelaufenen Rückstand beziehen[82] und dem Gericht innerhalb der Frist vorliegen. Sie darf keine Einschränkungen enthalten, etwa den Vorbehalt, daß der Mietvertrag verlängert werden müsse.[83]

In der Praxis gelingt es den Mietern oft nicht, rechtzeitig eine solche Erklärung beizubringen. Die Gerichte sind zu einer Anzeige an das Sozialamt nicht verpflichtet und brauchen nach herrschender Auffassung vor einer Entscheidung nicht einmal die Schonfrist abzuwarten, in der eine Einstandserklärung eingehen könnte.[84] Der Mieter hat auch, wie dargelegt, gemäß § 15a *BSHG* nur einen Anspruch auf Übernahme der Rückstände nach pflichtgemäßem Ermessen und kann sich gegen eine ermessensfehlerhafte Versagung wohl kaum jemals vor einem Verwaltungsgericht noch so rechtzeitig wehren, daß er damit die Kündigung noch entkräften könnte. Wegen der mietrechtlichen Frist ist die Sozialhilfebehörde aber gehalten, ihre Ermessensentscheidung noch rechtzeitig zu treffen und bei Gefahr des Verzuges auch dem Gericht zu übermitteln. Es bleibt dabei, daß nur der besonders aktive und gewandte Mieter von dem gesetzlichen Abwehrrecht gegen die Kündigung wird Gebrauch machen können, solange keine diesbezügliche Koordination zwischen Mietgerichten und Sozialämtern stattfindet.

3. Zur Sonderbehandlung Wohnungsloser in der sozialhilfebehördlichen Praxis

Wohnungslose unterliegen hinsichtlich ihrer Versorgung mit einer Unterkunft besonderen Restriktionen. Teilweise erhalten sie von der angegangenen Sozialhilfebehörde anstelle einer Unterkunft eine Fahrkarte, um in eine andere Stadt zu reisen. Diese sogenannte vertreibende Hilfe ist illegal, findet aber ungeachtet ihrer periodischen Anprangerung[85] immer noch statt. Die Betroffenen fügen sich dieser Behandlung bei Fehlen hinreichender sozialer Kontakte auch dann oft widerspruchslos, wenn sie aus der Region stammen, die sie verlassen sollen. Effektive Sanktionen gegen diese Mißstände fehlen. Insofern ist die Einführung einer Strafdrohung zu erwägen.

Arbeitslose und mittellose Männer[86] ohne Wohnung können trotz ihrer sozialhilferechtlichen Ansprüche in der Praxis kaum ohne weiteres eine Mietwohnung finden, weil sie von den Vermietern schon aufgrund ihrer Mittellosigkeit nicht akzeptiert werden und die Sozialhilfebehörden finanzielle Aufwendungen zur Erlangung einer Wohnung nicht im erforderlichen Umfang übernehmen, so weder die Kosten einer Möblierung noch den in höheren Mieten oder Kautionen enthaltenen Risikozuschlag des Vermieters. Dementsprechend müssen solche Wohnungssuchende erst Gemeinschaftseinrichtungen und -unterkünfte durchlaufen, um sich darin als mietfähig zu erweisen. Das entspricht zwar nicht dem *BSHG*, das in § 72 Abs. 2 vielmehr die Hilfe zur Überwindung solcher besonderen sozialen Schwierigkeiten ausdrücklich auf die Wohnungsversorgung erstreckt. Die Durchführungsverordnung zu § 72 *BSHG*[87] relativiert sie jedoch, insbesondere etwa § 4 der *VO*, der die sogenannten Nichtseßhaften unter anderem durch ihren Aufenthalt in einer Einrichtung für Nichtseßhafte definiert und diesen mit der Vorbereitung auf eine Teilnahme am »Leben in der Gemeinschaft«

legitimiert. Darin liegt nicht nur eine mit dem Ziel des *BSHG* nicht vereinbare Stigmatisierung,[88] sondern ein Anknüpfungspunkt für eine Zwangstherapie oder -sozialisierung vor der Erlangung einer Normalwohnung. § 8 der *VO* sieht in paralleler Weise Maßnahmen vor, die den Hilfeempfänger befähigen sollen, die Wohngewohnheiten seiner Umgebung anzunehmen. § 72 *BSHG* ist jedoch keine Grundlage dafür, die Sozialhilfegewährung durch Versorgung mit einer Normalwohnung von einer vorherigen Therapie abhängig zu machen. Diese Bestimmung für die Hilfe in besonderen Lebenslagen kann schon aus rechtssystematischen Gründen nicht so interpretiert werden, daß sie den besonders schutzwürdigen Sozialhilfeempfängern verweigert, was den übrigen zugestanden wird. Demgemäß dürfen die in § 8 der *VO* genannten Vorbereitungsmaßnahmen nur als ein zur Aufbringung der Wohnungsversorgungskosten zusätzlich hinzukommendes Mittel, den Hilfeempfänger in seine Umgebung zu integrieren, nicht aber als ein die finanzielle Hilfe einschränkender Vorbehalt verstanden werden.

Ein mittelloser Wohnungsloser hat somit Anspruch auf Tragung der Kosten einer Mietwohnung, auch wenn die Sozialhilfebehörde oder ein freier Träger zunächst eine Unterbringung in einem Heim für zweckmäßiger hält. Eine unfreiwillige Therapie kann nur nach den hierfür geltenden Gesetzen, insbesondere den *PsychKGs* der Länder angeordnet, nicht aber heimlich in die Sozialhilfegewährung verpackt werden.[89]

Der Überblick über den Bestand an miet- und ordnungsrechtlichen sowie sozialhilferechtlichen Normen hat gezeigt, daß das Netz gegen den Fall in die Wohnungslosigkeit durchaus keinen lückenlosen Schutz gewährt. Das Mietrecht beschränkt sich vielmehr allzu sehr auf den Schutz des normalen Mietverhältnisses. Das Ordnungsrecht trägt zu einer Stigmatisierung der Eingewiesenen bei, und das Sozialhilferecht leidet sowohl unter beträchtlichen Realisierungsdefiziten wie unter den besonderen Mißständen der vertreibenden Hilfe und des versteckten Therapiezwangs. Insoweit ist ein Umdenken erforderlich, um den Sozialstaat auch für das Wohnen von Menschen am untersten Rand der sozialen Skala zu verwirklichen.

IV. Der Katalog der Forderungen

Demgemäß möchte ich zum Abschluß einen Katalog von Forderungen formulieren, der sich in erster Linie an den Gesetzgeber und die Rechtsprechung richtet. Es wäre auch falsch, eine Umsetzung der notwendigen sozial- und rechtspolitischen Maßnahmen allein oder ganz primär von den kommunalen und gemeinnützigen Wohnungsunternehmen zu verlangen und die bedrohte Klientel hier zu konzentrieren, auch wenn zahlreiche Aufgaben bei diesen hängenbleiben werden. Vielmehr geht es generell um eine Sicherung des Normalmietverhältnisses für integrationsbedürftige Gruppen auch bei sonstigen privaten Vermietern, bei denen bisher der Ausstieg in die Wohnungslosigkeit begonnen hat. Dem einzelnen Vermieter wird bei Ausschöpfung der sozialstaatlichen Mittel keineswegs ein Verzicht auf Entgelte zugemutet; wohl aber wäre auf seiner Seite wie auf der der Mitmieter ein höheres Maß an Integrationsbereitschaft vonnöten als in der Vergangenheit. Mein Forderungskatalog lautet wie folgt:

1. Erstreckung des Kündigungsschutzes des § 564b *BGB* auf die bisher ausgegrenzten Mieter mit möblierten Zimmern und in Jugendwohnheimen sowie in sanierungs- und abbruchreifen Häusern,

2. Gewährung von Räumungsschutz nach den §§ 721, 794a *ZPO* für alle Zeitmietverhältnisse,

3. befristete Heilungsmöglichkeiten auch bei der ordentlichen Kündigung wegen Zahlungsverzugs im Falle nachträglicher Bezahlung oder Beibringung einer sozialbehördlichen Einstandserklärung,

4. Fortführung von Mietverhältnissen bei Kündigung wegen abweichenden Verhaltens mit Eröffnung von Bewährungsmöglichkeiten aufgrund richterlichen Gestaltungsakts,

5. Ausdehnung der Härteklausel des § 556 a *BGB* auch zugunsten der real von Wohnungslosigkeit bedrohten Mieter unter adäquater Begrenzung der »Ersatzraumbeschaffungsobliegenheit«,

6. Sicherung des Kündigungsschutzes auch bei Zwischenvermietungen,

7. Schutz aller selbständigen Bewohner mit Lebensmittelpunkt in einer Mietwohnung vor einer Vollstreckung ohne gegen sie gerichteten Titel,

8. Sicherung des Mietverhältnisses notfalls mit Mitteln der Sozialhilfe anstelle der ordnungsbehördlichen Einweisung für Personen, denen der Verlust ihrer Mietwohnung aus Armutsgründen droht,

9. vertragliche Absicherung der Zusammenarbeit zwischen Gemeinden und gemeinnützigen Wohnungsunternehmen bei der Unterbringung der von Wohnungslosigkeit Bedrohten zur Vermeidung überflüssiger Räumungsverfahren und -kosten,

10. Räumungs- und Vollstreckungsschutz durch die Familiengerichtsbarkeit für getrenntlebende und geschiedene Ehegatten, die aus der Wohnung ausziehen müssen, bis zum Nachweis einer Alternative,

11. Leistungen der Sozialhilfeträger nach den aktuellen Mieten des jeweiligen Wohnungsmarktes und einschließlich der notwendigen Maklergebühren, Abstandszahlungen und Kautionen sowie Möblierungshilfe,

12. Anspruchsberechtigung des von Wohnungslosigkeit bedrohten Sozialhilfeempfängers auf Übernahme von Mietrückständen im Rahmen des Verhältnismäßigkeitsgrundsatzes zur Sicherung der vorhandenen Mietwohnung,

13. Anspruch auf alsbaldige Abgabe einer entsprechenden sozialhilfebehördlichen Einstandserklärung zur Vermeidung eines Räumungsprozesses und -urteils und prozessuale Absicherung ihrer Berücksichtigung durch den Mietrichter,

14. Beseitigung der vertreibenden Hilfe sowie der unfreiwilligen Therapie vor der Versorgung mit einer Mietwohnung durch Zurückführung der Praxis von Sozialhilfebehörden und freien Trägern auf den Boden des Bundessozialhilfegesetzes.

Anmerkungen

1 Die Bundesarbeitsgemeinschaft (BAG) Nichtseßhaftenhilfe ging 1985 von einer Zahl von etwa 100000 alleinstehenden Wohnungslosen in der Bundesrepublik Deutschland aus. Rund 95% der Betroffenen waren Erwachsene, fast alle im erwerbsfähigen Alter. Die Altersgruppe der 35- bis 45-jährigen war am stärksten vertreten. Etwa 6% waren 65 Jahre und älter. Etwa 10 bis 15% traten als Stadtstreicher in Erscheinung. Siehe BAG, Grundsatzprogramm für die Nichtseßhaftenhilfe und die Arbeit der BAG-NH, 1986, S. 4.
2 Siehe zum älteren Schrifttum die Nachweise bei G. Albrecht, Die Nichtseßhaftigkeit, 1979. Siehe ferner in diesem Buch den Aufsatz von Maria Knauer.
3 Die Statistik bezieht sich auf das Jahr 1984, umfaßt aber auch einzelne Daten aus dem Jahr 1985.
4 Von 146 angesprochenen Personen lehnten nur 3 eine Befragung ab.
5 Von den 1983 bei der BAG-NH gemeldeten schätzungsweise 20000 Personen stellte die Gruppe der Frauen lediglich 240, also 1,2%. Für weit höhere Anteile sprechen die Ergebnisse von Erhebungen der Zentralen Beratungsstellen (ZBS).
6 Zum Mobilitätsverhalten wohnungsloser Frauen in der Bundesrepublik siehe W. Langer, Gefährdetenhilfe 2/1985, S. 31.
7 Zur Erklärung des »Defizitmenschen« siehe Holtmannspötter, Die Armut der Nichtseßhaften, Sonderheft Gefährdetenhilfe 1978, der den Satz des Dominikaners Lacordaire, Mitglied der französischen Nationalversammlung von 1848, zitiert: »Zwischen dem Starken und dem Schwachen, zwischen dem Reichen und dem Armen ist es die Freiheit, die unterdrückt, und das Gesetz, das freimacht.« In einer Gesellschaft mit patriarchalischen Strukturen, die den Männern größere Freiheit zuschreibt, entstehen daher unter ihnen auch eher »Versager«.

8 Zur regionalen Verteilung und Wanderung siehe etwa Specht, Die alleinstehenden Wohnungslosen in Hessen, Gefährdetenhilfe 3/85.

9 3 von 143 Befragten hatten ein eigenes Haus besessen.

10 So betonen etwa Schmidt-Futterer-Blank den Schutz des »Heimes« des Vermieters (B 571).

11 AG Köln, Wohnungswirtschaft und Mietrecht (WM) 1971, 1956; siehe auch Schopp, Zeitschrift für Miet- und Raumrecht (ZMR) 1975, 98.

12 OLG Bremen WM 1981; OLG Hamm, Neue Juristische Wochenschrift (NJW) 1981, 290.

13 Siehe § 721 Abs. 7 und § 794 a Abs. 5 Zivilprozeßordnung (ZPO) i. V. m. § 564 c Abs. 2 BGB.

14 Siehe Bundestags(BT)-Drucks. 9/2079 unter A II a.

15 Da die Fälligkeit des Mietzinses kalendermäßig bestimmt ist, erübrigt sich gem. § 284 Abs. 2 Satz 1 BGB die Mahnung; siehe Palandt-Putzo, BGB, 49. Aufl., § 554 Anm. 2b.

16 So die Rechtsprechung des Reichsgerichts (RG) und des Bundesgerichtshofs (BGH) als der obersten Zivilgerichte (siehe RG 100, 181; BGH 63, 130) aufgrund des § 279 BGB.

17 § 554 Abs. 1 BGB schließt die Kündigung wegen Zahlungsrückstands aus, wenn der Vermieter vor Ausspruch der Kündigung befriedigt wird. Für die Befriedigung durch Aufrechnung gilt gem. Abs. 1 Satz 3, daß sie noch unverzüglich nach Kündigung erklärt werden kann, wenn sie auch vorher erklärt werden konnte. § 554 ABs. 2 Nr. 2 erklärt die Kündigung für unwirksam, wenn bis zum Ablauf eines Monats nach Eintritt der Rechtshängigkeit des Räumungsanspruchs der Mietzinsanspruch und ein eventueller Entschädigungsanspruch befriedigt oder durch eine Einstandserklärung einer öffentlichen Stelle gedeckt wird. Voraussetzung ist aber, daß dies nicht zum zweiten Mal innerhalb von zwei Jahren geschieht.

18 Zu den Schwierigkeiten bei der Einholung einer sozialbehördlichen Einstandserklärung siehe unten V 2.

19 Vgl. etwa § 4 Abs. 2 Abzahlungsgesetz.

20 So etwa bei einem Rückstand von insgesamt einer halben Monatsmiete, wobei allerdings zum Teil bei schuldlosem Geldmangel keine ordentliche Kündigung erlaubt wird (siehe Palandt-Putzo, § 564 b Anm. 6 a bb und 6 b aa).

21 Siehe nur Emmerich-Sonnenschein, Miete, 4. Aufl. § 564 b Rdnr. 25.

22 Dies kann auch nicht damit gerechtfertigt werden, daß man bei § 564 b BGB im Gegensatz zu § 554 BGB schuldlosen Geldmangel voraussetzt (siehe dazu Fn 23). Denn dies ist eine weitere Systemwidrigkeit, weil ein schuldloser Einkommensmangel bei zwei aufeinanderfolgenden Terminen mit einem Rückstand von mehr als einer Monatsmiete danach nur die fristlose, nicht aber die fristgemäße Kündigung rechtfertigen würde. Ist der Einkommensmangel aber verschuldet, dann müßte der Vermieter bei einer fristlosen Kündigung wegen der Heilungsmög-

lichkeiten nach § 554 BGB stets auch die ordentliche Kündigung aussprechen.

23 Deswegen schlägt eine Mindermeinung vor, § 554 Abs. 1 Satz 2 und 3 sowie Abs. 2 Nr. 2 auch auf die ordentliche Kündigung anzuwenden, und zwar im Wege der sog. Analogie (AG Schöneberg WM 1978, 128; Derleder in: Alternativkommentar (AK) zum BGB, § 564 b Rdnr. 15).

24 Siehe den Bericht der Bundesregierung in BT-Drucks. 8/2610.

25 Bericht S. 26, Tabelle 12

26 Nach dem Bericht der Bundesregierung machen die Kündigungen wegen Belästigung etwa 33% der gerichtlich überprüften Kündigungen wegen Vertragsverletzungen aus (BT-Drucks. 8/2610, S. 22).

27 Die Vernachlässigungen der Mietsache betrafen nur etwa 9% der eingereichten Klagen (BT-Drucks. 8/2610, Anhang I, Tabelle 3).

28 Einzelheiten bei Sonja Krämer, Die Vermieterkündigung wegen Vertragspflichtsverletzung des Mieters im Rechtsvergleich zwischen schwedischem und deutschem Recht, unveröffentlichtes Manuskript, Bremen 1986, S. 77 ff.

29 Siehe dazu insb. das Bundesverfassungsgericht, BVerfF 19, 348 und 38, 368; kritisch zur Entwicklung des Verhältnismäßigkeitsprinzips Bäumlin-Ridder, in: AK-GG, Art. 20 Abs. 1–3 III Rdnr. 67 ff.

30 So insb. zwei Landgerichte, LG Mannheim ZMR 1974, 337; LG Aachen ZMR 1973, 115; andere Ansicht LG Karlsruhe ZMR 1973, 115.

31 Siehe dazu insbesondere Schmidt-Futterer-Blank, B 185, 315 ff.

32 Die Grenze der finanziellen Belastbarkeit wird von Schmidt-Futterer NJW 1971, 1829 auf höchstens 25% des Familiennettoeinkommens veranschlagt.

33 So ausdrücklich Schmidt-Futterer-Blank, B 185, 315 ff.

34 Nach § 556 a Abs. 6 BGB kann der Vermieter die Fortsetzung des Mietverhältnisses ablehnen, wenn der Mieter den Widerspruch nicht spätestens zwei Monate vor der Beendigung des Mietverhältnisses dem Vermieter gegenüber erklärt hat. Hat der Vermieter jedoch nicht rechtzeitig vor Ablauf der Widerspruchsfrist einen Hinweis auf sie erteilt, so kann der Mieter den Widerspruch noch im ersten Termin des Räumungsrechtsstreits erklären.

35 Nach § 556 a Abs. 5 BGB bedarf die Erklärung des Mieters, mit der er der Kündigung widerspricht und die Fortführung des Mietverhältnisses verlangt, der schriftlichen Form.

36 Siehe dazu auch schon LG Mannheim NJW 1964, 2307; AG Köln WM 1972, 130; LG Mannheim WM 1976, 269; AG Münster WM 1978, 51; AG Bochum WM 1979, 256.

37 Siehe die Rechtsprechung seit BGH NJW 1981, 1377.

38 BGH 84, 90.

39 Es gelten aber die Räumungsschutzvorschriften der §§ 721, 794 a ZPO (siehe AG Stuttgart WM 1974, 180).

40 Auch ein formularmäßiger Erhöhungsvorbehalt wird jedoch weitge-

hend anerkannt (Schmidt-Futterer-Blank C33; a.A. AG Braunschweig WM 1982, 299).

41 Siehe nur Zöller-Stöber, ZPO, 15. Aufl., § 721 Rdnr. 5 mit weiteren Nachweisen.

42 LG Lübeck, Schleswig-holsteinische Anzeigen 1967, 151.

43 Eine kürzere Frist wird regelmäßig abgelehnt, siehe nur Zöller-Stöber a.a.O.

44 Die Höchstdauer von einem Jahr gem. § 721 Abs. 5 Satz 1 ZPO soll bei der Erstbewilligung allerdings nicht ausgeschöpft werden (LG Wuppertal NJW 1966, 260), sondern darf danach allenfalls bei Verlängerungen gem § 721 Abs. 3 ZPO erreicht werden. Was § 721 ZPO für Räumungsurteile vorsieht, gilt gem. § 794a ZPO in entsprechender Weise bei einem Räumungsvergleich.

45 Siehe nur AG Köln WM 1970, 155; LG Braunschweig WM 1973, 82; LG Münster ZMR 1978, 220.

46 OLG Frankfurt, Rechtspfleger 1981, 24.

47 LG Aachen, WM 1971, 31; AG Lübeck WM 1970, 67.

48 LG Aachen, WM 1973, 174.

49 OLG Oldenburg NJW 1961, 2119; LG Göttingen MDR 1967, 8477.

50 Siehe zur Auslegung des hier maßgeblichen § 885 ZPO Baumbach–Lauterbach–Hartmann, ZPO, 44. Aufl., § 885 Anm. 1 B b m.w.N. Nur wenn beide Ehegatten Mietvertragspartner sind, bedarf es eines Räumungstitels gegen beide, siehe Thomas–Putzo, ZPO, 15. Aufl., § 885 Anm. 2b. Zum Fall des Getrenntlebens siehe LG Münster, Monatsschrift für deutsches Recht (MDR) 1973, 934.

51 Baumbach–Lauterbach–Hartmann, § 885 Anm. 1 B b.

52 AG Hannover DGVZ 1973, 158; Thomas–Putzo, § 885 Anm. 2b.

53 Dafür Baumbach–Lauterbach–Hartmann, § 885 Anm. 1 B c; dagegen Thomas-Putzo, § 885 Anm. 1 b; Zöller–Stöber, § 885 Rn. 5.

54 Das ergibt sich aus dem Wortlaut der §§ 721, 794a, 765a ZPO.

55 de Witt–Huffmann, Nichteheliche Lebensgemeinschaft, 2. Aufl. Rdnr. 117.

56 LG Wiesbaden, Zeitschrift für das gesamte Familienrecht (FamRZ) 1960, 152; AG Köln ZMR 1964, 275.

57 So jedenfalls de Witt–Huffmann Rdnr. 117.

58 Vgl. aber AG Bruchsal NJW 1981, 1674.

59 Bundesverwaltungsgericht (BVerwG), Deutsches Verwaltungsblatt 1964, 356.

60 BGH 35, 27.

61 Bayerische Verwaltungsblätter (BayVBl.) 1984, 116; das Oberverwaltungsgericht (OVG) Berlin NJW 1980, 2484 ist bei Wohnungen gemeinnütziger Wohnungsunternehmen großzügiger.

62 Arndt–Köpp–Oldiges–Schenke–Sewald–Steiner, Besonderes Verwaltungsrecht, 1984, II 111 Anm. 240.

63 Zu den Koordinationsproblemen bei Arbeitslosengeld- bzw. -hilfege-

währung einerseits und Sozialhilfegewährung andererseits siehe Putz, Informationen zum Arbeitslosenrecht und Sozialhilferecht, 1/1986, S. 4ff.

64 Zu ihrer Höhe siehe die Tabellen zum Wohngeldgesetz in der jeweiligen Fassung.

65 Streitig ist, ob eine Aufteilung des dem Haushaltsvorstand zustehenden Wohngelds auf die Haushaltsmitglieder möglich ist; dafür Schulte–Trenk–Hinterberger, BSHG, 1984, § 77 Anm. 4.

66 Hofmann, in: Lehr- und Praxiskommentar zum BSHG (LPK), § 12 Rdnr. 13.

67 Siehe dazu OVG Berlin, Fürsorgerechtliche Entscheidungen der Verwaltungs- und Sozialgerichte (FEVS) 26, 329.

68 VGH Baden-Württemberg 22, 16.

69 LPK-BSHG-Hofmann, § 12 Rn. 27.

70 Hofmann, a. a. O.

71 VGH Baden-Württemberg FEVS 32, 147.

72 Mergler–Zink, BSHG, 4. Aufl., 1984, § 12 Rdnr. 16.

73 Diese Hilfe ist gem. § 72 Abs. 1 Satz 2 BSHG allerdings nachrangig. Jedoch gewährt § 72 BSHG ggfs. über § 15a BSHG hinaus einen Anspruch auf Übernahme von Mietrückständen, so jedenfalls LPK-BSHG-Roscher, § 72 Rn. 24 (str.). Zur Gewährung von Hilfe für mißhandelte Frauen in Frauenhäusern nach dieser Bestimmung siehe ebenfalls Roscher, a. .a. O.

74 Zum Vorrang der Erhaltung der Wohnsituation insoweit OVG Berlin FEVS 22, 358.

75 Dokumente zur Nichteinhaltung des BSHG finden sich bei Roscher, Gefährdetenhilfe 1986, S. 95.

76 Diese Verpflichtung ergibt sich aus den ordnungsrechtlichen Vorschriften über die Inanspruchnahme eines Nichtstörers nach den jeweiligen Landesgesetzen, siehe § 56 Bremisches Polizeigesetz (Brem, GBI. 1983, 141).

77 Siehe etwa die fachliche Weisung zu § 15a BSHG für Hamburg; danach ist die Mietschuldenübernahme für Alleinstehende und kinderlose Ehepaare nur in besonderen Ausnahmefällen (Alter, Krankheit, Behinderung) möglich.

78 Vgl. LPK-BSHG-Birk, § 15a Rn. 12; OVG Berlin FEVS 29, 229.

79 Genauer bedeutet das: Eine Kündigung bleibt nach § 554 Abs. 2 Nr. 2 Satz 2 BGB trotz rechtzeitiger Einstandserklärung wirksam, wenn ihr vor nicht länger als zwei Jahren bereits eine durch rechtzeitige Befriedigung oder Einstandserklärung unwirksam gewordene Kündigung vorausgegangen ist, s. o. Fn. 20.

80 Siehe §§ 495, 271 ZPO.

81 Nach dem Wortlaut des § 554 Abs. 2 Nr. 2 Satz 1 BGB kommen auch andere öffentliche Stellen in Betracht, zu denen zum Teil auch die christlichen Kirchen gerechnet werden.

82 Emmerich–Sonnenschein, Miete, § 554 Rdnr. 16.

83 LG Darmstadt, Freie Wohnungswirtschaft (FWW) 1970, 377.

84 Emmerich–Sonnenschein, § 554 Rdnr. 20. Wenn das materielle Recht jedoch die Möglichkeit einer Heilung der Kündigung in § 554 BGB vorsieht, sollte der Richter sie nicht durch seine prozessuale Termingestaltung vereiteln.

85 Siehe z. B. Strunk, Gefährdetenhilfe 2/1982, S. 7. Zur vertreibenden Wirkung von Sachleistungen siehe Roscher, Gefährdetenhilfe 2/1983, S. 12. Siehe demgegenüber VGH Baden-Württemberg, Urteil vom 3. Oktober 1984, ESVGH 35, 59, mit dem Leitsatz, es sei nicht Aufgabe des Sozialhilfeträgers, Hilfesuchende durch die Form der Hilfegewährung zur Abwanderung zu veranlassen.

86 Frauen, insbesondere solchen mit Kindern, wird zwar praktisch die Hilfe zur Wohnungsversorgung uneingeschränkter gewährt. Bei alleinstehenden Frauen führen aber abweichende Verhaltensweisen schneller zur Unterbringung in psychiatrischen Einrichtungen als bei Männern.

87 VO vom 9. Juni 1976, BGB, I, 1469.

88 LPK-BSHG-Roscher, § 72 Rdnr. 62.

89 Daß ehemals Wohnungslose eine Wohnung halten können, ist um so wahrscheinlicher, je mehr die Wohnungssuche der Initiative der Hilfesuchenden überlassen wird, siehe Kämper, Gefährdetenhilfe 1985, S. 56.

Stadtvillen an der Rauchstraße in Berlin:
Haus 2 mit 25 steuerbegünstigten Wohnungen (2. Förderungsweg).

Haus 7: 24 Sozialwohnungen mit einer Kaltmiete von 6 DM pro qm (Stand 1987).

Flächenknappheit erzwingt unkonventionelle Lösungen: »Torhäuser« an der Lützowstraße in Berlin.

Selbstbauterrassen auf einem schmalen Grundstückstreifen an der Brandmauer eines Gewerbebetriebs (Berlin, Wilhelmstr.).

Wolfgang Nagel

Unter dem Brennglas des Einigungsprozesses

Wohnungsprobleme im Ballungsraum Berlin

Berlin ist in den wenigen Monaten seit dem 9. November 1989 eine andere Stadt geworden. West-Berlin ist keine Insel mehr, keine Stadt in einer fast vergessenen Randlage. Berlin befindet sich in einer Phase der Entwicklung zu *der* deutschen Metropole, zu einem Ballungsraum von zunächst fünf, später sicher sechs Millionen Einwohnern oder mehr. Diese Stadt benötigt keine Überlebenshilfe mehr zur Sicherung ihrer Funktion als nationales Symbol, sondern eine Entwicklungshilfe, besser noch eine Investition für die Übernahme gesamtdeutscher, gesamteuropäischer Funktionen.

Die Attraktivität der Stadt wächst. Schon jetzt ist sie die größte Industriestadt Deutschlands und gemeinsam mit Ost-Berlin sicher unbestreitbar das deutsche Zentrum für Wissenschaft und Kultur. Die gestiegene Attraktivität der Stadt zeigt sich wohl am deutlichsten darin, daß die großen Wirtschaftsunternehmen nicht mehr nur eine Dependance in Berlin unterhalten, sondern zunehmend auch mit bedeutenden Unternehmensbereichen hierher streben. Eine Entwicklung, die sich in wenigen Monaten vollzogen hat und für die Daimler Benz nur ein spektakuläres Beispiel ist.

Dies sind kurz skizziert die vorhandenen Rahmenbedingungen, die natürlich fundamentale Auswirkungen auf die Bau- und Wohnungspolitik haben. Bereits in den letzten Jahren war Berlin eine von der Einwohnerzahl her gesehen wachsende Stadt. Der Bevölkerungszuwachs durch Zuwanderung hat sich durch die vielen Übersiedler jedoch bereits vervielfacht und wird nach dem Zusammenwachsen beider Teile der Stadt sicher eine neue Dimension erreichen. Dann werden es nicht mehr die Übersiedler aus dem Gebiet der heutigen DDR sein, sondern Berlin wird ein gesamteuropäischer Anziehungspunkt werden.

Ganz neue Perspektiven haben sich also für die Stadt ergeben, aber dafür auch neue sowie zum Teil auch alte Probleme, die sich noch drastisch verstärken. Wohnungen, Finanzen, Verkehr, dies sind einige Bereiche, bei denen der Problemdruck aus unterschiedlichen Gründen am größten ist.

Die Berliner Wohnungssituation heute – eine Bestandsaufnahme

Der Wohnungsmangel belastet von allen Problemfeldern der Politik die Berlinerinnen und Berliner am meisten in ihrer persönlichen Situation. Jeder ist betroffen, entweder direkt als Wohnungssuchender oder als Mitleidender oder Miterlebender der Wohnungssuche von Angehörigen, Freunden und Bekannten. Die Wohnungssituation kann so das allgemeine politische, aber auch menschliche Klima einer Stadt wesentlich beeinflussen.

Berlin hat derzeit einen marktrelevant verfügbaren Wohnungsbestand von rund 1074000 Wohnungen, dem ein Bedarf von rund 1120000 Wohnungen gegenübersteht. 45000 Wohnungen fehlen also schon heute, um den Bedarf befriedigen zu können. Um keine Mißverständnisse aufkommen zu lassen: Dies ist der augenblickliche Bedarf, die Nachfrage nach Wohnungen ist ungleich größer, denn hier fließen natürlich Veränderungswünsche, die Suche nach größeren oder auch kleineren, besser ausgestatteten oder auch schöner gelegenen Wohnungen ein. 105000 Menschen sind allein bei den städtischen Wohnungsunternehmen als Bewerber registriert. Rund 70000 Wohnberechtigungsscheine, die Voraussetzung für den Bezug einer Sozialwohnung, befinden sich im Umlauf, davon etwa zur Hälfte mit Dringlichkeitsstufe. Mehrere zehntausend Haushalte ohne Wohnberechtigungsschein bemühen sich ebenfalls um die Anmietung von Wohnraum. Dies allein sind schon alarmierende Zahlen, hinzu kommt aber noch, daß rund 23000 Menschen in Lagern und Notunterkünften wohnen. Mehrere Tausend Berlinerinnen und Berliner sind obdachlos.

Der derzeitige Nachfragedruck führt natürlich auch zu einem Anstieg der Mieten. So haben, um nur ein Beispiel herauszugreifen, die Erhebungen zum Berliner Altbaumietspiegel eine durchschnittliche Preissteigerung in zwei Jahren von rund 10 % ergeben, bei einzelnen Wohnungsarten sogar bis zu 50%. Diese Preissteigerungen führen zu Verdrängungseffekten und sozialer Segregation. Gerade in Berlin mit seinem überproportional hohen Bevölkerungsanteil einkommenschwacher kleiner Haushalte mit einem durchschnittlichen monatlichen Haushaltsnettoeinkommen um 900 DM ist hier ein besonderer Problemdruck entstanden, auf den verantwortliche Wohnungspolitik reagieren muß.

Das zukünftige, gewünschte und erforderliche Zusammenwachsen der Stadt kann entgegen vieler Äußerungen nicht zu einer Entspannung des Wohnungsmarktes beitragen. Rund 100000 Menschen suchen auch im Ostteil der Stadt eine Wohnung, für die Bezirke Potsdam und Frankfurt (Oder) liegen noch keine Daten vor. Für diese Bezirke ist jedoch anzunehmen, daß dort wegen der bisherigen Konzentration von Baukapazitäten auf Berlin (Ost) die Versorgungssituation der Menschen mit Wohnraum eher noch schlechter ist. Hinzu kommt, daß vermutlich 20 % der Wohnungen dort nach hiesigen Kriterien nicht mehr sanierungsfähig sind. Es ist daher keine Übertreibung, auch für den Großraum Berlin von Wohnungsnot zu sprechen. Die Probleme werden auch nach einer Vereinigung der beiden deutschen Staaten nicht kleiner, sondern eher größer werden.

Was bringt die Zukunft?

Bei dem zu erwartenden erheblichen wirtschaftlichen Aufschwung in der Region Berlin wird es auch bereits kurzfristig zu weiteren erheblichen Zuwanderungsgewinnen für diesen

Raum kommen. Dies wird unabhängig davon geschehen, ob Berlin die Hauptstadt eines vereinigten Deutschland wird oder »nur« das Zentrum einer ganzen Region, das aber dann das größte Ballungszentrum Deutschlands sein wird.

Bezieht man die in vielen Quartieren Ost-Berlins vom Verfall bedrohte Substanz mit ein, die kurzfristig dem Wohnungsmarkt nicht wieder zugeführt werden kann, dann ergibt ein Szenario, daß bereits 1992 rund 250000 Wohnungen in Gesamt-Berlin fehlen werden. Diese »Angebotslücke« wird auch die Mietentwicklung ungünstig beeinflussen, denn natürlich kann so kurzfristig der Wohnungsmarkt nicht entscheidend entlastet werden. Hierzu müßten allein im Großraum Berlin 200000 bis 300000 Wohnungen gebaut werden, das ist die Größenordnung von mehr als einer Jahreswohnungsproduktion der gesamten Bundesrepublik Deutschland. Dem notwendigen Wohnungsbau steht also eine Fülle von Problemen bevor, die kurzfristig nicht zu lösen sind und selbst mittelfristig noch zu größeren Schwierigkeiten führen werden.

Finanzielle Risikofaktoren

Ein bereits erwähntes Hauptproblem ist die Entwicklung der Mieten. Dem kann zum einen durch die Vergrößerung des Wohnungsbestandes entgegengewirkt werden, zum anderen aber auch durch staatliche preisregulierende Maßnahmen. Die Vergrößerung des Wohnungsbestandes kann und muß wesentlich durch Neubau, gleichzeitig aber auch durch Modernisierung und Instandsetzung vorhandenen Wohnraums geschaffen werden, und zwar in Ost wie in West.

Wohnungsneubau erfordert ausreichende Baufläche, aber auch enorme finanzielle Mittel, denn eine öffentliche Förderung ist unumgänglich, um tragbare, sozialverträgliche Mieten zu gewährleisten. Freifinanzierte Wohnungen sind für einen Großteil der Bevölkerung nicht zu bezahlen. Das Flächenproblem ist auch nach einer Vereinigung der beiden Teilstädte noch nicht gelöst. Zwar wird mittelfristig eine deutliche Entlastung der Flächensituation des Westteils der Stadt zu erwarten sein, da die Stadt sich wie andere Ballungszentren auch in ihr Umland ausdehnen wird. Dies bedarf jedoch der vorherigen sorgfältigen Planung, um das zu vermeiden, was andere Ballungszentren uns an negativen Beispielen vorgeführt haben. Für die nächsten zwei bis drei Jahre bedeutet dies, daß wir weiterhin intensiv nach Flächen in der Stadt suchen müssen. Wo viel gebaut werden muß, da steigen aber nicht nur die Baupreise – ein sehr großes Problem in Berlin –, sondern auch die Grundstückspreise. Beides sind finanzielle Risikofaktoren, die einen ganz entscheidenden Einfluß auf den Wohnungsbau der Zukunft haben werden. Hier rächt sich eine wenig überzeugende staatliche Flächenbevorratungspolitik der Vergangenheit, hier treten auch besonders deutlich die negativen Folgen eines auf die Insel Berlin beschränkten Baumarktes in Erscheinung.

Auch die Modernisierung und Instandsetzung von Wohnungen erfordert einen hohen finanziellen Aufwand der öffentlichen Hand. Die Maßnahmen können in Anbetracht der vielfach desolaten Situation des Wohnungsbestandes gerade im Ostteil der Stadt nicht durch privates Kapital gefördert werden; als Mietenpolitiker muß ich aber auch sagen: Sie dürfen es nicht, denn privat finanzierte Modernisierungen ziehen drastische Mietsteigerungen nach sich, die modernisierte Wohnungen für einen Großteil der Menschen unerschwinglich machen. Der in diesem Zusammenhang oft angeführte Hinweis auf das staatliche Wohngeld hilft da, wie jeder Mietfachmann weiß, nicht weiter, denn das Wohngeld ist an Miethöchstgrenzen gebunden und vermag auch ganz generell – wenn überhaupt – nur die allerschlimmsten Härtefälle zu lindern. Staatliche Modernisierungs- und Instandsetzungshilfen bei der Finanzierung sind daher unumgänglich.

Finanzierung eines erweiterten Wohnungsneubaus sowie Finanzierung umfangreicher Modernisierungs- und Instandsetzungsmaßnahmen sind erforderlich in einer Zeit des knappen Geldes. Gerade die Bonner Bestrebungen zur Reduzierung der Berlinhilfen laufen den finanziellen Notwendigkeiten dieser

Stadt völlig zuwider. Berlin ist der Ort, an dem sich die finanziellen Lasten der Teilung, seine Insellage und die finanziellen Notwendigkeiten des Zusammenwachsens zu einem großen Problempaket bündeln. Berlin liegt unter dem Brennglas des Einigungsprozesses; hier prallen die sozialen Unterschiede zwischen Ost und West direkt aufeinander, hier können sich daraus entstehende Spannungen am leichtesten entzünden. Dies gilt auch und gerade bei der Versorgung mit angemessenem, zeitgemäßem Wohnraum, was leider immer noch von vielen nicht gesehen wird.

Zwei Milliarden in einem Jahr

Diese Probleme dürfen aber kein Anlaß zur Resignation sein, sondern fordern zum Handeln auf. Auf allen Feldern der Wohnungspolitik wurden die notwendigen Maßnahmen ergriffen oder, soweit sie nicht allein von Berlin beeinflußbar sind, eingeleitet. Im Bereich der Mieten hat Berlin gemeinsam mit den westdeutschen Städten und Ballungszentren eine Initiative zur Sicherung sozialverträglicher Mieten eingeleitet, um ein tragbares Mietenniveau für breite Schichten der Bevölkerung zu erhalten. Die bestehende Altbaumietenbindung in Berlin muß beibehalten werden; bei den Wohnungen, deren Sozialbindungen auslaufen, muß eine Preisbindung, die einen drastischen Mietanstieg verhindert, eingeführt werden.

Der Wohnungsbau in Berlin wurde bereits ausgeweitet. Das Programm des Senats sieht mindestens 35000 Neubauwohnungen in Berlin in den nächsten vier Jahren vor. Dabei wird der soziale Wohnungsbau einen besonderen Schwerpunkt bilden, denn nur dort sind tragbare Mieten gewährleistet. Zusammen mit der Modernisierungs- und Instandsetzungsförderung ist dies für eine Stadt wie Berlin eine ungeheure finanzpolitische Belastung. Rund 2 Milliarden DM werden allein in diesem Jahr für die Maßnahmen ausgegeben werden müssen. Immer noch nicht genug, wie auch die erwähnten 35000 Wohnungen in West-Berlin nicht genug sind, um die Situation auf dem Wohnungsmarkt entscheidend zu verbessern. 35000 Wohnungen können aber auch 70000 Menschen eine neue Heimat bieten. Das lohnt die Anstrengungen. Die notwendigen Flächen für den Wohnungsbau werden von meiner Verwaltung systematisch erfaßt und durch intensives Projektmanagement einer möglichst schnellen Bebauung zugeführt. Als ganz wichtige Ergänzung für den Wohnungsneubau hat sich in Berlin der Ausbau von Dachgeschossen erwiesen. Hier kann flächensparend ein erheblicher neuer Wohnungsbestand geschaffen werden.

Wir haben in Berlin ein differenziertes Wohnungsbauförderungssystem, das mit seiner Programmstruktur versucht, den vielfältigen Anforderungen des Wohnungsmarktes bei gleichzeitig beschränkten finanziellen Mitteln gerecht zu werden. Kein perfektes System, aber eines, mit dem es uns gelungen ist, innerhalb des letzten Jahres mehr als 8000 öffentlich geförderte Wohnungen neu zu errichten. Die Programmaufteilung zwischen den Bereichen sozialer Wohnungsbau und freifinanzierter Wohnungsbau mit öffentlicher Förderung im sogenannten Dritten Weg sowie das Dachgeschoßsonderprogramm waren die Grundlage für den Erfolg des letzten Jahres. Der soziale Wohnungsbau, der tragfähige Mieten auch für breite Schichten der Bevölkerung sichert, wurde erheblich ausgeweitet. Allerdings holen uns in diesem Bereich jetzt die aufgrund der Förderungssystematik entstandenen Lasten der Vergangenheit ein. Durch das bisherige System der Aufwandssubventionen werden die heutigen und zukünftigen Landeshaushalte erheblichen aus der Vergangenheit stammenden finanziellen Belastungen ausgesetzt. Wir werden aber – aus finanziellen Gründen – schrittweise eine Umstellung hin zu einem Darlehensförderungssystem vornehmen. Neubau kann in dieser Situation nicht allein die Lösung des Problems bringen; die Flankierung durch Maßnahmen im Bestand ist unerläßlich. Dies heißt zum einen, eine bessere Ausnutzung des Wohnungsbestandes zu erzielen, den Wohnungstausch für Menschen in unterbelegten Wohnungen zu erleichtern, gleichzeitig aber auch Zweckentfremdungen von Wohnraum konsequent zu verhindern. So wird in Berlin verfahren.

Drohender Verfall im Ostteil

Die wichtigste unter diesen Maßnahmen ist jedoch der Erhalt und die Erneuerung des Wohnraumbestandes. Im Westteil der Stadt können wir durch unsere behutsame Stadterneuerung auf große Erfolge zurückblicken. Wir müssen und werden diese Politik trotz knapperer Finanzmittel fortsetzen, zumal es hierzu auch keine Alternative gibt. Diese Maßnahmen müssen sich auf den West-, aber auch auf den Ostteil der Stadt erstrekken. Dort droht eine Stadt zu verfallen, was schnelles Handeln erforderlich macht, sicher auch die Entwicklung neuer Strukturen des Management der Erneuerung, vor allem aber viel Geld. Ich habe 25 Millionen DM aus meinem Etat als erste Soforthilfe für die Stadterneuerung in Ost-Berlin zur Verfügung gestellt, was aber nicht mehr als ein Signal sein soll und kann. Gesamt-Berlin muß in Überlegungen eintreten, wie wir unsere Stadt erhalten können. Ein begrenzter finanzieller Rahmen erfordert ein unbegrenztes Maß an Kreativität und an Ideen, um diese große Aufgabe zu bewältigen.

Eine veränderte Zeit benötigt jedoch auch veränderte Leitlinien für die Stadterneuerung. Grundlage für die behutsame Stadterneuerung im Westteil der Stadt ist unser Modernisierungs- und Instandsetzungsprogramm. Es bildet die finanzielle Basis für Erhaltungsmaßnahmen. Hinter dem verwaltungstechnischen Ausdruck »Modernisierungs- und Instandsetzungsrichtlinien« verbergen sich wichtige Grundlagen unserer Erneuerungspolitik. Die gerade erst erfolgte Neufassung umfaßt Änderungen insbesondere im Hinblick auf ökologische Anforderungen. Stadterneuerung ohne Wahrung ökologischer Belange hat keine Zukunft mehr, darf es auch nicht mehr geben, wenn die Stadt als lebenswerter Ort eine Zukunft haben soll.

Natürlich kostet Stadterneuerung Geld. Bei Neubauten ist dies eine Frage der zukünftigen Rentabilität, während bei Altbauten die Antwort nicht so einfach sein kann, da *allein* die pekuniäre Wirtschaftlichkeit kein ausreichender Maßstab für den wahren »Wert« der Erneuerung sein kann. Der Erhalt von

Stadtquartieren, der Erhalt dortiger sozialer und wirtschaftlicher Strukturen ist nicht immer ein Wert im Geldessinne, aber unbestreitbar ein »Lebenswert«, und die lebenswerte Stadt ist unser Ziel. Wir müssen heute jedoch darauf achten, daß nicht allein der Westteil der Stadt lebenswert in diesem Sinne wird, sondern daß auch den Menschen im Ostteil eine derartige Perspektive geboten wird. Das ist nicht allein eine Frage der Finanzierung, sondern ganz wesentlich auch eine Frage der Hilfe zur Selbsthilfe. Wir entwickeln neue Modelle zur Zusammenarbeit und zur Qualifizierung der dortigen Bauwirtschaft – auch dies ist ein Ziel unseres 25 Millionen DM-Hilfsprogramms –, wir wollen aber auch, ähnlich wie es bei uns im Westteil der Stadt bereits praktiziert wird, die Einbeziehung der im Stadtquartier lebenden Menschen in den Erneuerungsprozeß. Ihre Mitwirkung, ihre Mithilfe und ihre Mitverantwortung sind wesentliche Voraussetzungen für einen behutsamen Umgang mit der Stadt und ihren Menschen.

Bauen und Ökologie: Kein unlösbarer Gegensatz

In Berlin muß und wird viel gebaut werden, viele Wohnungen, aber natürlich auch Bauten für die Wirtschaft und für den Verkehr. Eine wachsende Stadt und ihre Bauten stehen immer in einem Spannungsverhältnis zu ihrem natürlichen Umfeld, zu ihrer Ökologie. Wo gebaut wird, sind Eingriffe in das Bestehende, also auch in die Natur, unumgänglich. Weil aber in Berlin viel gebaut werden muß, ist die Wahrung auch der ökologischen Belange unverzichtbar und eine Notwendigkeit, die langfristig das Leben und Überleben einer Stadt und ihrer Menschen sicherstellt. Ein Ballungszentrum wie Berlin kann natürlich nicht von der Idylle leben. Man kann das Wachstum der Stadt, ihre wirtschaftliche Entwicklung nicht einfach negieren, sondern muß sich dieser Herausforderung stellen. Das heißt nicht, daß man damit für ein planloses Zubetonieren der Stadt eintritt. Der Senat von Berlin hat aus diesen Notwendigkeiten heraus sein Programm des ökologischen Stadtumbaus entwikkelt. Dieses Programm hat natürlich auch Auswirkungen auf die Wohnungspolitik und den Wohnungsbau. Die neuen Wohnungsbauförderungsrichtlinien des Senats enthalten ökologische Mindeststandards. Ohne die Einhaltung dieser Standards wird es keine öffentliche Förderung mehr geben.

Ökologie beginnt bei der Verwendung umweltverträglicher Baustoffe, umweltgerechter Ver- und Entsorgungstechniken, umfaßt einen schonenden Umgang mit Freiflächen, mit gewachsenen ökologischen Strukturen und schließt die natürliche Gestaltung des Wohnumfeldes mit ein. Bauen und Umwelt darf nicht als unlösbarer Gegensatz angesehen werden, wenn man die Entwicklung der Stadt nicht behindern will. Bauen und Wahrung der Ökologie schließen einander nicht generell aus, sie müssen vielmehr eine untrennbare Einheit bilden. Auch bei Maßnahmen der Stadterneuerung, der Modernisierung und Instandsetzung von Wohnraum sind in Berlin nach den neuen Modernisierungs- und Instandsetzungsförderungsrichtlinien ökologische Mindeststandards einzuhalten.

Der verständliche Druck zu bauen, insbesondere auch mehr Wohnungen zu bauen, wird in Berlin nicht dazu führen, daß Betonwüsten entstehen. Das unbedachte Zubetonieren der Stadt mit Wohnungen ist ein trügerischer Erfolg, der zwar kurzfristig zu Schlagzeilen über gewaltige Bauerfolge führen kann, sich aber letztendlich gegen diejenigen kehrt, für die gebaut werden soll, gegen die Menschen, die auch in 50 Jahren noch in diesen Bauten leben müssen. Das neu gewonnene Umland gibt Berlin eine noch größere Chance, Bauen und Ökologie miteinander zu verbinden.

Wachstum entlang der Verkehrsadern

Berlin wird auch mittelfristig eine wachsende Stadt bleiben. Wir müssen dafür sorgen, daß die vielen Menschen, die zu uns kommen, auch den notwendigen Wohnraum erhalten. Die erwähnten 35 000 Wohnungen des Senatsprogramms reichen dafür sicher nicht aus. Auch die Wohnungen, die im Ostteil der

Stadt in den nächsten Jahren gebaut werden müssen, werden keine wesentliche Entlastung des Wohnungsmarktes bringen können. Berlin kann und darf sich aber seine Chance, aus seinem Schattendasein hervorzutreten, nicht entgehen lassen. Die Wege aus der Wohnungsnot sind meiner Auffassung nach die Verkehrslinien in das Umland. Berlin wird sich entlang seinen Verkehrsadern ausweiten müssen. Das Nahverkehrsnetz der Stadt mit seinen Verbindungen in das Umland bietet nach der Wiederinbetriebnahme der durch die Teilung zerschnittenen Linien dafür die besten Voraussetzungen. Entlang dieser S-Bahnlinien kann sich die Stadt auch unter Wahrung der Ökologie entwickeln. Das öffentliche Nahverkehrssystem muß die Zubringerfunktion für die Innenstadt übernehmen. Zwischen diesen Besiedlungssträngen muß Raum bleiben für die dort entstandenen ökologischen Strukturen. Nur so kann der Stadt ein ökologisches Umfeld erhalten bleiben. Wir müssen uns aber gleichzeitig davor hüten, die Fläche des Umlandes als unbegrenzte Ressource zu begreifen. Die Stadt darf nicht uferlos wachsen, sie muß auch den Raum in ihrem Inneren nutzen. Um die Zerstörung der vorhandenen natürlichen Umgebung durch Zersiedelung zu vermeiden, ist das verdichtete Bauen in der Stadt notwendig, wenn man – und das ist zwingende Voraussetzung – ökologisch baut, gleichzeitig Grün- und Erholungsflächen erhält und sogar schafft. Das ist nichts Unmögliches, sondern leistbar, und die Pläne hierfür werden bereits entwickelt.

Diese Wege aus der Wohnungsnot können aber nur dann beschritten werden, wenn auch auf Bundesebene die grundsätzliche politische Entscheidung gefällt wird, die Lösung des Wohnungsproblems nicht einem marktwirtschaftlichen »laissez-faire« zu überlassen. Wohnungen sind keine Ware, die in Mangelsituationen den Regularien des Markte überlassen werden kann. Eine Wohnung braucht jeder. Die Not der Menschen ohne Wohnung zu beseitigen bedarf einer entsprechenden staatlichen Grundentscheidung. Länder und Kommunen können Wege aus der Wohnungsnot aufzeigen, die Mittel für die Linderung und Beseitigung dieser Not müssen jedoch als gesamtstaatliche Aufgabe begriffen werden. Wohnungsbau bedarf der staatlichen Förderung. Frei vom Kapitalmarkt finanzierte Wohnungen sind in Ballungsgebieten für den Normalverdiener unbezahlbar. Wer den sozialen Frieden will, muß dies begreifen und entsprechend handeln. Gerade Berlin mit seinem sozialen Gefälle zwischen West und Ost wird ein Brennpunkt dieser sozialen Spannungen werden, wenn wir das Wohnungsproblem nicht lösen.

Grundlagen für den kommunalen Wohnungsbau

Berlin kann aber gleichzeitig zu einem Ort für neue, vielleicht auch nur neu wieder aufzugreifende Ideen werden. In Berlin finden sich alle Arten von Wohnungen, von Wohnungseigentumsformen und von Wohnungsverwaltung. Im Ostteil der Stadt finden wir die staatlich reglementierte Wohnungszuteilung, die wir im Westen nach dem Krieg zur Zeit der Wohnungszwangswirtschaft auch einmal hatten, im Westen die unterschiedlichsten Eigentums- und Verwaltungsformen, aber auch die differenzierten rechtlichen Grundlagen für die Wohnraumvermietung und Preisbildung und für die staatliche Wohnungsbauförderung. In dieser Situation ist es die feste Überzeugung des Senats von Berlin, daß die staatlichen Institutionen sich stärker der Verantwortung für das Wohnungswesen zu stellen haben. Wir beginnen gerade wieder die Grundlagen für einen kommunalen Wohnungsbau zu schaffen und Wohnungen zu bauen, die hinsichtlich Vermietung und Preisbildung direktem kommunalem Einfluß zugänglich sind. Individuen wie auch sozialen Gruppen, die sonst nur geringe Chancen haben, böten sich dann bessere Möglichkeiten auf dem Wohnungsmarkt. Das starre System der kommunalen Wohnungsverwaltungen im Ostteil der Stadt hat sich eindeutig nicht bewährt. Aus dieser Erfahrung heraus den Rückzug des Staates aus der direkten Verantwortung für diesen Bereich zu fordern, wäre sicher ebenso falsch wie die Fortführung dieses überlebten Systems. Alle Eigentums- und Verwaltungsformen können und müssen nebeneinander bestehen und werden es auch. In Ost-

Berlin muß und wird es mehr Raum für private Initiative geben, im Westteil tritt der Senat für eine stärkere wohnungspolitische Verantwortung des Staates, insbesondere auch auf kommunaler Basis, ein. Es gibt nicht *den* Weg aus der Wohnungsnot, es müssen viele Wege aus der Wohnungsnot gesucht und begangen werden.

Prüfstein der gesamtdeutschen Entwicklung

In Berlin kumulieren die Probleme, die auch im Bundesgebiet vorhanden sind, insbesondere aber die Probleme, die sich aus der zukünftigen Einheit Deutschlands ergeben. Berlin beansprucht keine Sonderrechte, es befindet sich lediglich in einer Sondersituation, die es zu beachten gilt. Der deutsche Einigungsprozeß wird in Berlin einen seiner größten Prüfsteine finden. Die Bundesregierung wird im Rahmen ihrer Politik zur deutschen Einheit auch daran zu messen sein, wie sie mit diesen Problemen umgeht. Ohne das Engagement der Bundesregierung wird es zwar Wege aus der Wohnungsnot geben, aber das Ziel wird nicht erreicht werden können. Dies gilt für Berlin, dies gilt aber auch für Gesamt-Deutschland.

Bernd Bartholmai / Manfred Melzer

Wohnungsbau in der DDR

Probleme und Perspektiven

Die Datenlage zum Wohnungsmarkt in der DDR ist immer noch äußerst unzulänglich, trotz der Versprechen, die Informationspolitik zu verbessern. Als Beispiel sei hier auf die Gebäude- und Wohnungszählung von 1981 verwiesen, die bis heute nur in Eckwerten veröffentlicht ist. Es fehlen differenzierte Angaben über Altersstruktur, Baubestand und Ausstattung der Wohngebäude, insbesondere in regionaler Aufschlüsselung. Erst nach und nach werden einige Kennziffern genannt, die den derzeitigen Bestand charakterisieren[1]:

- Das Durchschnittsalter des derzeitigen Bestands von 7,1 Millionen Wohnungen beträgt 58 Jahre.
- Gut 40 Prozent aller Wohnungen stammen aus der Zeit vor 1949, ebenfalls rund 40 Prozent sind Nachkriegsbauten (zum Vergleich: in der Bundesrepublik Deutschland sind mehr als zwei Drittel aller Wohnungen nach 1948 gebauten worden).
- Austattung: rund die Hälfte aller Wohnungen wird noch mit Einzelöfen beheizt, jede fünfte hat weder Bad noch Dusche, bei jeder siebenten liegt die Toilette außerhalb.

Der schlechte bauliche Zustand der Gebäude wurde schon durch die Wohnungszählung von 1971 belegt. Nur ein Fünftel aller Gebäude wurde damals als schadensfrei eingestuft; ein Sechstel galt als stark baufällig. Heute liegt der Anteil wesentlich höher. Erst kürzlich wurde von DDR-Baufachleuten angegeben, daß rund die Hälfte aller Mehrfamilienhäuser schwerwiegende Schäden aufweist oder bereits unbewohnbar ist.

Aus unserer Sicht erscheint diese Quote als unfaßbar. Die Gründe dafür, daß es in der Wohnungspolitik der letzten 20 Jahre zu einem derartigen Herunterwirtschaften der Altbauten kommen konnte, lassen sich nur durch einige Stichworte umreißen.

- Der Neubau wurde forciert – auch unter Kosten- und Produktivitätsgesichtspunkten wurden einseitig die Plattenbauweise begünstigt und zumeist Großwohnanlagen errichtet.
- Die neuen Wohnungen waren bei der Bevölkerung begehrt, weil sie »Vollkomfort« boten (Zentralheizung, Warmwasser) und die Mieten kaum höher waren als im Altbau.
- Zwar flossen auch in den Altbaubestand staatliche Mittel zur Verbesserung der Ausstattung (Modernisierung), aber für die Sanierung wurde fast nichts getan.
- Die niedrigen Mieten waren entscheidend für die Desinvestitionen im Altbestand. Auch im Neubau wurden Schäden, die sich ankündigten, aufgeschoben.
- Auch wenn die regionalen Gebäudeverwaltungen mehr Mittel hätten bereitstellen können, wäre die Instandsetzung wegen fehlender Kapazitäten des Reparaturgewerbes kaum möglich gewesen.
- Angesichts der bei uns zu verzeichnenden Präferenz für Altbauten erscheint es als erstaunlich, daß es in der DDR nicht zu mehr Eigeninitiative kam. Dabei ist zu beachten, daß die Verbesserung von Wohnungen durch Einbau von Ölöfen bzw. Warmwassergeräten – wie sie bei uns auch für Mieter gang und gäbe ist – schon an der Energiebereitstellung scheitert; daneben fehlt es generell an Materialien. Außerdem spielt die Tatsache eine Rolle, daß Einzeleigentum an Wohnungen nicht möglich war.

Angesichts dieser Fakten ist klar, daß die bisherige Wohnungspolitik in eine Sackgasse gelangt ist. Eine grundsätzliche Neuorientierung ist unausweichlich. Zum einen geht es darum, die Rentabilität der Wohnungswirtschaft herzustellen; dies betrifft vor allem die Mietenpolitik und die Schaffung von Möglichkeiten zur Kreditfinanzierung. Zum anderen ist der Nachholbedarf an Sanierungsaufgaben endlich in Angriff zu nehmen, der durch ein Paket von Förderungsmaßnahmen unterstützt werden muß. Absehbar ist, daß die Finanzkraft der DDR – wie auch auf anderen Gebieten der Infrastruktur – nicht ausreichen wird.

Kostendeckung und bisherige Subentionen:
Unsere Berechnungen und Schätzungen von 1987[2] über die bisherigen Staatsausgaben und die staatliche Kreditaufnahme für den Wohnungsneubau sowie die Unterstützung der Wohnungsbewirtschaftung kamen der Realität offenbar recht nahe. Nach dem politischen Umbruch sind erstmals offizielle Fakten über die aufgelaufene Verschuldung bei der Staatsbank und über die Höhe der Subventionen nach Wirtschaftsbereichen bekanntgegeben worden.[3] Demzufolge hat sich die Staatsverschuldung bei der Staatsbank zugunsten des Wohnungsbaus auf 55 Mrd. Mark kumuliert, die laufende Subvention der Mieten macht 8 Mrd. Mark aus.

Eigenmittel von Bürgern und Mitgliedern der Wohnungsbaugenossenschaften spielen nur eine geringe Rolle. Die überwiegende Finanzierung liegt beim Staat. Teils wurden die Mittel direkt aus dem Staatshaushalt gezahlt – Wohnungen werden quasi als »öffentliches Gut« angesehen; teils – und dies zunehmend – wurden Kredite der Staatsbank eingesetzt (im Durchschnitt der letzten Jahre zwei Drittel). Dafür sprechen zwei Gründe: Einerseits die Knappheit von Haushaltsmitteln, die bei langlebigen Investitionsgütern eine Kreditaufnahme als gerechtfertigt erscheinen läßt. Andererseits kann der überwiegende Krediteinsatz prinzipiell auch als Option gedeutet werden, die Kapitalkosten künftig einmal über die Mieten zurückzuholen.

Tatsächlich wurden die Kapitalkosten, die mit den Krediten verbunden sind, durch die Mieten niemals gedeckt. Es sind sogar noch erhebliche Mittel nachgeschoben worden: Im Laufe der Zeit nahmen die Zuschüsse aus dem Staatshaushalt für Zins- und Tilgungsleistungen, Baureparaturen und Modernisierung sowie für allgemeine Bewirtschaftung deutlich zu.

Wie die offiziell genannten Zahlen – 55 Mrd. Mark kumulierter Kredite und 8 Mrd. Mark Mietpreissubventionen – inhaltlich definiert sind, ist nicht ganz klar. Nach unserer Berechnung beläuft sich das kumulierte Kreditvolumen für den Neubau im

Altbausubstanz in katastrophaler Verfassung:
Ost-Berlin, Prenzlauer Berg. Der Sanierungsbedarf ist gigantisch.

Ortskern Potsdam, 1990:
Verfall der Wohnhäuser bis zum totalen Zusammenbruch.

Verstümmelt durch untaugliche Modernisierungsversuche:
Ost-Berliner Häuser aus der Gründerzeit mit Schubladenbalkons.

Fertigstellung 1990:
DDR-Mustersiedlung am Rande Ost-Berlins in Plattenbauweise.

Montage der Fertigbauteile:
Die ersten Defekte treten schon vor dem Bezug auf.

Zeitraum 1971 bis 1985 auf gut 70 Mrd. Mark – vermutlich erklärt sich die Differenz aus Tilgungen bzw. Rückflüssen. Für 1985 hatten wir Zuschüsse aus dem Staatshaushalt für die Bewirtschaftung des Wohnungsbestandes in Höhe von 10,4 Mrd. Mark ermittel, wobei aber die auf Baumaßnahmen (Reparaturen und Modernisierung) entfallenden Teile nicht unbedingt als Mietsubvention anzusprechen sind.

Damit künftig eine Rentabilität der Wohnungswirtschaft erreicht wird, müssen die Mieten gegenüber dem derzeitigen Niveau – im Durchschnitt 1 Mark je qm, bei Spannen von 0,80 Mark (außerhalb der Großstädte) bis 1,30 Mark, ganz selten über 1,80 Mark (in komfortablen Neubauten) – kräftig angehoben werden. Bezieht man sich auf die Daten zum Gesamtbestand im Jahre 1982 und rechnet man zu dem effektiven Mietenaufkommen von 5 Mrd. Mark den nicht abgegoltenen, aber tatsächlich geleisteten Aufwand in Höhe von 9 Mrd. Mark hinzu, so ergibt sich eine durchschnittliche Miete je qm und Monat von 2,80 Mark. So hoch hätte die Miete sein müssen, um die entstandenen Kosten zu decken.

Kostendeckendes Mieteniveau 1982:

Wohnungsbestand	6,6 Mill.
gesamte Wohnfläche in qm	414 Mill.
effektives Mietenaufkommen	5 Mrd. Mark
nicht gedeckter Aufwand	9 Mrd. Mark
Gesamtaufwand	14 Mrd. Mark
Gesamtaufwand monatlich je qm	2,80 Mark

Der für eine Wohnungswirtschaft ohne Substanzverzehr tatsächlich erforderliche Aufwand wäre aber weit höher anzusetzen: veranschlagt man nochmals 9 Mrd. Mark für die unterlassene Substanzerhaltung und Modernisierung, so ergäbe sich die kostendeckende Miete mit 4,60 Mark/qm monatlich. Das ist natürlich nur eine überschlägige Schätzung, die bezüglich der Komponenten »Bestandspflege« noch einige Recherchen erfordert. Gezeigt werden sollte, daß ein Mietenniveau um 4 bis 5 Mark für die DDR eine geeignete Zielgröße sein könnte.[4]

Auf ähnliche Weise läßt sich die Kostenmiete für einen einzelnen Baujahrgang neueren Datums eingrenzen, indem man die Kapitalkosten und die Bewirtschaftungskosten auf die neu geschaffene Wohnfläche bezieht. Dabei ergeben sich sehr viel höhere Kostenmieten als für den Durchschnitt des Gesamtbestands; im Neubau wäre die erforderliche Miete eher mit 8 bis 10 Mark je qm zu veranschlagen, im Spitzenwert könnte die Kostenmiete bei einigen neueren Bauten bereits 15 Mark erreichen. Dabei sind Baukosten von 100000 bis 120000 Mark je Wohnung zugrunde gelegt worden – in Berlin sind sogar schon Baukosten von 190000 genannt worden.[5]

Das Ergebnis derartiger Kalkulationen hängt allerdings stark von der Annahme über den Normalzins ab. Da es in der DDR keinen Kapitalmarkt gibt, kann man sich am »Grundzinssatz für Wirtschaftskredite« orientieren, der mit 5 Prozent festgelegt ist, oder an dem niedrigeren Zinssatz von 4 Prozent, der bei Aufbauhypotheken im Wohnungsbau üblich ist. Jedenfalls kommt man zu einer Größenordnung von 400 bis 500 Mark Kapitalkosten und daneben etwa 250 Mark Bewirtschaftungs- und Instandhaltungskosten, die durch die Monatsmiete gedeckt werden müßten, wenn man die Fiktion eines »freifinanzierten Wohnungsbaus« zugrunde legt.

Ganz so weit wird man in der DDR nicht gehen wollen, allerdings wird bereits über einen »Wohnungsbau ohne soziale Bindung« nachgedacht, bei dem der staatliche Kapitaleinsatz teilweise durch verzinsliche Obligationen ersetzt wird.[6] Das soll sich im Mietzins niederschlagen – dafür sollen aber bei diesen Wohnungen Vergaberichtlinien entfallen. Das Schwergewicht wird weiterhin beim »sozialen, subventionierten Wohnungsbau« liegen, wobei künftig explizit Kostenmieten und, im Zusammenhang damit, der jeweils erforderliche Subventionsanteil berechnet werden sollen. Die so definierte tragbare – für Bewirtschaftungsbetriebe zugleich kostendeckende – Miete soll durch eine Wohngeldregelung ergänzt werden.

Man kann erwarten, daß es in der DDR auf diese Weise zu einer stärkeren Differenzierung der Wohnungsmieten kommen wird – einerseits im Verhältnis von Alt- und Neubauten, andererseits im Hinblick auf die beträchtlichen regionalen Unterschiede beim Wohnungsstandard. Wenn die Preisunterschiede stärker werden, wird die Nachfrage nach Altbauwohnungen bzw. »Wohnungen ohne Komfort« steigen, vorausgesetzt, daß zugleich die Möglichkeiten für eine Modernisierung und Instandsetzung durch Privatinitiative verbessert werden.

Das bisherige Wohnungsbauprogramm:
Die Wirtschaftsführung der DDR hatte 1973 als Antwort auf die mit der Wohnungszählung 1971 aufgedeckten Mängel der Bausubstanz, des Ausstattungsniveaus der Wohnungen und des Versorgungsdefizits ein umfangreiches Wohnungsbauprogramm festgelegt. Es galt als Kernstück der Sozialpolitik – bis 1990 sollte die Wohnungsfrage gelöst sein. Man setzte vor allem auf verstärkten Neubau, im begrenzten Umfang auch auf Modernisierung. Mit einem Finanzrahmen von 200 Mrd. Mark sollten im Zeitraum 1976 bis 1990 insgesamt 2,8 bis 3 Millionen Wohnungen neu gebaut bzw. modernisiert werden,[7] (davon 1,8 Mill. Neubauten). Rückblickend kann man das Programm als einen Ansatz werten, der den Verfall ganzer Altstadtquartiere bewußt in Kauf nahm und auf Neubaukomplexe und großflächigen Ersatzwohnungsbau setzte.

Die tatsächlichen Leistungen zeigen bis 1989 kein ungünstiges Bild: Bei den Modernisierungen wurde ein Jahr vor Ablauf des Planes die Untergrenze des Programms fast erreicht, beim Neubau fehlen noch rund 100000 Wohnungen. Die Bauleistungen verliefen als weitgehend plangerecht.

Mit dem Neubauprogramm und der starken Ausrichtung auf Verbesserungen der rein quantitativen Versorgung wurden die dringenden Probleme der Altbausanierung überdeckt. Der Begriff »Modernisierung« wird in der DDR häufig nur im Sinne einfachster Verbesserungsmaßnahmen verwendet, so daß die statistische Zahl von rund 1 Million einbezogener Wohnungen nicht viel besagt. Gemessen an dem, was bei uns im Altbaubestand geschehen ist, sind die Maßnahmen in der DDR äußerst bescheiden. Selbst in denjenigen Gebäuden, in denen modernisiert wurde, unterblieb häufig die eigentliche Gebäudeinstandsetzung; ganze Altstadtquartiere blieben aber völlig vernachlässigt.

Mit dem Programm gelang es, den Wohnungsbestand auf derzeit 7,1 Millionen Wohnungen anzuheben, das entspricht einer Wohnungsversorgung von rund 430 Wohnungen je 1000 Einwohner und 27 qm Wohnraum je Einwohner (Bundesrepublik 36 qm). Im quantitativen Vergleich zur Bundesrepublik ist die DDR damit keinesfalls ungünstig einzustufen. Allerdings bestehen gravierende Unterschiede in Ausstattung und Wohnqualität. Auch sind die Wohnungen in der Bundesrepublik um 30 Prozent größer (82 qm) als in der DDR (63 qm). Und schließlich ist die Altersstruktur in der DDR ebenfalls weitaus ungünstiger.

Der Forcierung des Neubaus war auch die aus Produktivitätsgründen erfolgte Ausrichtung der Wohnungsbaukombinate auf die Plattenbauweise entgegengekommen. Über 80 Prozent der Neubauten sind als Fertigteilbauten entstanden. Künftig wird gerade hier eine Umstrukturierung stattfinden müssen. Nach dem politischen Umbruch wurde die einseitige Ausrichtung des Programms eingestanden.

Nachholbedarf im Wohnungsbau, künftige Aufgaben:
Die großen Aufgaben liegen künftig bei der städtebaulichen Sanierung, vordringlich geht es darum, Notmaßnahmen einzuleiten, um den Gebäudeverfall aufzuhalten. Ernstzunehmende Schätzungen gehen soweit, daß 20 Prozent des Gebäudebestands gar nicht mehr zu retten sind.

Aus Leipzig wird berichtet, daß von den 110000 Altbauwohnungen in Mehrfamilienhäusern nur noch 40 Prozent als erhaltenswert eingestuft worden sind – für die übrigen 60 Prozent sind die Instandsetzungen schon vor längerer Zeit ausgesetzt worden.[8] 30000 Wohnungen sind bereits »leergezogen«. Im Ost-Berliner Bezirk Prenzlauer Berg sind fast 10 Prozent der 90000 Wohnungen unbewohnbar; in Halle sind es 10000 Wohnungen. Diese Angaben sind keine Ausnahmen, Tatsache ist, daß in fast allen Altstädten der DDR der gleiche Prozeß abgelaufen ist. Schleichender Verfall der Bausubstanz, Initiativen der Mieter oder der Stadtarchitekten blieben unbeachtet, allmählicher Auszug der Wohnparteien, Leerstand, Abriß.

Die zum Teil erschreckenden Fakten und Bilder über den Zustand der Altstädte werden erst jetzt richtig bekannt, seitdem in den Medien ausführlich darüber berichtet wird. Für die Stadtsanierung müssen Programme entwickelt werden, die aller Voraussicht nach weit über das hinausgehen werden, was in der Bundesrepublik seit den 70er Jahren (Einführung des Städtebauförderungsgesetzes) geleistet worden ist.

Auch bei den Neubauten stehen hohe Aufwendungen für Nachbesserungen bevor. Dies gilt zunächst für Betonschäden, Dächer, Installationen etc. Darüber hinaus stellen sich aber auch Aufgaben bei der Wärmedämmung sowie die Energieeinsparung und Schadstoffreduzierung über die Modernisierung bzw. Umstellung der Gebäudeheizung.

Die Sanierung und Verbesserung des Wohnungsbestands muß man in einen engen Zusammenhang mit dem Bemühungen um eine Modernisierung des Energieversorgungssystems der DDR stellen. Bislang fehlen von dieser Seite wesentliche Voraussetzungen: Es geht darum, die Wärmeversorgung neu zu konzipieren: anstelle der bisher vorherrschenden Ofenheizung werden in größerem Umfang Fernwärme, Blockheizkraftwerke sowie konventionelle Öl- und Gasfeuerungen benötigt. Bei den Neubaukomplexen sind zwar komplexe Heizanlagen geschaffen worden, jedoch handelt es sich nicht gerade um moderne Anlagen mit hohem Nutzungsgrad der Primärenergie.

Ein weiterer Punkt, der hier erwähnt werden muß, ist die desolate Situation bei der Abwasser-Entsorgung. Ein großer Teil der Wohngebäude ist noch gar nicht an Abwassernetze angeschlossen. Außerdem werden vielfach Abwässer ohne ausreichende Aufbereitung in die Flüsse geleitet.

Die Wohnungsfrage ist also auch seitens der Infrastruktur nicht gelöst worden. Die künftige Wohnungs- und Städtebaupolitik wird allenthalben auf Hemmnisse stoßen, wenn nicht zugleich hohe Investitionen bei komplementären öffentlichen Aufgabenbereichen getätigt werden.

Änderung der Wohnungspolitik

Absehbar ist, daß die Umstrukturierung und Mobilisierung verfügbarer Finanzierungsmittel der DDR zur Lösung der anstehenden Probleme nicht ausreichen wird. Daneben werden direkte Finanzhilfen der Bundesrepublik ebenso erforderlich sein wie eine Finanzierung durch private Kreditaufnahme der Gebäudeeigentümer, für die bislang noch alle wesentlichen Voraussetzungen fehlen.

Tatsache ist, daß noch immer ein großer Teil der Wohngebäude privaten Eigentümern oder Genossenschaften gehört, auch wenn die Richtung des Eigentumsübergangs bislang zum Staat hin tendierte (häufig waren dies Enteignungen oder freiwillige Schenkungen infolge der Unwirtschaftlichkeit).

Eigentumsverhältnisse am Wohnungsbestand

(in Prozent)	1971	1981
Genossenschaften	10	15
Kommunale Wohnungsverwaltung	28	37
Privateigentum	62	48

Angesichts der Eigentumsstruktur wäre die Frage von großem Interesse, welcher Anteil des staatlichen (kommunal verwalteten) Wohnungsbestandes an Private veräußert werden könnte, welche Kaufpreise in Betracht kommen, inwieweit dadurch Kreditnachfrage ausgelöst wird und dabei auch das Bausparen eine Rolle erhält. In bestimmten Teilen wird es für die DDR auch naheliegen, den Verkauf zugleich mit Sanierungsauflagen zu verbinden: Für derartige Angebote kämen sicherlich auch Wohnungsunternehmen der Bundesrepublik in Betracht. Daneben müßte man schätzen, welche Mittel den Gemeinden durch den Verkauf und durch die künftig entstehenden Mieten zufließen, so daß die Bestandspflege in den Mittelpunkt rücken kann.

Über die Größenordnung des künftigen Sanierungsbedarfs gibt es nur sehr überschlägige Schätzungen. Der SPIEGEL nannte in seiner Februar-Ausgabe mit Bezug auf H. Jürgensen ein Volumen von 200 Mrd. Mark. W. Eichstädt kommt zum gleichen Betrag in DM mit der einfachen Rechnung, daß 2 Millionen Wohnungen bei einem durchschnittlichen Aufwand von 100000 DM saniert werden müßten. Er weist darauf hin, daß Sanierungsmaßnahmen in Großstädten der DDR – trotz niedriger Löhne – unverhältnismäßig teuer seien. Von DDR-Fachleuten werden die Kosten für eine vollständige Rekonstruktion einer Wohnung mit 75000 bis 100000 Mark beziffert. Damit kommen die Kosten vergleichbaren Neubauten jedenfalls sehr nahe.

Wenn die Information richtig ist, daß etwa die Hälfte des Wohnungsbestandes in Mehrfamilienhäusern aufwendig saniert werden muß, könnte das Sanierungspotential von 200 Mrd. Mark durchaus zutreffen; dabei würde es sich vorwiegend um den Bereich städtebaulicher Maßnahmen in zusammenhängenden Gebieten handeln. Hinzu kommt aber ein Volumen großer Instandsetzungen auch bei den übrigen Mehrfamilienhäusern sowie bei den Einfamilienhäusern. Den gesamten Nachholbedarf an Erhaltungs- und Modernisierungsmaßnahmen müßte man also noch viel höher veranschlagen.

Das Problem ist, daß die DDR gerade im Bereich der »Rekonstruktionsarbeiten« wenig produktiv ist und kaum über Material und handwerklich orientierte Baubetriebe mit ausreichender Kapazität verfügt. Deshalb ist es naheliegend, daß ein Teil dieser Bauleistungen von westdeutschen Betrieben und/oder mit importiertem Material erbracht werden muß. Würde der Bedarf nach unseren Leistungspreisen bewertet, so käme man vermutlich auf die gleiche Größenordnung. Das niedrigere Lohnniveau in der DDR kommt im Sanierungsbereich, zumindest auf mittlere Sicht, kaum zum Tragen.

Obwohl die Ziele des Wohnungsbauprogrammes außer Kraft sind, heißt das nicht, daß in der DDR jetzt oder in den nächsten Jahren kein Neubau mehr stattfinden wird. Pläne für Großwohnanlagen können getrost ad acta gelegt werden; es gibt indessen einen anhaltenden Bedarf im Ersatzwohnungsbau, vor allem bei der Schließung von Baulücken im Innenstadtbereich. Der Bewußtseins- und Wertewandel geht allerdings so weit, daß Fertigteilbauten als negative Symbole der alten Politik angesehen werden. Die städtebaulich engangierten Kreise möchten den Wohnungsbau-Kombinaten am liebsten gar keine Aufträge mehr geben.

Die Kritik ist gerechtfertigt, die Kombinate müssen neuorganisiert werden, traditionelle Bauweisen gleichen Rang erhalten. Dennoch führt wohl kein Weg daran vorbei, daß auf mittlere Sicht die Baukapazitäten genutzt werden müssen, die vorhanden sind. Daß es mit den in der DDR vorhandenen Kräften möglich ist, Stadterneuerungen zu realisierren – teils sogar mit Plattenbauweise –, zeigt sich am Beispiel einiger Musterprojekte in Ost-Berlin.[9]

Voraussetzungen in den Bereichen Bauwirtschaft und Wohnungswesen

Die Bauwirtschaft muß umstrukturiert werden. Über Jahrzehnte sind die großen Kombinate mit der Festlegung auf Standardbauweisen begünstigt worden, sowohl bei den Investitionen wie bei den Arbeitskräften (Lohndifferenzierung) und auch bei der Materialversorgung. Private Handwerksbetriebe, deren Zahl zwar zehnmal so hoch ist wie die der Kombinatsbetriebe oder handwerklichen Produktionsgenossenschaften, tragen jedoch zum Wohnungsbauvolumen nur einen geringen Teil bei (ca. 20 Prozent). Teils liegt dies an den fehlenden Aufträgen – private Gebäudeeigentümer und Gemeinden erhalten zu wenig Mittel für Rekonstruktion – teils am Fachkräfte- und Materialmangel.

Hinzu kommt, daß die privaten Baubetriebe ganz erheblich von der steuerlichen Seite her diskriminiert worden sind. Dadurch ergaben sich insbesondere Hemmnisse bei der größenmäßigen Entfaltung dieser Handwerksbetriebe, für die an sich als Gewerke im Rahmen der Bauleistungen ein beträchtliches Nachfragepotential vorhanden war und jetzt erst recht zu erwarten ist.

- Als Beispiel für steuerliche Benachteiligung sei erwähnt, daß die Einkommensteuer im privaten Handwerk bei einem jährlichen Bruttogewinn von 20000 Mark 48 Prozent, bei 60000 Mark bereits 75 Prozent und bei 100000 Mark 90 Prozent beträgt.[10] Hingegen mußten Produktionsgenossenschaften (PGH) im Bereich Reparaturen und Dienste maximal 45 Prozent des Gewinns abführen.
- Als Beispiel für eine Benachteiligung seitens der Löhne können hier Zitate aus einer DDR-Fernsehdiskussion zum Thema »Rettet unsere Altstädte« dienen.[11] »Bauarbeiter in den kreisgeleiteten Baubetrieben stehen fast an 20. Stelle, die normalen Bauarbeiter an 9., was die Staffelung angeht.« ... »Bauarbeiter des VEB Denkmalpflegebetriebs stehen an letzter Stelle in der Lohnpolitik bislang ... Die Spezialisten werden am schlechtesten bezahlt.«

Derartige Diskriminierungen müssen umgehend beseitigt werden. Die Entwicklung und die Neugründung mittelständischer Betriebe ist gerade im Bauhandwerk besonders wichtig. Im Hinblick auf den vorerst noch bestehenden Material- und Gerätemangel und das Know-how mancher Spezialbetriebe der Bundesrepublik wäre es sinnvoll, wenn die DDR Kooperationen und Beteiligungen in diesem Bereich der Baustoffproduktion möglichst unterstützen würde.

Engpässe könnten sich in der DDR auch dadurch ergeben, daß Architekten bislang praktisch nur in den Kombinaten oder Verwaltungen tätig sind. Eine weitere Frage wäre, ob Wohnungsunternehmen oder -verwaltungen die Rolle von Bau- oder Sanierungsträgern bei städtebaulichen Maßnahmen übernehmen können.

Zur Wohnungswirtschaft ist anzumerken, daß bislang eine vertikale Struktur vorgegeben ist, indem große VEB's der Gebäudewirtschaft auf Bezirksebene angesiedelt sind, die eine Leitungsfunktion gegenüber kleineren Betrieben der

Wohnungsverwaltung auf Kreisebene wahrnehmen. Hier sind Entflechtungen erforderlich, um die angekündigte kommunale Selbständigkeit herzustellen.

Anmerkungen

1 Angaben von Minister Baumgärtel anläßlich der Baumesse Constructa (vgl. Frankfurter Rundschau vom 3.2.1990, S. 8).
2 Vgl. Wohnungsbau in beiden deutschen Staaten. In: Vierteljahreshefte zur Wirtschaftforschung des DIW, Heft 4/1986. Ferner: Materialien zum Bericht zur Lage der Nation 1987. Bundestagsdrucksache 11/11.
3 Im November 1989 bezifferte der damalige Finanzminister (Höffner) vor der Volkskammer die Staatsverschuldung mit 130 Mrd. Mark, davon entfielen 55 Mrd. auf Kredite für den Wohnungsbau. – Anfang Februar 1990 beziffert Manfred Domagk (Staatsekretär im Ministerium für Finanzen und Preise) den Wert der gegenwärtigen Preissubventionen auf 66 Mrd. Mark, darunter 8 Mrd. Mark für Wohnungsmieten. Vgl. Handelsblatt vom 6.2.1990.
4 Der stellvertretende Wohnungsbauminister Zimmermann sprach in einem Interview von einer Anhebung der Mieten bis zur Kostendekkung, was im Durchschnitt mehr als eine Vervierfachung ergeben wird. Vgl.: Die Welt, 25.1.1990, S. 4.
5 Vgl. P. Böttcher/R. Liebold: Wie geht's nun weiter mit dem Bauen in Berlin? In: Berliner Zeitung vom 16.1.1990, S. 3.
6 Vgl. K. Freitag (Kommunale Wohnungsverwaltung Berlin): Wie weiter mit den Mieten? In: Berliner Zeitung vom 25.1.1990.
7 Vgl: Wolfgang Junker (Minister für Bauwesen): Das Wohnungsbauprogramm der DDR für die Jahre bis 1990. In: Neues Deutschland vom 4. Oktober 1973, S. 5ff.
8 Vgl. Wulf Eichstädt: Stadterneuerung in der DDR. In: Berliner Bauwirtschaft, Heft 3, 1990, S. 50. Ferner: RIAS-Monitordienst vom 26.12.1989, S. 27.
9 Diesen Hinweis muß man zugleich relativieren: Es ist bekannt, daß die Schaufenster-Projekte der Hauptstadt zu Lasten aller anderen Städte realisiert worden sind – Handwerker und Materialien wurden aus allen Bezirken zusammengetrommelt.
10 Künftig soll der maximale Steuersatz 60 Prozent betragen.
11 Vgl. RIAS-Monitordienst vom 25.1.1990 (zur Sendung am 19.1.1990, TV DDR II), S. 10.

Edith von Welser-Ude/Christian Ude

Aktuelles Lexikon zu Wohnungspolitik und Mietrecht

Verwendete Abkürzungen:

BauGB	=	Baugesetzbuch
BGB	=	Bürgerliches Gesetzbuch
BGH	=	Bundesgerichtshof
BVerfG	=	Bundesverfassungsgericht
BVerwG	=	Bundesverwaltungsgericht
DVBl	=	Zeitschrift »Deutsche Verwaltungsblätter«
NJW	=	Neue Juristische Wochenschrift
WEG	=	Wohnungseigentumsgesetz
WoBauG	=	Wohnungsbaugesetz
WM	=	Zeitschrift »Wohnungswirtschaft und Mietrecht«
WoBindG	=	Wohnungsbindungsgesetz

Abgeschlossenheitsbescheinigung Wenn ein Grundstückseigentümer an seinem bereits bestehenden Haus nachträglich Wohnungseigentum begründen will (→ Umwandlung), benötigt er eine Bestätigung der Bauaufsichtsbehörde, daß die künftigen Eigentumswohnungen »in sich abgeschlossen sind«, wie es § 3 des *Wohnungseigentumsgesetzes (WEG)* verlangt. »Abgeschlossen« sind nach § 5 der »allgemeinen Verwaltungsvorschrift« Wohnungen, »die baulich vollkommen von fremden Wohnungen und Räumen abgeschlossen sind, z. B. durch Wände und Decken, die den Anforderungen der Bauaufsichtsbehörden (Baupolizei) an Wohnungstrennwände und Wohnungstrenndecken entsprechen und einen eigenen abschließbaren Zugang ... haben«. In der Verwaltungspraxis war lange umstritten, ob dabei die Bauvorschriften zum Zeitpunkt der Errichtung des Hauses oder die Normen zum

Zeitpunkt der beantragten Bescheinigung zugrunde zu legen sind. Dies ist 1989 höchstrichterlich entschieden worden: Trennwände und -decken müssen den heute gültigen Normen für Brand-, Wärme- und Schallschutz entsprechen, andernfalls darf die Bescheinigung nicht ausgestellt werden (BVerwG WM 1989, 613). Die Schallschutzanforderungen richten sich nach DIN 4109. Wie das Bundesverfassungsgericht zwischenzeitlich bestätigt hat, wird dadurch in das Eigentumsrecht des Hauseigentümers nicht unzulässig eingegriffen: Aus der Eigentumsgarantie des Grundgesetzes läßt sich nicht die Befugnis herleiten, rechtliche oder tatsächliche Änderungen vorzunehmen, die mit der im Zeitpunkt der Änderung geltenden Rechtslage nicht übereinstimmen. (BVerfG WM 1990, 58).

Da Altbauten häufig den heutigen Bauvorschriften nicht genügen, ermöglicht es diese Rechtsprechung den Bauaufsichtsbehörden, der Umwandlungsspekulation zumindest teilweise einen Riegel vorzuschieben.

Abschreibung für Abnutzung (AfA) ist der steuerrechtliche Fachausdruck dafür, daß ein Bauherr die Anschaffungs- und Herstellungskosten seines Hauses – auf einen Zeitraum von mehreren Jahren verteilt – steuerlich »abschreiben«, das heißt von seinem steuerpflichtigen Einkommen abziehen kann. Für Mietwohnhaus-Neubauten, die nach dem 28.2.1989 gekauft wurden oder für die erst nach diesem Zeitpunkt der Bauauftrag gestellt wurde, beträgt die Abschreibungsfrist nur noch 40 (statt vorher 50) Jahre. Die Abschreibungen betragen in den ersten vier Jahren jeweils 7 Prozent, dann sechs Jahre 5 Prozent, anschließend sechs Jahre lang je 2 Prozent und schließlich 24 Jahre lang je 1,25 Prozent.

Die Abschreibungsfrist für gewerbliche Immobilien ist mit 25 Jahren immer noch erheblich kürzer; der Bundesverband freier Wohnungsunternehmer *BFW* hält es deshalb für wahrscheinlich, daß »der Run auf Gewerbeimmobilien unverändert anhält«.

Im neugeschaffenen Dritten →Förderungsweg wurde eine →Sonderabschreibung mit nur zehnjähriger Laufzeit eingeführt.

Für selbstgenutzte Wohnungen gilt die Vorschrift des § 10e des *Einkommensteuergesetzes*, der für die ersten 8 Jahre eine Abschreibung von jährlich 5% vorsieht, höchstens jedoch 15000 DM/Jahr. Die Gesamtkosten sind nur bis zu höchstens 300000 DM berücksichtigungsfähig, in diesem Betrag darf die Hälfte der Grundstückskosten enthalten sein. Für jedes Kind gibt es ein »Baukindergeld«. Es beträgt 600 DM im Jahr und wird in dieser Höhe von der Steuerschuld abgezogen.

Außenbereich Dazu gehört alles, was außerhalb des räumlichen Geltungsbereichs eines →Bebauungsplans und außerhalb der im Zusammenhang bebauten Ortsteile liegt. Zulässig sind hier nur die sog. »privilegierten Vorhaben« wie land- und forstwirtschaftliche Betriebe und »sonstige Vorhaben« wie Einrichtungen des Fernmeldewesens, der öffentlichen Versorgung, Anlagen zur Erforschung, Entwicklung oder Nutzung der Kernenergie zu friedlichen Zwecken oder der Entsorgung radioaktiver Abfälle, sofern ihre Ausführung oder Benutzung öffentliche Belange nicht beeinträchtigt (§ 35 *BauGB*).

Baualtersklasse Von 100 Wohnungen in der Bundesrepublik wurden 10 vor der Jahrhundertwende gebaut, 8 zwischen 1901 und 1918, 12 zwischen 1919 und 1948, 15 zwischen 1949 und 1957, 24 zwischen 1958 und 1968, 20 zwischen 1969 und 1978 und 11 in den Jahren danach. (Quelle: Statistisches Bundesamt)

Bauantrag Der Antrag, mit dem der →Bauherr das →Baugenehmigungsverfahren einleitet.

Baubetreuer ist ein Gewerbetreibender, der in fremdem Namen für fremde Rechnung alle mit der wirtschaftlichen Vorbereitung und Durchführung von Bauvorhaben zusammenhängenden Aufgaben übernimmt, insbesondere Grundstückskauf, Finanzplanung, Behördengänge, Verhandlung mit Darlehensgebern, Architekten und Handwerkern, später auch die Vermietung.

Bauerwartungsland nennt man Grundstücke, auf denen noch kein Baurecht besteht, bei denen aber zu erwarten ist, daß sie demnächst Bauland werden.

Baugebot Im Geltungsbereich eines →Bebauungsplans kann die Gemeinde den Eigentümer verpflichten, innerhalb einer zu bestimmenden Frist sein Grundstück entsprechend den Festsetzungen des Bebauungsplans zu bebauen oder ein vorhandenes Gebäude den Festsetzungen des Bebauungsplans anzupassen. Ist die Durchführung des Vorhabens aus wirtschaftlichen Gründen einem Eigentümer nicht zuzumuten, so hat die Gemeinde von dem Baugebot abzusehen. Der Eigentümer kann von der Gemeinde die Übernahme seines Grundstücks verlangen, wenn er glaubhaft macht, daß ihm die Durchführung des Vorhabens aus wirtschaftlichen Gründen nicht zuzumuten ist (§ 176 *BauGB*).

Der Städtetag und die SPD-Opposition im Bundestag fordern die Einführung eines Baugebots, das auch aus Gründen der Wohnungsversorgung auferlegt werden darf. Dem trug das Wohnungsbauerleichterungsgesetz vom 17. Mai 1990 Rechnung.

Baugenehmigung ist die erforderliche öffentlich-rechtliche Genehmigung für die Errichtung, die (Nutzungs-) Änderung oder den Abbruch baulicher Anlagen. Die Genehmigung ist zu erteilen, wenn dem Vorhaben keine öffentlich-rechtlichen Vorschriften entgegenstehen. Die Einzelheiten sind in den Bauordnungen der Länder geregelt. Die Baugenehmigung kann mit Auflagen verbunden sein, sie kann auch von bestimmten Vorschriften befreien. Wenn nachbarschützende Normen verletzt werden, können Grundstücksnachbarn Widerspruch einlegen und Klage erheben. In der wohnungspolitischen Diskussion wird erörtert, ob die Genehmigungsverfahren nicht vereinfacht und beschleunigt werden können.

Baugesetzbuch Seit dem 1. Juli 1987 gültiges Gesetz, das die Regelungen im *Bundesbaugesetz* und im *Städtebauförderungsgesetz* bei gleichzeitiger Novellierung zusammenfaßt (siehe insbesondere →Bauleitplanung und →Vorkaufsrecht).

Bauherr ist der »am Bau Beteiligte«, der den Entwurfsverfasser (Architekt) sowie den Bauleiter und den Bauunternehmer bestellt.

Bauherrenmodell nennt man Vertragsgestaltungen, die mit Hilfe ineinandergreifender Verträge bei der Errichtung oder Modernisierung von Gebäuden zu Steuerersparnissen führen sollen. Dies geschieht bezüglich der Einkommensteuer dadurch, daß der »Bauherr« nicht als Erwerber, sondern als Hersteller des Gebäudes auftritt. Dies ermöglicht den weitergehenden Abzug von Werbungskosten (die künstlich hochgehalten werden und so Bauvorhaben »im Bauherrenmodell« erheblich überteuert haben). Die wirtschaftliche Bedeutung der Bauherrenmodelle war in den siebziger Jahren enorm (über 50% Marktanteil im Neubau), ist seit einigen gesetzlichen Änderungen und verschärften Anforderungen der Finanzverwaltungen aber jetzt nur noch minimal.

Bauleitplanung Man unterscheidet den vorbereitenden (→Flächennutzungsplan) und den verbindlichen Bauleitplan (→Bebauungsplan). Aufgabe der Bauleitplanung ist es, die Nutzung der Grundstücke in einer Gemeinde vorzubereiten und zu leiten, § 1 des *Baugesetzbuchs*. Die Bauleitpläne, die von den Gemeinden aufgestellt werden, sollen eine geordnete städtebauliche Entwicklung und eine sozialgerechte Bodennutzung gewährleisten, eine menschenwürdige Umwelt sichern und die natürlichen Lebensgrundlagen schützen; insbesondere sind die Anforderungen an gesunde Wohn- und Arbeitsverhältnisse zu berücksichtigen und »einseitige Bevölkerungsstrukturen zu vermeiden«. Als weitere Anforderungen nennt § 1 *BauGB* u. a. die sozialen und kulturellen Bedürfnisse, die Gestaltung des Orts- und Landschaftsbildes, die Belange des Denkmal- und des Umweltschutzes und der Wirtschaft. Die öffentlichen und privaten Belange sind »gegeneinander und untereinander gerecht abzuwägen«. Diesem Abwägungsgebot soll u. a. durch die frühzeitige Beteiligung der Bürger an der Planung (§ 3 *BauGB*) Rechnung getragen werden. Das Wohnungsbauerleichterungsgesetz vom 17.5.1990 hat einige Veränderungen zur Beschleunigung des Verfahrens gebracht (Bundesgesetzblatt 1990, 926).

Baumassenzahl →Baunutzungsverordnung.

Baunutzungsverordnung Diese Rechtsverordnung enthält insbesondere Vorschriften, wie die Art und das Maß der baulichen Nutzung sowie die Bauweise in der →Bauleitplanung darzustellen sind.

Bei der Art der baulichen Nutzung werden unterschieden: Kleinsiedlungsgebiete (WS), reine Wohngebiete (WR), allgemeine Wohngebiete (WA), besondere Wohngebiete (WB), Dorfgebiete (MD), Mischgebiete (MI), Kerngebiete (MK), Gewerbegebiete (GE), Industriegebiete (GI) und Sondergebiete (SO).

Das Maß der baulichen Nutzung wird bestimmt durch die Geschoßflächen-, die Grundflächen- und die Baumassenzahl sowie die Zahl der Vollgeschosse und (seit der Neufassung im Januar 1990) die Höhe der baulichen Anlagen.

Die Geschoßflächenzahl (GFZ) gibt an, wieviel qm Geschoßfläche pro qm Grundstücksfläche zulässig sind. Die Grundflächenzahl (GRZ) besagt, welcher Anteil der Grundstücksfläche überbaut werden darf. Die Baumassenzahl legt fest, wieviel cbm Baumasse pro qm Grundstücksfläche zulässig sind.

Bauordnungsrecht umfaßt die Regelung der Baugestaltung und die mit der Bausicherheit zusammenhängenden Anforderungen. Es regelt außerdem das – Baugenehmigungsverfahren und die Ordnung des Bauvorgangs.

Bauplanungsrecht bildet zusammen mit dem →Bauordnungsrecht das öffentliche Baurecht. Kernstück des Bauplanungsrechts ist die →Bauleitplanung, deren Durchsetzung und Ausführung.

Baurechtsausweisung Die Gemeinde kann durch Erlaß eines →Bebauungsplanes auf einem vorher nicht bebaubaren Grundstück Festsetzungen hinsichtlich der künftigen Bebaubarkeit treffen. Diesen Vorgang bezeichnet man als »Baurechtsausweisung« oder »Schaffung neuen Baurechts«. Ebenso kann ein vorhandenes Baurecht durch einen neuen Bebauungsplan verändert werden. Wird es dabei erhöht, spricht man von einer Baurechtsmehrung.

Bauträger ist, wer gewerbsmäßig Bauvorhaben als Bauherr im eigenen Namen für eigene oder fremde Rechnung vorbereiten oder durchführen will und dazu Vermögenswerte von Erwerbern, Mietern, Pächtern etc. verwenden möchte.

Bebauungsplan ist der verbindliche →Bauleitplan einer Gemeinde mit den rechtsverbindlichen Festsetzungen für die städtebauliche Ordnung. Der Bebauungsplan, der aus dem →Flächennutzungsplan zu entwickeln ist, aber auch gleichzeitig aufgestellt werden kann (Parallelverfahren), setzt u. a. fest: Die Art und das Maß der baulichen Nutzung, siehe →Baunutzungsverordnung, die Bauweise, die überbaubaren Grundstücksflächen, die Stellung der baulichen Anlagen, die höchstzulässige Zahl der Wohnungen in Wohngebäuden, die Flächen, die von jeder Bebauung freizuhalten sind, etc. Der Bebauungsplan kann auch festlegen, auf welchen Flächen ausschließlich oder teilweise sozialer Wohnungsbau stattfinden darf. Ein Bebauungsplan ist aufzustellen, sobald und soweit es für die städtebauliche Entwicklung und Ordnung erforderlich ist; er wird als Satzung beschlossen.

Belegungsrecht ist das Recht, den neuen Mieter einer freigewordenen Wohnung zu bestimmen. Die Gemeinden sind auf Belegungsrechte angewiesen, um einkommenschwache Haushalte, die auf dem freien Wohnungsmarkt nicht mithalten können, mit Wohnraum zu versorgen. Deshalb beteiligen sich Kommunen in der Regel nur noch unter der Bedingung, daß ihnen Belegungsrechte eingeräumt werden, an der Finanzierung neuer Sozialwohnungen. In Frankfurt und Bremen haben schon gemeinnützige Wohnungsunternehmen der Stadt Belegungsrechte vertraglich überlassen. Seit der Abschaffung der →Gemeinnützigkeit im Wohnungswesen wollen viele ehemals gemeinnützige Gesellschaften verstärkt gewinnorientiert arbeiten. Die Kommunen versuchen hier, sich Einfluß und Belegungsrechte zu sichern, indem sie Gesellschaftsanteile aufkaufen, die Neubauförderung sowie die Überlassung von Grundstücken von Belegungsrechten auch im Wohnungsbestand abhängig machen oder entsprechende Satzungsbestimmungen in den Gesellschaften durchsetzen. Belegungsrechte bei privaten Vermietern können Kommunen als Gegenleistung verlangen für Prämienzahlungen, Baukostenzuschüsse, Mietausfallgarantien, Sanierungsförderung oder Übernahme der Hausverwaltung. Auf Bedenken stößt dieser Erwerb von Belegungsrechten wegen der großen Mitnahmeeffekte, das heißt: öffentliche Gelder werden »mitgenommen«, obwohl die geförderte Nutzung ohnehin beabsichtigt war. Andererseits können einzelne Versorgungsfälle auf diese Weise unbürokratisch gelöst werden.

Bestandsschutz ist im Baurecht ein Abwehrrecht zugunsten einer bestehenden baulichen Anlage gegen hoheitliche Eingriffe wie z. B. ein Abbruchverlangen. Eine bauliche Anlage kann nur »Bestandsschutz genießen«, wenn sie zu irgendeinem Zeitpunkt dem materiellen Baurecht entsprach.

In der wohnungspolitischen Debatte ist Bestandsschutz – im Gegensatz zu Neubau – ein Sammelbegriff für Maßnahmen, die den Bestand an preiswertem Wohnraum sichern sollen, z. B. das → Zweckentfremdungsverbot oder Maßnahmen gegen die → Umwandlungsspekulation.

Bruchteilseigentum entsteht, wenn eine Sache mehreren Eigentümern gehört. Die Bruchteilsgemeinschaft an Altbauten könnte erheblich an Bedeutung gewinnen, weil die → Umwandlung von Miet- in Eigentumswohnungen durch die jüngste Rechtsprechung zur → Abgeschlossenheitsbescheinigung bei unzureichendem Schall- und Wärmeschutz erschwert bzw. vollständig verhindert wurde. Das »Bruchteilsmodell« sieht vor, daß mehrere Erwerber ein Haus gemeinsam erwerben und dann durch Nutzungsverträge bestimmen, welcher Bruchteilseigentümer über welche Wohnung verfügen kann. Dabei sind Vertragsgestaltungen möglich, die das Bruchteilseigentum dem Wohnungseigentum sehr stark annähern. Die Erwerber hätten sogar den Vorteil, daß sie bei einer Kündigung der bisherigen Mieter wegen → Eigenbedarfs die dreijährige Sperrfrist nicht einhalten müßten, da kein Fall einer → Umwandlung vorliegt. Der große Nachteil des Modells für die Erwerber liegt aber darin, daß alle Bruchteile für die Belastungen des

Grundstücks haften, was nur durch komplizierte Verträge mit den Darlehensgebern eingeschränkt werden kann. Notarielle Vertragsentwürfe sehen eine Beschränkung der Haftung jedes Bruchteilseigentümers auf seine eigene Finanzierung sowie die Gründung einer Treuhandgesellschaft vor, die bei einer drohenden Zwangsversteigerung einen vorvertraglich gesicherten Notkauf durchführen soll.

In den jüngsten Fachkommentaren werden die Notare ermahnt, daß sie die Erwerber auf die Gefahren des Bruchteileigentums hinweisen müssen; Anbieter und Vermittler werden daran erinnert, daß sie bei Verletzung der Aufklärungspflicht haftbar gemacht werden können (*NJW* 1990, 807).

Eigenbedarf ist neben Vertragsverletzungen des Mieters der häufigste Kündigungsgrund bei Mietverhältnissen über Wohnraum. Eigenbedarf liegt vor, wenn der Vermieter die vermietete Wohnung für sich, die zu seinem Hausstand gehörenden Personen oder seine Familienangehörigen (Eltern, Großeltern, Kinder, Geschwister und Verschwägerte) benötigt (§ 564 b II 2 *BGB*). Der Vermieter muß die Person angeben, für die die Wohnung benötigt wird, und außerdem den Sachverhalt nennen, auf den er das Interesse dieser Person an der Wohnung stützt. Das Bundesverfassungsgericht hat im Februar 1989 die Anforderungen an eine Eigenbedarfskündigung deutlich herabgesetzt. Danach ist »die Entscheidung des Eigentümers über seinen Wohnbedarf grundsätzlich zu achten«. Das Kündigungsrecht darf dem Vermieter auch dann nicht versagt werden, wenn »er den Bedarfsgrund willentlich herbeigeführt hat«. Auch wenn dem Eigentümer andere frei gewordene Wohnungen zur Verfügung stehen, ist sein Nutzungswunsch an der gekündigten Wohnung grundsätzlich zu achten, solange er »vernünftige und nachvollziehbare Gründe für diesen Wunsch anführen kann«. Allerdings verdienen vorgeschobene Kündigungen keinen Schutz, der Vermieter darf auch keinen »weit überhöhten Wohnbedarf« geltend machen (*BVerfG NJW*) 1989, 970). Nach dieser Rechtsprechung kann sich ein Mieter gegen eine Eigenbedarfskündigung nur noch dann erfolgreich zur Wehr setzen, wenn er einen Mißbrauch nachweisen oder sich auf die → Sozialklausel des

BGB berufen kann. Im Falle der Umwandlung von Miet- in Eigentumswohnungen kann der Erwerber erst nach Ablauf einer dreijährigen Sperrfrist wegen Eigenbedarfs kündigen, § 564 Abs 2 Satz 2 *BGB*. Nach SPD und Grünen setzte sich auch die CDU/CSU für eine Verlängerung dieser Sperrfrist ein. Mit dem Gesetz vom 20. 7. 1990 wurde die Frist für Gebiete mit Wohnungsmangel auf 5 Jahre verlängert.

Einheimischenmodell Bezeichnung für wohnungspolitische Programme, die ausschließlich oder bevorzugt Ortsansässigen zugute kommen. So werden z. B. häufig gemeindeeigene Grundstücke für Eigenheime oder Eigentumswohnungsanlagen nur oder vorrangig ortsansässigen Bewerbern angeboten. In einem Musterprozeß entschied der Bayerische Verwaltungsgerichtshof, daß schon vor der Aufstellung von Bebauungsplänen Einheimische bevorzugt berücksichtigt werden können. Derartige Verträge seien grundsätzlich zulässig und rechtlich wirksam. Auch bei der Ausübung eines →Belegungsrechts können Einheimische bevorzugt werden. Bei der Vergabe von Sozialwohnungen sind den Einheimischenprogrammen jedoch durch den Gleichbehandlungsgrundsatz des *Grundgesetzes* (Art. 3) enge Grenzen gesetzt. Als zulässig anerkannt ist derzeit nur die Wartefrist von einem Jahr (bzw. drei Jahren bei Nicht-EG-Ausländern) Ortsansässigkeit, bevor der Wohnungsberechtigungsschein beantragt werden kann (siehe →Sozialwohnungsberechtigung).

Einkommensgrenzen im sozialen Wohnungsbau →Sozialwohnungsberechtigung.

Erbbaurecht ist das Recht, auf dem Grundstück eines anderen (der Eigentümer bleibt) ein Bauwerk für bestimmte Zeit zu haben. Dieses Recht muß im Grundbuch eingetragen sein und ist sowohl vererblich als auch veräußerlich. Das Erbbaurecht endet mit Zeitablauf oder mit Vertragsaufhebung. Mit der Beendigung des Erbbaurechts fällt das Eigentum am Bauwerk dem Grundstückseigentümer zu. In der Regel wird ein Erbbauzins vereinbart, der üblicherweise bei 4–5 % des Grundstückswertes pro Jahr liegt. Meistens behalten sich die Eigentümer vertraglich Ansprüche auf Erhöhung des Zinses durch eine Wertsicherungsklausel vor. Die Vergabe von kommunalen Grundstücken im Erbbaurecht galt lange Zeit als vorbildlich, weil sie den Gemeinden langfristig die Verfügbarkeit der eigenen Grundstücke sicherte und für Bezieher kleiner Einkommen attraktiv zu sein schien; in der Praxis hat sich aber oft herausgestellt, daß die laufenden Belastungen auf Dauer im Vergleich zum Grundstückskauf unverhältnismäßig hoch sind.

Erhaltungssatzung Gemeinden können in einem → Bebauungsplan oder durch eine sonstige Satzung Gebiete bezeichnen, in denen der (vollständige oder teilweise) Abbruch, die Änderung (z. B. Umbau oder Erweiterung) oder die Nutzungsänderung (z. B. Umnutzung zur Vergnügungsstätte) einer gemeindlichen Genehmigung bedürfen, § 172 *BauGB*. Solche Erhaltungssatzungen sind zulässig.

- zur Erhaltung der städtebaulichen Eigenart des Gebiets (in diesem Fall unterliegt auch die Errichtung von Gebäuden dem Genehmigungsvorbehalt)
- bei städtebaulichen Umstrukturierungen
- zur Erhaltung der Zusammensetzung der Wohnbevölkerung (sog. Milieuschutz).

Mit Hilfe des wohnungspolitisch bedeutsamen Milieuschutzes kann für die in einem intakten Gebiet wohnenden Menschen der Bestand der Umgebung gesichert und so die Bevölkerungsstruktur in einem bestimmten Ortsteil vor unerwünschten Veränderungen geschützt werden (*BVerfG DVBl* 1987, 465). Die zu schützende Bevölkerungsstruktur braucht keine Besonderheiten im Vergleich zu anderen Wohngebieten aufzuweisen, was einige Landgerichte rechtsirrig annahmen. Anerkannte Anwendungsfälle: Drohende Verdrängung der ansässigen Wohnbevölkerung infolge baulicher Maßnahmen zur Vorbereitung der → Umwandlungsspekulation oder zugunsten von Ferienappartements, drohende Beseitigung alter Gebäude mit preiswertem Wohnraum zugunsten von »Komforthäusern«. Der Erhalt der Zusammensetzung der Wohnbevölkerung muß aus besonderen städtebaulichen Gründen erforderlich sein. Dies ist z. B. der Fall, wenn die kommunale Infrastruktur

(Kindergärten, Schulen, Radwege etc.) oder private Einrichtungen (Gaststätten, Läden des täglichen Bedarfs) auf die bisherige Wohnbevölkerung zugeschnitten sind. Bereits nach dem Beschluß der Gemeinde, eine Erhaltungssatzung aufzustellen, können im betroffenen Gebiet Baugesuche bis zu einem Jahr zurückgestellt werden. Siehe auch → Vorkaufsrecht.

Erschließungskosten Gebühren für den Anschluß eines Grundstücks an das Verkehrs-, Versorgungs- und Entsorgungsnetz einer Gemeinde. Die Kosten der Entwässerungsanlagen und der Versorgungsanlagen für Wasser, Strom, Gas oder Fernwärme vom Hausanschluß bis an das öffentliche Netz sind im Erschließungskostenbeitrag nicht enthalten und müssen gesondert gezahlt werden. Der Erschließungsbeitrag richtet sich entweder nach den tatsächlich entstandenen Kosten oder nach Einheitssätzen. Nach Erteilung einer → Baugenehmigung hat die Gemeinde das Recht, Vorausleistungen auf den Erschließungsbeitrag zu verlangen.

Fehlbelegungsabgabe In Berlin, Bremen, Bremerhaven und in zahlreichen Gemeinden Bayerns und Nordrhein-Westfalens müssen Mieter von Sozialwohnungen Ausgleichszahlungen leisten, wenn sie zu viel verdienen. In Baden-Württemberg wurde die Abgabe ebenfalls beschlossen. Das Bundesverfassungsgericht kam aufgrund einer Klage zu dem Urteil, daß das Gesetz verfassungsgemäß sei, bemängelte aber, daß Fehlbeleger in Gemeinden unter 300000 Einwohnern grundsätzlich keine solche Abgabe leisten müssen. Eine unterschiedliche Handhabung nach Einwohnerzahl der Gemeinde wird es demzufolge nicht mehr geben.

Die Abgabe wird fällig, wenn das Familieneinkommen mehr als 20 Prozent über den Einkommensgrenzen für die → Sozialwohnungsberechtigung liegt. Die Bundesländer können selbst bestimmen, wieviel Fehlbelegungsabgabe ab welcher Einkommenshöhe bezahlt werden muß. So muß in Bayern erst zahlen, wer die Einkommensgrenzen um mehr als 40 % überschreitet.

Die Höhe der Abgabe beträgt zwischen 0,50 DM und 2,– DM pro qm, gestaffelt nach der Höhe des derzeitigen Einkommens. Damit der Mieter für seine Sozialwohnung nicht höhere Beträge zahlen muß, als sie in einer vergleichbaren freifinanzierten Wohnung gezahlt werden müssen, können die Landesregierungen Höchstbeträge bestimmen.

Die Abgabe wird jeweils auf die Dauer von drei Jahren festgesetzt. Danach wird das Einkommen neu überprüft. Mieter, die keine Angaben über ihr Einkommen machen, werden automatisch in die höchste Abgabestufe eingeordnet. Bei Erfüllung bestimmter Voraussetzungen kann der Mieter jedoch auch die Herabsetzung der Fehlbelegungsabgabe beantragen.

Flächennutzungsplan Er stellt als vorbereitender →Bauleitplan für das gesamte Gemeindegebiet die sich aus der beabsichtigten städtebaulichen Entwicklung ergebende Art der Bodennutzung dar (§ 5 *BauGB*). Der Flächennutzungsplan gibt Auskunft darüber, welche Flächen bebaut werden sollen, welche Einrichtungen und Anlagen wie z. B. Schulen und Kirchen vorgesehen sind, welche Flächen für den überörtlichen Verkehr oder für Versorgungsanlagen bestimmt sind, wo Grünflächen wie Parkanlagen und Spielplätze angelegt werden sollen und welche Flächen der Pflege und Entwicklung von Natur und Landschaft vorbehalten bleiben. Aus dem Flächennutzungsplan wird der →Bebauungsplan entwickelt.

Förderungswege In der Wohnungsbauförderung unterscheidet man derzeit drei Förderungswege. Der Bau von Sozialmietwohnungen wird im Ersten Förderungsweg mit öffentlichen Baudarlehen und Aufwendungszuschüssen unterstützt (siehe →Finanzhilfen). Die Förderung kann aber auch von Personen mit entsprechend niedrigen Einkommen zum Bau eines Eigenheims oder einer Eigentumswohnung direkt in Anspruch genommen werden.

Im Ersten Förderungsweg erhalten Personen, die die Einkommensgrenzen des *II. Wohnungsbaugesetzes* (siehe →Sozialwohnungsberechtigung) nicht überschreiten, öffentliche Baudarlehen, befristete Aufwendungszuschüsse und Familienzusatzdarlehen. Bei jungen Ehepaaren, Schwerbehinderten, Aussiedlern und anderen Problemgruppen gelten erhöhte Einkommensgrenzen. Das öffentliche Baudarlehen für eine 70 qm-Wohnung beträgt zur Zeit durchschnittlich 90000 DM. Das zinslose Darlehen muß mit jährlich 1 Prozent getilgt werden, die Verwaltungskosten betragen ½ Prozent pro Jahr. Der Aufwendungszuschuß pro qm Wohnfläche wird zwölf Jahre lang gewährt und verringert sich in diesem Zeitraum alle drei Jahre. Das Familienzusatzdarlehen, das Bauherren und Käufern mit Kindern zinslos gewährt wird, beträgt derzeit

bei einem Kind	2000 DM
bei zwei Kindern	4000 DM
bei drei Kindern	7000 DM
für jedes weitere Kind	5000 DM.

Das Familienzusatzdarlehen ist in den ersten 15 Jahren mit 1 Prozent, danach mit 2 Prozent zu tilgen. Im Ersten Förderungsweg müssen angemessene Eigenleistungen nachgewiesen werden, das sind mindestens 25 Prozent der Gesamtkosten.

Als Zweiten Förderungsweg bezeichnet man das Eigentumsprogramm des Bundes. Auch hier sind Einkommensgrenzen einzuhalten, die allerdings 40 Prozent über den Einkommensgrenzen des öffentlich geförderten Wohnungsbaus (→Sozialwohnungsberechtigung) liegen:

1 Person	30240 DM
2 Personen	44520 DM
3 Personen	55720 DM
4 Personen	66920 DM
5 Personen	78120 DM.

Auch hier erhöhen sich die Einkommensgrenzen für besondere Bevölkerungsgruppen. Im Zweiten Förderungsweg werden sogenannte Aufwendungsdarlehen gewährt, die 15 Jahre lang in abnehmender Höhe ausgezahlt und danach zurückgezahlt (2 Prozent Tilgung) und verzinst (derzeit mit 6 Prozent) werden.

Zu Beginn wird z. B. in München ein Aufwendungsdarlehen von 6,45 DM pro qm und Monat gewährt. Dies ergibt beispielsweise bei einem 2-Personen-Haushalt und 70 qm ein Gesamtdarlehen von 43344 DM, bei einem 3-Personen-Haushalt und 80 qm ein Gesamtdarlehen von 49536 DM.

Der Dritte Förderungsweg wurde erst 1989 eingeführt. Bauherren erhalten für den Neubau, Ausbau oder Umbau von Wohnungen ein Baudarlehen, das für die Dauer der bestimmungsgemäßen

Belegung zins- und tilgungsfrei ist. Danach wird es erlassen, wenn der Verfügungsberechtigte die vertraglichen Vereinbarungen erfüllt hat. In diesem Fall kommt es einem Zuschuß gleich. Die Höhe des Darlehens soll beim Neubau 840 DM pro qm und bei Eigenwohnraum 60000 DM nicht übersteigen. Beim Dachgeschoßausbau beträgt die Förderung höchstens 35000 DM, beim Umbau höchstens 50 Prozent der Baukosten.

Die Wohnungen dürfen nur von Personen mit →Sozialwohnungsberechtigung belegt werden. Der Bauherr muß sich für die Dauer von zehn Jahren verpflichten, die Wohnung nur mit Wohnberechtigten zu belegen, die von der Gemeinde benannt werden, und keine höhere Miete als die bewilligte zu verlangen.

In allen drei Förderungswegen besteht kein Rechtsanspruch auf die Förderung, auch wenn alle Voraussetzungen erfüllt sind.

Gemeinnützig war bis zur Aufhebung der Wohnungsgemeinnützigkeit zum 1. 1. 1990 ein Wohnungsbauunternehmen, wenn es in einem besonderen Genehmigungsverfahren als solches anerkannt worden ist. Gemeinnützige Wohnungsunternehmen mußten keine Körperschaft-, Gewerbe- und Vermögensteuer zahlen, durften auf der anderen Seite aber auch nur den angemessenen Mietzins verlangen, »der zur Deckung der laufenden Aufwendungen nach den Grundsätzen einer ordnungsmäßigen Wirtschaftsführung notwendig ist«. Diese sogenannte »gemeinnützigkeitsrechtliche →Kostenmiete« wurde in enger Anlehung an die Vorschriften für Sozialwohnungen ermittelt und lag insbesondere in Ballungszentren mit hohem Mietniveau erheblich unter der ortsüblichen →Vergleichsmiete. Damit die →Mieterhöhung nach Aufhebung der Gemeinnützigkeit nicht zwangsläufig zu einem 30-Prozent-Sprung führt, haben einige Bundesländer wie z. B. Bayern für diesen besonderen Fall Mieterhöhungen von mehr als 5 Prozent pro Jahr durch Rechtsverordnung für einige Jahre für unzulässig erklärt. Auf Dauer wird das Mietniveau der ehemals gemeinnützigen Wohnungsbauunternehmen aber die Höhe der Mieten im freifinanzierten Wohnungsbau erreichen, wenn nicht freiwillig darauf verzichtet wird. Weitere Vorteile der Gemeinnützigkeit waren für die Mieter, daß die Mietverhältnisse bei vertragstreuem Verhalten des Mieters unkündbar waren und den Gesellschaften keine Gewinne entnommen werden durfen, sodaß kein Interesse an Immobiliengeschäften bestand. Seit der Aufhebung der Gemeinnützigkeit besteht der besondere Kündigungsschutz nicht mehr; außerdem versuchen ehemals gemeinnützige Wohnungsbaugesellschaften ihren Wohnungsbestand gewinnbringend zu veräußern.

Um die schädlichen Folgen der Gesetzesänderung wenigstens teilweise abzufangen, haben einige Städte bei ganz oder überwiegend städtischen Wohnungsbaugesellschaften Satzungsänderungen vorgenommen, mit denen die früher gesetzlichen Beschränkungen der Gemeinnützigkeit jetzt in der Satzung verankert werden; steuerlich wird dies jedoch nicht honoriert.

Genossenschaft → Wohnungsbaugenossenschaft

Geschoßflächenzahl → Baunutzungsverordnung

Grundflächenzahl → Baunutzungsverordnung

Instandsetzung ist die Behebung von baulichen Mängeln und Schäden, die durch Alterung oder Witterungseinflüsse oder Einwirkungen Dritter entstanden sind. Die Instandsetzung dient lediglich der Herstellung eines gebrauchs- und vertragsgemäßen Zustands der Wohnung oder des Hauses, nicht jedoch der Verbesserung (dann spricht das Gesetz von einer → Modernisierung).

Kappungsgrenze → Mieterhöhung

Kostenmiete Für Sozialwohnungen darf nur die Kostenmiete verlangt werden (§ 8 *WoBindG*). Sie umfaßt die laufenden Aufwendungen für die Wohnung und wird im Rahmen einer Wirtschaftlichkeitsberechnung aufgrund der Kapital- und Bewirtschaftungskosten errechnet. Die erste Wirtschaftlichkeitsberechnung muß von der Bewilligungsstelle geprüft und genehmigt werden. Betriebskosten werden als Umlage erhoben, für die monatliche Vorauszahlungen verlangt werden können. Über die Betriebskosten und den auf den einzelnen Mieter fallenden Umlegungsbetrag ist jährlich abzurechnen.

Kündigungsfristen können vertraglich vereinbart werden, bei Mietverhältnissen über Wohnraum dürfen sie aber nicht kürzer (sondern nur länger) sein als im Gesetz vorgesehen: mindestens drei Monate, bei mehr als fünf Jahren Mietdauer sechs Monate, nach acht Jahren neun Monate und nach mehr als zehn Jahren zwölf Monate (§ 565 *BGB*).

Kündigungsschutz ist ein wesentlicher Bestandteil des sozialen Mietrechts. Da sich der Schutz des Mieters durch die →Sozialklausel als unzureichend erwiesen hatte, wurde das freie Kündigungsrecht des Vermieters seit dem 1.1.1972 durch das *Wohnraumkündigungsschutzgesetz* erheblichen Beschränkungen unterworfen, die zum 1.1.1975 – wiederum von der sozial-liberalen Koalition – als Dauerrecht ins *BGB* übernommen wurden: Nach § 564 b I *BGB* darf der Vermieter nur kündigen, wenn er ein »berechtigtes Interesse« an der Beendigung des Mietverhältnisses hat. Ein solches Interesse wird vom Gesetz ausdrücklich bejaht

- bei erheblichen Vertragsverletzungen des Mieters
- bei →Eigenbedarf des Vermieters
- sowie in Ausnahmefällen, in denen der Vermieter durch die Fortsetzung des Mietverhältnisses »an einer angemessenen wirtschaftlichen Verwertung des Grundstücks gehindert« und dadurch erheblich benachteiligt würde.

Dieser gesetzliche Kündigungsschutz ist mit dem Grundgesetz vereinbar (*BVerfG WM* 1985, 75). Werden Räume sowohl gewerblich als auch zum Wohnen genutzt, gilt der Kündigungsschutz nur, wenn die Wohnnutzung überwiegt (*BGH WM* 1986, 274). Kündigungen zum Zweck der Mieterhöhung sind ausdrücklich unzulässig, § 1 *Miethöhegesetz*. In Fällen der →Umwandlung von Miet- in Eigentumswohnungen kann eine Kündigung wegen →Eigenbedarf erst nach Ablauf einer dreijährigen bzw. fünfjährigen Sperrfrist ausgesprochen werden. Wenn ein Mietverhältnis durch Kündigung beendet worden ist, kommt immer noch eine Berufung des Mieters auf die →Sozialklausel in Betracht.

In Ein- oder Zweifamilienhäusern, in denen der Vermieter selbst wohnt, ist der Kündigungsschutz abweichend geregelt: Hier braucht der Vermieter keinen Kündigungsgrund, dafür verlängern sich aber – zum Ausgleich – die gesetzlichen → Kündigungsfristen um jeweils drei Monate, § 564 b IV *BGB*.

Im Frühjahr 1990 hat die Regierungskoalition im Bundestag weitreichende Einschränkungen des Kündigungsschutzes beschlossen (im sogenannten *Wohnungsbau-Erleichterungsgesetz*). In Ein- und Zweifamilienhäusern, die nach dem 31. Mai 1990 zu Dreifamilienhäusern ausgebaut werden, kann der Vermieter auch ohne gesetzlichen Kündigungsgrund kündigen, wenn er selbst mit im Haus wohnt und der Ausbau vor dem 1. Juni 1995 fertiggestellt wird. Mit dieser Neuregelung sollte ein Anreiz für den Bau von dritten Wohnungen geschaffen werden, die nach altem Recht zur Folge hatten, daß für alle Mieter im Hause der normale gesetzliche Kündigungsschutz gilt. Gelockert wurde auch der Kündigungsschutz in Ferienhäusern und -wohnungen. Sie können jetzt bis Juni 1995 unter Ausschluß von Mieterschutzrechten vermietet werden – nicht einmal die Berufung auf die → Sozialklausel oder die Beantragung einer Räumungsfrist ist in diesen Fällen möglich. Schließlich sind nach dieser gesetzlichen Neuregelung im Gegensatz zur bisherigen Rechtslage auch Teilkündigungen von Keller- und Speicheranteilen zulässig, wenn der Vermieter hier Wohnungen errichten will; diese bis zum 1. 6. 1995 befristete Regelung soll den Dachgeschoßausbau erleichtern.

Der Deutsche Mieterbund hat bezweifelt, daß »der massive Anschlag auf den gesetzlichen Mieterschutz« durch das *Wohnungsbau-Erleichterungsgesetz* tatsächlich zu einer spürbaren Erhöhung der Bautätigkeit führt.

Für gewerbliche Mietverhältnisse besteht seit jeher kein gesetzlicher Kündigungsschutz.

Mietentwicklung Die Mieten für Wohnraum sind in den letzten Jahren in der Bundesrepublik stärker gestiegen als die Kosten der Lebenshaltung. Von 1980 bis 1989 stiegen die Lebenshaltungskosten um 26 Prozent, die Neubaumieten in freifinanzierten Wohnungen aber um 28, die Mieten in Sozialwohnungen sogar um 39 und in Altbauten um 42 Prozent (Quelle: Statistisches Bundesamt). Ein Vergleich der Steigerungsraten zeigt, daß die Mieten erst seit der sogenannten Liberalisierung des Mietrechts (siehe → Mieterhöhungen) schneller steigen als die Kosten der Lebenshaltung:

Jahr	Preisindex Lebenshaltung	Mietindex
	Steigerung gegen Vorjahr in Prozent	
1980	5,5	4,9
1981	6,3	4,5
1982	5,2	5,1
1983	3,3	5,3
1984	2,4	3,9
1985	2,0	3,1
1986	−0,1	1,8
1987	0,2	1,6
1988	1,3	2,1
1989	2,8	3,0

In größeren Städten sind bei der Wiedervermietung von Wohnungen Mietsteigerungen von mehr als 20% zu verzeichnen. In Ballungszentren wie Hamburg oder München liegen die Mietpreise ohnehin mehr als 30 Prozent über den statistisch ausgewiesenen Durchschnittsmieten.

Mieterhöhungen sind in → Sozialwohnungen nur möglich, wenn die → Kostenmiete gestiegen ist. Die Erhöhungserklärung muß schriftlich erfolgen und verständlich darlegen, wie die verlangte Mieterhöhung berechnet worden ist; ihr ist zumindest ein Auszug der → Wirtschaftlichkeitsberechnung beizufügen, dem der Mieter die maßgebenden Ansätze entnehmen kann.

Im freifinanzierten Wohnraum kann nach § 2 *Miethöhegesetz* die Zustimmung zur Mieterhöhung verlangt werden, wenn

- der bisherige Mietzins ein Jahr unverändert war,
- die geforderte Miete nicht über der ortsüblichen → Vergleichsmiete liegt,
- zusätzlich die Kappungsgrenze von maximal 30% Mieterhöhung innerhalb von drei Jahren eingehalten wird (bei der Berechnung des Prozentsatzes bleiben umgelegte Modernisierungskosten und Betriebskostenerhöhungen der letzten drei Jahre außer Betracht).

Der Vermieter muß seine Erhöhungsforderung formwirksam begründen

- durch Nennung von mindestens drei (eindeutig identifizierbaren) Vergleichswohnungen,
- durch Bezugnahme auf den örtlichen → Mietspiegel,
- durch Sachverständigengutachten (selten, da teuer).

Wenn der Mieter dem Verlangen nicht fristgerecht (bis zum Ablauf des übernächsten Monats) zustimmt, kann der Vermieter (in einer Klagefrist von weiteren zwei Monaten) Klage erheben. Im Mieterhöhungsprozeß entscheidet der Richter auf der Grundlage eines vom Gericht angeforderten Sachverständigengutachtens, welche Miete »ortsüblich« im Sinne von § 2 *Miethöhegesetz* ist.

Die Kappungsgrenze von 30% Mieterhöhung in drei Jahren wird in Städten mit hohem Mietniveau häufig voll ausgeschöpft. Bei niedriger Ausgangsmiete (preiswerter Altbau, ehemalige Sozialwohnung) kann der 30%-Sprung mit jeweils dreijährigem Abstand sogar mehrmals hintereinander erfolgen, bis die (ebenfalls ständig steigende) ortsübliche → Vergleichsmiete erreicht wird. Der deutsche Mieterbund fordert deshalb, bei Mieterhöhungen nach § 2 *Miethöhegesetz* die Kappungsgrenze auf 10 bis maximal 15% innerhalb von drei Jahren zu senken, um die Mietentwicklung der Entwicklung der Lebenshaltungskosten und der Einkommen wenigstens wieder anzunähern.

Neben derartigen Erhöhungen gibt es noch Erhöhungen der Betriebskosten (§ 4 *Miethöhegesetz*) sowie die Umlage von Modernisierungskosten auf die Miete (§ 3). Soweit →Modernisierungsmaßnahmen des Vermieters der →Wohnwertverbesserung dienen, können 11% der Kosten auf die Jahresmiete umgelegt werden (Berechnungsbeispiel: Modernisierungsaufwand 10000 DM ergeben eine jährliche Mieterhöhung von 1100 DM = 91,66 DM/Monat). Bei aufwendigen Modernisierungen (Einbau von Bad und Zentralheizung, Aufzug und Schallschutzfenstern führt § 3 *Miethöhegesetz* u. U. zu einer Vervielfachung der Miete und Vertreibung der bisherigen Mieter. Viele Städte versuchen deshalb, durch Erlaß von →Erhaltungssatzungen überzogene Modernisierungsmaßnahmen zu unterbinden.

Mietspiegel ist eine im *Miethöhegesetz* vorgesehene Übersicht über die örtsübliche →Vergleichsmiete in einer Gemeinde; der Mietspiegel kann von der Gemeindeverwaltung oder von den Interessenvertretungen der Vermieter und Mieter gemeinsam erstellt werden. Das Mieterhöhungsverlangen eines Vermieters kann mit dem örtlichen Mietspiegel begründet werden (üblicher ist aber die Begründung mit Angaben über den Mietzins für einzelne vergleichbare Wohnungen). Im Mieterhöhungsprozeß werden Mietspiegel nur ausnahmsweise als Beweismittel herangezogen, in der Regel werden Sachverständige beauftragt, die ortsübliche →Vergleichsmiete für die betroffene Wohnung mit einem eigenen Gutachten zu ermitteln.

Mietwucher liegt vor, wenn der Vermieter die Zwangslage, die Unerfahrenheit, den Mangel an Urteilsvermögen oder eine erhebliche Willensschwäche des Mieters ausgebeutet hat, indem er sich Vermögensvorteile versprechen oder gewähren ließ, die in einem auffälligen Mißverhältnis zu seiner eigenen Leistung stehen. Dies ist für das Zivilrecht in § 138 Abs 2 *BGB* und für das Strafrecht in § 302 a des *Strafgesetzbuches* geregelt.

Ein auffälliges Mißverhältnis von Leistung und Gegenleistung wird von den Gerichten erst bejaht, wenn der Mietzins die ortsübliche Miete zusätzlich etwaiger zulässiger Zuschläge um mehr als 50% übersteigt (*OLG Köln, WM* 1980; 36; *BGH MDR* 1982, 336).

Mietwucher setzt also eine extreme Überschreitung der ortsüb-

Stadt	Baujahr bis 1948			Baujahr nach 1948			Baujahr 1988	
	Wohnwert*			Wohnwert			Wohnwert	
	einfach** DM/qm	mittel*** DM/qm	gut**** DM/qm	einfach DM/qm	mittel DM/qm	gut DM/qm	mittel DM/qm	gut DM/qm
Aachen	5,00	7,00	9,00	–	8,00	10,00	10,00	12,00
Augsburg	5,00	7,00	8,50	6,00	7,50	9,00	9,00	10,00
Baden-Baden	6,00	10,00	15,00	6,00	8,00	15,00	12,00	17,50
Berlin	5,20	6,70	7,50	–	10,00	14,00	12,00	15,00
Bielefeld	3,70	6,00	8,00	–	7,00	8,50	8,50	10,00
Bochum	4,00	6,50	7,00	5,00	7,00	8,50	8,00	10,50
Bonn	6,00	9,00	11,00	8,00	11,00	12,00	12,00	13,00
Bremen	5,00	7,00	8,00	6,00	8,00	9,00	9,00	11,00
Dortmund	4,50	7,00	10,00	4,50	8,00	11,00	9,50	12,00
Düsseldorf	8,00	10,00	12,00	9,00	12,00	14,00	14,00	16,00
Duisburg	4,70	6,80	7,50	–	7,90	8,80	9,00	10,00
Essen	5,00	7,00	9,00	8,00	8,50	10,00	12,00	13,00
Flensburg	5,00	7,00	8,00	6,00	8,00	10,00	12,00	15,00
Frankfurt	6,50	8,50	13,00	7,00	9,00	14,00	10,00	15,00
Gießen	–	7,00	10,00	–	7,00	10,00	9,00	12,00
Hamburg	6,00	8,50	11,00	8,00	10,00	12,50	12,00	15,00
Hamm	3,50	4,90	6,30	4,40	6,00	7,20	7,50	8,80
Hannover	5,50	7,50	9,00	–	7,50	9,00	10.00	12,00
Heidelberg	6,50	8,00	10,00	7,50	9,50	11,50	11,50	13,00
Kaiserslautern	4,00	6,00	8,00	5,00	7,00	9,00	8,00	10,00
Kassel	4,50	6,00	6,50	5,00	6,50	7,50	9,00	12,00
Kiel	5,75	8,20	10,00	6,60	9,00	10,30	10,50	12,80
Köln	5,50	8,00	9,80	6,50	8,80	11,00	12,00	14,00
Konstanz	6,00	8,00	10,00	7,00	9,00	11,00	12,00	14,00
Leverkusen	5,20	7,00	9,00	5,80	7,90	9,50	9,60	11,00
Lingen/Ems	3,50	4,80	7,80	3,70	6,40	7,80	7,50	9,00
Lübeck	6,00	8,50	10,00	–	9,50	11,50	–	–
Lüneburg	5,00	7,00	8,50	6,00	7,00	9,00	9,00	11,00
Mainz	6,00	7,00	10,00	6,00	8,00	11,00	10,00	13,00
Mannheim	5,70	7,00	8,50	6,00	7,00	9,00	9,00	10,50
Mönchengladbach	3,50	4,10	5,50	4,50	6,20	8,20	9,00	10,70
München	8,10	11,40	14,60	9,00	13,00	15,10	15,00	18,00
Münster	5,30	8,50	10,00	5,50	9,00	11,00	10,20	12,00
Neuss	5,70	7,50	10,00	–	7,50	9,00	10,00	12,00
Nürnberg	3,75	6,25	7,50	–	8,00	9,00	10,00	12,00
Oberhausen	4,70	6,00	6,50	5,50	7,00	8,50	10,00	11,00
Offenburg	5,00	6,50	8,00	6,00	8,00	9,00	9,00	10,00
Oldenburg	5,00	6,00	7,00	5,50	7,00	8,00	8,00	10,00
Osnabrück	4,60	5,60	6,00	3,30	6,80	7,30	8,50	10,00
Paderborn	5,50	6,50	7,50	6,00	6,50	10,50	9,00	12,00
Recklinghausen	3,00	3,80	5,00	5,00	5,80	7,50	8,00	9,50
Regensburg	3,50	5,00	5,50	5,80	6,80	7,50	7,80	8,50
Remscheid	4,00	6,50	8,50	4,50	7,50	9,00	8,50	10,50
Saarbrücken	4,00	6,00	7,50	5,00	7,50	9,00	9,50	11,00
Salzgitter	4,00	5,50	–	4,50	5,50	6,50	7,00	8,50
Stuttgart	5,70	7,50	8,70	7,50	8,70	10,50	11,00	14,20
Trier	5,50	6,00	7,00	6,00	7,00	8,00	9,00	10,00
Tübingen	6,80	9,00	12,00	7,50	9,00	13,00	12,00	15,00
Wiesbaden	6,30	8,40	12,60	6,50	8,60	12,50	14,00	16,50
Wilhelmshaven	4,20	5,00	5,50	4,60	5,50	6,00	7,00	8,00
Wolfsburg	6,50	8,00	9,00	7,00	8,00	9,00	9,00	10,50
Würzburg	4,00	5,50	7,00	5,50	6,70	8,20	8,70	10,00
Wuppertal	3,80	6,50	8,30	4,50	7,50	9,00	9,00	11,00

* = Wohnungsgröße 2½ bis 3 Zimmer mit ca. 70 qm Wohnfläche

** = Wohnungen mit WC ohne Bad, ungünstige Wohnlage, etwa Industrievorort

*** = Wohnungen mit Bad und WC, Zentralheizung, Wohnlage mit wenig Grün- und Freiflächen, durchmischt von Laden-, Büro- und Gewerbebauten

**** = Wohnungen mit Bad, Dusche, WC, Zentralheizung, teilweise Fahrstuhl in reinen Wohngebieten am Stadtrand oder in der City, in verkehrsarmen Anliegerstraßen mit Grünflächen

Quelle: Ring Deutscher Makler

lichen Miete und zusätzlich besondere Umstände beim Mieter voraus. Kann Mietwucher nachgewiesen werden, muß der Vermieter den Teil der Miete, der über der ortsüblichen Vergleichsmiete liegt, in vollem Umfang zurückzahlen.

Vom Mietwucher (auch Individualwucher genannt) ist die Mietpreisüberhöhung nach § 5 des *Wirtschaftsstrafgesetzbuches* zu unterscheiden (auch »Sozialwucher«). Mietpreisüberhöhung liegt vor, wenn der Vermieter eine unangemessen hohe Miete fordert, was nach der Rechtsprechung bereits der Fall ist, wenn die geforderte Miete 20 % über der ortsüblichen Vergleichsmiete liegt. Auf die persönlichen Umstände des Mieters kommt es beim sogenannten Sozialwucher nicht an, dafür muß aber ein geringes Angebot an Wohnraum gegeben sein; dies ist anzunehmen, wenn das örtliche Wohnungsangebot die bestehende Nachfrage nicht wenigstens spürbar übersteigt.

Ist eine Mietpreiserhöhung nachgewiesen, so muß der Vermieter denjenigen Teil der Miete, der um mehr als 20 % über der ortsüblichen Vergleichsmiete liegt, dem Mieter erstatten.

Anfang 1983 wurde der Tatbestand der Mietpreisüberhöhung dadurch aufgeweicht, daß nach einer ergänzenden Bestimmung (Satz 3) der Mietzins dann nicht unangemessen hoch ist, wenn er »zur Deckung der laufenden Aufwendungen des Vermieters erforderlich« ist, sofern er nicht in einem auffälligen Mißverhältnis zu dessen Leistung steht. Mit anderen Worten: der Vermieter kann nach dieser Vorschrift die ortsübliche Miete auch um mehr als 20 % überschreiten, ohne daß Mietpreiserhöhung vorliegt, wenn er beispielsweise hohe Zinslasten wegen des Fremdkapitals tragen muß und deshalb zeitweise keinen Gewinn erwirtschaftet.

Obwohl drastische Überschreitungen der ortsüblichen Miete in Städten mit erhöhtem Wohnungsbedarf an der Tagesordnung sind, kommt es nur selten zu einem erfolgreichen Abschluß eines Mietwucherverfahrens. Auch in der Regierungskoalition wird deshalb über die Verschärfung der Vorschriften diskutiert.

Milieuschutz → Erhaltungssatzung

Modernisierung ist die Verbesserung einer Wohnung bei weitgehender Erhaltung des vorhandenen Bauzustands, wobei der Gebrauchswert nachhaltig erhöht wird. Modernisierungen können eine →Mieterhöhung nach §3 des *Miethöhegesetzes* zur Folge haben. Typische Modernisierungsmaßnahmen sind der nachträgliche Einbau einer Zentralheizung oder eines Bades, einer Gegensprechanlage, eines Aufzugs oder von Schallschutzfenstern. Wird hingegen eine defekte Einrichtung durch eine neue ersetzt, liegt keine umlagefähige Wohnwertverbesserung vor, sondern lediglich eine →Instandsetzung, die nicht zu einer Mieterhöhung führen kann.

Die öffentliche Förderung von Modernisierungsmaßnahmen ist seit 1978 im *Gesetz zur Förderung der Modernisierung von Wohnungen und von Maßnahmen zur Einsparung von Heizenergien* geregelt.

Nachwirkungsfrist →Sozialbindung

Sanierung geht über →Instandsetzung und →Modernisierung hinaus und beinhaltet grundlegende Maßnahmen zur Behebung städtebaulicher Mißstände bis hin zum Abbruch baulicher Anlagen und der Neubebauung.

Sanierungsgebiet ist eine Gebiet, das städtebauliche Mißstände aufweist, deren Behebung Sanierungsmaßnahmen erforderlich macht. »Förmlich festgelegte Sanierungsgebiete« können von der Gemeinde durch genehmigungspflichtige Satzung bestimmt werden, wenn die vorhandene Bebauung den Anforderungen an gesunde Wohn- und Arbeitsverhältnisse oder an die Sicherheit der Einwohner und Arbeitnehmer nicht mehr entspricht. Das Sanierungsverfahren war früher im *Städtebauförderungsgesetz* und ist jetzt im →*Baugesetzbuch* geregelt (§136–171 *BauGB*). Es beginnt mit vorbereitenden Untersuchungen, dann folgt die förmliche Festlegung, falls erforderlich ein Bebauungsplan, notwendig ein Sozialplan, schließlich die Durchführung der Sanierung (Beseitigung baulicher Anlagen, Neubebauung und Modernisierung, Ersatzbauten und -anlagen). Vom Zeitpunkt der förmlichen Festlegung an sind Grundstücksgeschäfte genehmigungspflichtig, die Gemeinde hat ein → Vorkaufsrecht.

Sonderabschreibung Alternativ zur Direktförderung im sozialen Wohnungsbau (siehe → Förderungswege) können Steuerpflichtige für den Bau von preis- und belegungsgebundenen Wohnungen eine besonders günstige Abschreibungsregelung in Anspruch nehmen. Die Bindungen entsprechen denen im Dritten Förderungsweg: Die Wohnungen dürfen also zehn Jahre lang nur an Haushalte mit → Sozialwohnungsberechtigung und nur zu einer festgesetzten Höchstmiete vermietet werden. Die Sonderabschreibung gilt für alle Vorhaben, für die der Bauantrag nach dem 28. 2. 1989 gestellt worden ist und die bis zum 31. 12. 1992 fertiggestellt werden. Die Konditionen:
Vom 1. bis 5. Jahr: 10% Abschreibung
Vom 6. bis 10. Jahr: 7%
Vom 11. bis 40. Jahr: 0,5%.

Sozialbindung Die mit öffentlichen Mitteln geförderten Sozialmietwohnungen unterliegen einer Belegungs- und Mietpreisbindung und können deshalb nur an → Sozialwohnungsberechtigte zu einer preisgebundenen Miete (→ Kostenmiete) vermietet werden. Die Bindungen gelten grundsätzlich für die Dauer der Förderung, also bis zur planmäßigen Rückzahlung der öffentlichen Mittel nach einem festgelegten Tilgungsplan. Auch nach vorzeitiger freiwilliger Rückzahlung der öffentlichen Mittel muß der Vermieter im Regelfall noch acht Jahre warten, bis er die Wohnung frei vermieten kann. Im März 1990 hat der Bundestag diese Nachwirkungsfrist für Rückzahlungen nach dem 1. 1. 1990 um zwei auf zehn Jahre ausgedehnt.

Diese verlängerte Nachwirkungszeit gilt künftig generell auch in Gemeinden mit weniger als 200000 Einwohnern, wo sie bisher nur sechs Monate betrug (§ 16 a *WoBindG*).

Sozialklausel des § 5 *BGB* (64 a). Wenn die vertragsgemäße Beendigung eines Mietverhältnisses über Wohnraum für den Mieter oder seine Familie eine ungerechtfertigte Härte darstellen würde, kann der Mieter unter Berufung auf die Sozialklausel des *BGB* der Kündigung widersprechen. Ein Härtefall liegt nach dem ausdrücklichen Gesetzeswortlaut auch dann vor, »wenn angemessener Ersatzwohnraum zu zumutbaren Bedingungen nicht beschafft werden kann«. Weitere wichtige Anwendungsfälle: Hohes Alter, schwere Krankheit, Behinderung, Schwangerschaft, bevorstehendes Examen, Notwendigkeit eines Zwischenumzugs. Kommt zwischen den Vertragsparteien keine Einigung zustande, entscheidet das Gericht im Räumungsprozeß, ob und gegebenenfalls wie lange das Mietverhältnis fortgesetzt wird. Die Sozialklausel hat an Bedeutung gewonnen, seitdem Bundesgerichtshof und Bundesverfassungsgericht in den Jahren 1988/89 die Anforderungen an → Eigenbedarfskündigungen deutlich herabgesetzt haben.

Sozialwohnungsberechtigung Sie richtet sich nach der Höhe des Gesamteinkommens der Familie. Dabei wird das Bruttoeinkommen, vermindert z. B. um Werbungskosten, Unterhaltsleistungen und um einen 10%igen Abschlag bei Lohn- und Einkommensteuerpflichtigen zugrundegelegt. Dabei gelten folgende Grenzen:

1-Personenhaushalt	21600 DM
2-Personenhaushalt	31800 DM
3-Personenhaushalt	39800 DM
4-Personenhaushalt	47800 DM
jede weitere Person	8000 DM

(§ 25 II. WoBauG).

Der Wohnberechtigungsschein, der bei der Gemeinde oder Kreisverwaltung beantragt werden muß, ist ein Jahr lang gültig. Wer erst nach Ablauf dieser Zeit eine Wohnung beziehen will, muß eine neue Bescheinigung beantragen. Änderungen an der Wohnberechtigung des Mieters sind jedoch nach dem Bezug einer Sozialwohnung unerheblich. Der Tausch einer größeren Sozialwohnung gegen eine kleinere ist jedoch erleichtert worden (→ Wohnungstausch). Ausnahmsweise kann der Wohnberechtigungsschein (für die kleinere Sozialwohnung) dann unabhängig vom Gesamteinkommen erteilt werden.

Der Wohnberechtigungsschein schreibt auch vor, wie groß die

gesuchte Wohnung sein darf. Die Zahlen weichen in den einzelnen Bundesländern leicht voneinander ab. Meist gilt jedoch:
1-Personen-Haushalt: 45 qm;
2-Personen-Haushalt: 60 qm oder zwei Räume
3-Personen-Haushalt: 75 qm oder drei Räume
4-Personen-Haushalt: 90 qm oder vier Räume.
Für jeden weiteren zum Haushalt gehörigen Familienangehörigen erhöht sich die Wohnfläche um einen Raum oder 15 qm.

Sozialwohnung →Sozialbindung, →Sozialwohnungsberechtigung, →Förderwege

Subjektförderung ist der Sammelbegriff für wohnungspolitische Förderungsmaßnahmen, die – wie beispielsweise das →Wohngeld – unmittelbar einer Person zugutekommen und nicht der Finanzierung eines Objekts (z. B. sozialer Wohnungsbau) dienen.

Zugunsten der Subjektförderung wird angeführt, daß sie nur einem unverändert berechtigten Personenkreis zufließt, während bei der Objektförderung auch Nicht-Berechtigte in den Genuß öffentlicher Mittel kommen (→Fehlbelegung). Umgekehrt wird die Subjektförderung kritisiert, weil sie keinen neuen Wohnraum schafft und die Durchsetzung höherer Mieten erleichtert.

Teilungserklärung Nach dem →*Wohnungseigentumsgesetz* kann der Eigentümer eines Grundstücks durch eine enstprechende Eintragung ins Grundbuch die Teilung seines Eigentums erklären. Aus der Teilungserklärung geht dann hervor, welche Rechte die einzelnen Mitglieder der Eigentümergemeinschaft an dem Grundstück haben.

Umwandlung von Miet- in Eigentumswohnungen liegt vor, wenn der Eigentümer eines Mietshauses nachträglich an diesem Haus →Wohnungseigentum begründet. Er benötigt hierfür eine →Abgeschlossenheitsbescheinigung der zuständigen Bauaufsichtsbehörde. Sodann kann er dem Grundbuch gegenüber die →Teilungserklärung abgeben, § 8 *Wohnungseigentumsgesetz*. Das

Grundbuchamt legt sodann für jede Eigentumswohnung ein besonderes Grundbuchblatt an, und jede Wohnung kann einzeln veräußert werden. Der Erwerber kann nach Ablauf einer dreijährigen bzw. fünfjährigen Sperrfrist gegebenenfalls wegen →Eigenbedarfs kündigen. Das Kündigungsrisiko vervielfacht sich somit bei der Umwandlung, die deshalb häufig zur Vertreibung der bisherigen Mieter aus der Wohnung und gewohnten Umgebung führt. Sozialwissenschaftlichen Studien zufolge führt die Umwandlung binnen einiger Jahre zur Vertreibung von rund zwei Dritteln der ursprünglichen Bewohner. Der Deutsche Mieterbund fordert deshalb ein →Umwandlungsverbot in Städten mit erhöhtem Wohnungsbedarf.

Umwandlungsverbot § 22 des *Baugesetzbuchs* ermächtigt die Landesregierungen, durch Rechtsverordnung Gemeinden zu bestimmen, in denen die Begründung von Wohnungseigentum nur mit gemeindlicher Genehmigung zulässig und ansonsten verboten ist; dieses Verbot gilt aber nur für Gemeinden, »die überwiegend durch den Fremdenverkehr geprägt sind«, und ausschließlich zur Sicherung dieser Fremdenverkehrsfunktion. Das vom Mieterbund geforderte Umwandlungsverbot würde Städten mit erhöhtem Wohnungsbedarf ebenfalls die gesetzliche Möglichkeit einräumen, die Umwandlung von Miet- in Eigentumswohnungen durch Versagung der erforderlichen Genehmigung zu unterbinden.

Ob § 22 *BauGB* einer verfassungsrechtlichen Überprüfung standhält, ist noch nicht entschieden.

Vergleichsmiete ist die Miete, die in der jeweiligen Gemeinde für nicht-preisgebundenen Wohnraum vergleichbarer Art, Größe, Ausstattung, Beschaffenheit und Lage üblicherweise verlangt wird, § 2 *Miethöhegesetz*. Dabei werden seit der Gesetzesänderung zum 1. 1. 1983 jene Mieten außer acht gelassen, die älter als drei Jahre sind. Bei der Vergleichsmiete zählen also nur noch die durchweg höheren Mieten, die bei Neuabschlüssen oder Mieterhöhungen in den letzten drei Jahren vereinbart wurden. Durch diese »Aktualisierung des Mietbegriffs« wurde die ortsübliche Vergleichsmiete insbesondere in Orten mit starker Wohnungsnachfrage sprunghaft gesteigert (auch →Mieterhöhung).

Verkehrswert Der jederzeit erzielbare Verkaufswert einer Immobilie. Er wird auf der Grundlage des Sachwerts und des Ertragswertes ermittelt. In die Bewertung fließen auch die Lage am Grundstücksmarkt und die örtlichen Gegebenheiten mit ein.

Vorkaufsrecht nennt man das Recht, in einen Kaufvertrag anstelle des Käufers einzutreten. Wird das Vorkaufsrecht ausgeübt, kommt der Kauf unter den Bedingungen zustande, die im Kaufvertrag enthalten waren, § 505 *BGB*. Den Gemeinden steht ein Vorkaufsrecht zu beim Kauf von Grundstücken,
- die laut Bebauungsplan öffentlich genutzt werden sollen,
- die in einem Umlegungsgebiet, einem förmlich festgelegten →Sanierungsgebiet oder im Geltungsbereich einer →Erhaltungssatzung liegen,
- für die durch gemeindliche Satzung ein Vorkaufsrecht begründet wurde.

Durch die Einführung des *Baugesetzbuchs* zum 1.7.1987 hat sich das rechtliche Instrumentarium der Städte in zwei wesentlichen Punkten verschlechtert: Während früher das Vorkaufsrecht schon mit dem Aufstellungsbeschluß entstand, kann es jetzt erst nach dem Satzungsbeschluß ausgeübt werden; während die Gemeinde früher den Preis auf den gutachterlich ermittelten →Verkaufswert herabsetzen konnte, muß sie jetzt den vereinbarten Kaufpreis zahlen, der gerade in Spekulationsfällen (im Hinblick auf die zu erwartenden Spekulationsgewinne) erheblich überhöht sein kann. Das Wohnungsbauerleichterungsgesetz vom 17.5.1990 hat ein preislimitiertes Vorkaufsrecht für Wohnungsbau im →Außenbereich geschaffen.

Wohngeld ist ein staatlicher Zuschuß zu den Wohnkosten, der Bürgern mit niedrigem Einkommen ein angemessenes Wohnen ermöglichen soll. Mieter einer Wohnung oder eines Zimmers erhalten Wohngeld als Mietzuschuß, Eigentümer eines Eigenheims oder einer Eigentumswohnung bekommen es als Lastenzuschuß.

Wer zum Kreis der Berechtigten gehört, hat einen einklagbaren Rechtsanspruch. Das Wohngeld hat Vorrang vor den Leistungen der Sozialhilfe. Es ist bei der Gemeindeverwaltung zu beantragen.

Ob Wohngeld in Anspruch genommen werden kann, hängt von drei Faktoren ab:

1. Der Zahl der haushaltsangehörigen Familienmitglieder.
2. Der Höhe des Familieneinkommens.
3. Der Höhe der zuschußfähigen Miete oder Belastung.

Als Familieneinkommen gilt der Gesamtbetrag der Jahreseinkommen aller zum Haushalt rechnenden Familienmitglieder. Zum Jahreseinkommen gehören also Gehälter und Löhne, Arbeitslosen- und Krankengeld, gesetzliche Renten und Ruhegelder, Witwen- und Waisengelder, Unterhaltszahlungen und Kindergeld. Von diesen Bruttobeträgen sind u. a. Familienfreibeträge sowie Werbungskosten abzuziehen und eine Pauschale, die mindestens sechs und höchstens 30 Prozent beträgt und davon abhängt, ob das jeweilige Familienmitglied Pflichtbeiträge zur gesetzlichen Krankenversicherung bzw. zur gesetzlichen Rentenversicherung bzw. Einkommensteuern zahlt.

Anhand der Zahl der haushaltsangehörigen Familienmitglieder und des berücksichtigungsfähigen Familieneinkommens kann nach der folgenden Tabelle festgestellt werden, ob ein Wohngeldanspruch in Betracht kommt.

Zusätzlich kommt es auf die Höhe der zuschußfähigen Wohnkosten an. Diese sind nicht bundeseinheitlich geregelt, vielmehr werden sechs verschiedene Wohngeldstufen unterschieden. Welcher Wohngeldstufe eine Stadt oder Gemeinde angehört, hängt vom örtlichen Mietniveau ab. Die sechste Wohngeldstufe wurde erst zum 1. 1. 1990 eingeführt. Die zuschußfähigen Wohnkosten lassen sich aus der folgenden Tabelle ablesen, wenn man weiß, zu welcher Wohngeldstufe die eigene Gemeinde gehört.

Wenn die Höhe des Familieneinkommens und die Höhe der zuschußfähigen Miete ermittelt ist, kann aus den Tabellen des Wohngeldgesetzes der konkrete Wohngeldanspruch abgelesen werden. Die Tabellen sind veröffentlicht in der Broschüre »Wohngeld« des Bundesbauministers, 5300 Bonn, die auch in jeder Gemeindeverwaltung erhältlich ist.

Wer kann Wohngeld beanspruchen?

Zahl der zum Haushalt rechnenden Familien-mitglieder	Höchstbetrag des berücksichtigungs-fähigen monatlichen Familieneinkom-mens (nach den Wohngeldtabellen)	Entsprechendes monatliches Brutto-einkommen (ohne Kindergeld) bei einem Verdiener vor einem pauschalen Abzug (siehe Text) von 6%	12,5%	20%	30%
1	DM 1240	1310	1410	1550	1770
2	DM 1760	1870	2010	2200	2510
3	DM 2180	2310	2490	2720	3110
4	DM 2860	3040	3260	3570	4080
5	DM 3260	3460	3720	4070	4650
6	DM 3640	3870	4160	4550	5200
7	DM 4000	4250	4570	5000	5710
8	DM 4320	4590	4930	5400	6170
9	DM 4680	4970	5340	5850	6680
10	DM 5080	5400	5800	6350	7250

1988 erhielten 1650000 Haushalte Wohngeld, durchschnittlich 144 DM monatlich. Die Belastung von Bund und Ländern betrug 1988 rund 3,7 Mrd. DM.

Einige Städte mit besonders hohem Mietniveau hielten die Einführung der sechsten Wohngeldstufe für unzureichend und zahlen deshalb zusätzlich zum staatlichen freiwillig ein kommunales Wohngeld (z. B. München).

Wohnung Räumlich und wirtschaftlich getrennte Einheit, in der ein selbständiger Haushalt geführt werden kann (so der Bundesfinanzhof). Eine den sozialen und hygienischen Mindestanforderungen der Gegenwart genügende wohnliche Dauerunterkunft in festem Gebäude von langer Lebensdauer, nicht: Notquartier, Behelfsheim, Wohnbaracke (*DVBl* 54, 340).

Wohnungsbaugenossenschaft Hierbei handelt es sich um einen Verein, der den Zweck hat, den Bau von Wohnungen der beteiligten Genossen (mindestens sieben) zu ermöglichen. Für die Ver-

Höchstbeträge der berücksichtigungsfähigen Mietbelastung

(nach Einführung der VI. Wohngeldstufe 1990)

		für Wohnraum, der bezugsfertig geworden ist								
		bis zum 31. Dezember 1965			ab 1. Januar 1966 bis zum 31. Dezember 1971		ab 1. Januar 1972 bis zum 31. Dezember 1977		ab 1. Januar 1978	
Bei einem Haushalt mit	in Gemeinden mit Mieten der Stufe	ohne Sammelheizung und ohne Bad oder Duschraum	mit Sammelheizung oder mit Bad oder Duschraum	mit Sammelheizung und mit Bad oder Duschraum	sonstiger Wohnraum	Wohnraum mit Sammelheizung und mit Bad oder Duschraum	sonstiger Wohnraum	Wohnraum mit Sammelheizung und mit Bad oder Duschraum	sonstiger Wohnraum	Wohnraum mit Sammelheizung und mit Bad oder Duschraum
		Deutsche Mark								
einem Alleinstehenden	I	180	220	285	245	315	260	335	265	360
	II	190	235	305	265	340	275	355	285	380
	III	205	250	320	280	360	295	380	305	405
	IV	220	265	340	295	380	310	400	320	430
	V	230	280	360	315	405	330	425	340	455
	VI	240	295	380	335	430	350	450	360	480
zwei Familienmitgliedern	I	235	285	365	320	410	330	430	345	460
	II	250	305	390	340	435	355	460	370	495
	III	265	325	415	360	465	380	490	390	525
	IV	280	345	440	385	490	400	520	415	555
	V	295	365	465	405	520	425	550	440	590
	VI	310	385	490	425	550	450	580	465	625
drei Familienmitgliedern	I	280	340	435	380	490	395	515	410	550
	II	295	365	465	405	520	425	550	440	590
	III	315	390	495	430	555	450	585	470	625
	IV	335	410	525	455	585	480	620	495	665
	V	355	435	555	485	620	505	655	525	700
	VI	375	460	585	515	655	530	690	555	735
vier Familienmitgliedern	I	325	395	510	440	565	460	600	480	640
	II	345	425	545	470	605	495	640	510	685
	III	365	450	575	500	645	525	680	545	730
	IV	390	480	610	530	685	555	720	575	775
	V	410	505	645	560	720	590	760	610	815
	VI	430	530	680	590	755	625	800	645	855
fünf Familienmitgliedern	I	370	455	580	500	645	525	680	545	730
	II	395	485	620	535	690	565	730	585	780
	III	420	515	660	570	735	600	775	620	830
	IV	445	545	695	605	780	635	820	655	880
	V	470	575	735	640	820	670	865	695	930
	VI	495	605	775	675	860	705	910	735	980
Mehrbetrag für jedes weitere Familienmitglied	I	45	55	70	60	80	65	85	65	90
	II	50	60	75	65	85	70	90	75	95
	III	50	65	80	70	90	75	95	75	100
	IV	55	65	85	75	95	80	100	80	110
	V	55	70	90	80	100	80	105	85	115
	VI	60	75	95	85	105	85	110	90	120

bindlichkeiten haftet den Gläubigern nur das Vermögen der Genossenschaft. Ihre Firma muß den Zusatz »eingetragene Genossenschaft (eG)« enthalten.

Die Genossenschaft hat drei Organe: die Generalversammlung der Genossen, die die Satzung beschließt und ggf. ändert; den Aufsichtsrat, der die Geschäftsführung kontrolliert, und den Vorstand, der die Aufgaben der Geschäftsführung wahrnimmt. Der Vorstand wird von der Generalversammlung gewählt. Die Mitgliederliste einer Genossenschaft wird in das Genossenschaftsregister des Amtsgerichts eingetragen. Die Mitgliedschaft kann nicht übertragen, wohl aber vererbt werden.

Wohnungsbaugenossenschaften wurden bis vor kurzem steuerlich besonders gefördert, da sie als gemeinnützige Wohnungsbauunternehmen anerkannt waren. Sie entstanden zum großen Teil als Selbsthilfebewegung einkommenschwächerer Schichten, mit dem Ziel, ihnen die Finanzierung des Wohnungsbaus zu erleichtern. 1889 beschloß der Reichstag ein Genossenschaftsgesetz, das in seinen Grundzügen trotz zahlreicher Novellierungen heute noch gilt. In der Bundesrepublik gibt es zur Zeit 1200 Wohnungsbaugenossenschaften. Dies sind zwei Drittel der bis vor kurzem noch gemeinnützigen Wohnungsbauunternehmen.

Wohnungsbauprämie Wer die Einkommensgrenze von 24000 DM (für Ehegatten 48000 DM) nicht überschreitet, erhält für Aufwendungen zur Förderung des Wohnungsbaus (z.B. Beiträge an Bausparkassen) eine Wohnungsbauprämie in Höhe von 14% der im Kalenderjahr geleisteten prämienbegünstigten Aufwendungen. Wer Kinder hat, darf ein höheres Einkommen haben und erhält pro Kind eine um 2 Prozent höhere Prämie.

Wohnungsbindungsgesetz →Sozialbindung

Wohnungseigentum ist das Sondereigentum an Räumen in Verbindung mit Miteigentum am Grundstück. Es berechtigt zur ausschließlichen Nutzung des Sondereigentums (Eigentumswohnung) und zur Mitbenutzung des gemeinschaftlichen Eigentums (z.B. Treppenhaus, Aufzug, Hof, Spiel- und Parkplatz). Geregelt ist dies im *Wohnungseigentumsgesetz (WEG)*. Siehe auch →Abgeschlossenheitsbescheinigung, →Teilungserklärung, →Umwandlung.

Wohnungstausch unter Mietern ist nur möglich, wenn beide Vermieter der Entlassung ihres bisherigen Vertragspartners aus dem Mietverhältnis und dem Eintritt des Tauschpartners in den Mietvertrag zustimmen. Da diese Zustimmung oft von einer Mieterhöhung abhängig gemacht wird, sind Wohnungstauschaktionen bei freifinanziertem Wohnraum selten erfolgreich.

Im sozialen Wohnungsbau kommt als Erschwernis hinzu, daß der Tauschpartner, der in eine andere Sozialwohnung ziehen will, zum Zeitpunkt des Umzugs immer noch →sozialwohnungsberechtigt sein muß. Im März 1990 wurde mit den Stimmen von CDU/CSU, FDP und SPD der Tausch von Sozialwohnungen erleichtert. Danach können Alleinstehende jetzt ihre große Sozialwohnung für eine kinderreiche Familie freimachen, ohne ihren Wohnberechtigungsschein für eine Sozialwohnung zu verlieren (die Überschreitung der Einkommensgrenzen ist in diesem Fall unschädlich).

Wohnwertverbesserung Verbesserungsmaßnahmen des Vermieters braucht der Mieter nur zu dulden, wenn sie für ihn und seine Familie keine unzumutbare Härte bedeuten; die Härte kann auch in der zu erwartenden →Mieterhöhung infolge der Modernisierung liegen, § 541 b *BGB*. Als Verbesserungsmaßnahmen werden nur solche Veränderungen anerkannt, die eine nachhaltige Erhöhung des Gebrauchswerts bringen, z. B. einen besseren Wohnungszuschnitt, bessere Belichtung und Belüftung, besseren Schallschutz, preiswertere Energieversorgung, zusätzliche Beheizung oder Kochmöglichkeiten.

Zeitmietvertrag Seit der Mietrechtsänderung zum 1. 1. 1983 können Zeitmietverträge geschlossen werden, nach deren Ablauf der Mieter keinen Kündigungsschutz mehr hat, keine Verlängerung des Mietverhältnisses nach der →Sozialklausel und auch sonst keine Räumungsfrist mehr beanspruchen kann. Zeitmietverträge können nur geschlossen werden,

- wenn das Mietverhältnis auf höchstens fünf Jahre befristet ist,
- wenn der Vermieter →Eigenbedarf hat oder die Räume grundlegend umbauen will;
- außerdem muß diese Absicht bereits bei Abschluß des Mietvertrages schriftlich mitgeteilt werden und zum Ende der Mietzeit immer noch bestehen.

Zinsen Die für die Baufinanzierung maßgeblichen Hypothekenzinsen sind im Jahr 1989 sprunghaft gestiegen und Anfang 1990 mit über 9% so hoch wie seit Jahren nicht mehr; der Festzinssatz für zehnjährige Hypothekarkredite lag Anfang 1984 bei 9,6%, sank Anfang 1985 aber auf 8,4 und ein Jahr später auf 8,0%. Von 1987 bis 1989 lag er sogar deutlich unter der 8%-Marke. Der sprunghafte Anstieg 1989/90 trifft nicht nur künftige Bauherren, sondern auch alle Immobilieneigentümer, die variable Zinsen vereinbart haben. Der Ring Deutscher Makler befürchtet angesichts der außerordentlich großen Geschwindigkeit des Zinsanstiegs, »daß hohe Preise und enger werdende Finanzierungsspielräume in die Stagnation führen können« (Stellungnahme April 1990).

Zweckentfremdung von Wohnraum liegt vor, wenn eine Wohnung zu anderen als Wohnzwecken genutzt wird, z.B. als Geschäftsraum, Pension, Hotel, Schlafraum oder Bordell. Wohnraum wird auch zweckentfremdet, wenn er leersteht, unbrauchbar gemacht oder abgerissen wird (*BVerfG NJW* 1978, 1018). 1971 hat der Bundestag die Länderregierungen mit Art. 6 des *Gesetzes zur Verbesserung des Mietrechts* ermächtigt, anzuordnen, daß Wohnraum in Gemeinden mit besonders gefährdeter Wohnungsversorgung nur mit behördlicher Genehmigung zweckentfremdet werden darf. Inzwischen haben alle Bundesländer davon Gebrauch gemacht und Zweckentfremdungsverordnungen erlassen. Das Zweckentfremdungsverbot ist mit dem Grundgesetz vereinbar (*BVerfG NJW* 1975, 727).

Vom Zweckentfremdungsverbot werden nur Wohnräume erfaßt, die beim Inkrafttreten des Gesetzes am 1.1.1972 oder zu einem späteren Zeitpunkt als solche genutzt wurden.

Die behördliche Genehmigung ist zu erteilen, »wenn ein erheblich überwiegendes anderweitiges Interesse vorliegt« (z. B. öffentliches Interesse an Schaffung von Sozialeinrichtungen, privates Interesse an bloßer Verlegung der Geschäftsräume im eigenen Haus, drohende Existenzgefährdung des Antragstellers, wenn die Zweckentfremdung nicht genehmigt werden sollte). Ebenso ist die Genehmigung auszusprechen, wenn die betroffenen Räume wegen ihres Zuschnitts oder Zustands oder nachteiliger Umwelteinflüsse nicht mehr zu Wohnzwecken vermietet werden können (*BVerwG NJW* 1983, 640); das gilt aber nicht, wenn der Hauseigentümer den schlechten Zustand selbst schuldhaft herbeigeführt hat, z. B. durch unterlassene Instandhaltung (*OVG Berlin WM* 1983, 172).

Die Genehmigung kann auch mit der Auflage erteilt werden, Ersatzwohnraum zu schaffen und/oder eine Abstandszahlung (ausschließlich für Neubauzwecke) an die Gemeinde zu leisten. Die vorsätzliche ungenehmigte Zweckentfremdung ist eine Ordnungswidrigkeit und kann mit einer Geldbuße bis zu 20000 DM geahndet werden. Angesichts der Gewinnaussichten bei rechtswidriger gewerblicher Vermietung ist diese Bußgeldandrohung viel zu gering, die Forderung des Bundesrates nach einer Erhöhung auf 50000 DM wurde aber im März 1990 von der Regierungskoalition abgelehnt. Als Unzulänglichkeit wird von den Gemeinden gerügt, daß die Behörde eine rechtswidrige Zweckentfremdung nicht mit Verwaltungszwang (wie Zwangsgeld oder Zwangsräumung) beenden kann, wie das Bundesverwaltungsgericht festgestellt hat (*WM* 1980, 151). Die Stadt München hat 1990 erstmals versucht, gegen das Leerstehenlassen von Wohnungen durch Einweisung von Obdachlosen vorzugehen, allerdings auf der Rechtsgrundlage des allgemeinen Ordnungsrechts.

Die Autoren

BERND BARTHOLMAI, geb. 1942 in Bad Hersfeld, ist Referent für Bau- und Wohnungswirtschaft am Deutschen Institut für Wirtschaftsforschung (DIW). Studium der Volkswirtschaft an der Freien Universität Berlin, an der er auch promovierte. Zahlreiche Veröffentlichungen zu wohnungswirtschaftlichen Fragen.

JOSEF DEIMER, geb. 1936 in Landshut, ist seit 1966 in der Politik tätig, zunächst als Abgeordneter und 3. Bürgermeister, seit 1970 als Oberbürgermeister der niederbayerischen Bezirkshauptstadt Landshut; seit 1975 Vorsitzender des Bayerischen Städtetages und seit 1982 Mitglied des Bayerischen Senats. Mitglied der CSU.

PETER DERLEDER, geb. 1940, ist Professor für Bürgerliches Recht an der Universität Bremen. Forschungsschwerpunkte: Wohnungs- und Familienrecht. Zahlreiche Veröffentlichungen zu mietrechtlichen Fragen.

JOACHIM ENSSLIN, geb. 1943 in München, ist seit 1972 Bürgermeister der Münchner Umlandgemeinde Eching. Mitglied der SPD. Studium der Rechte in München und Genf, Promotion in München, Vorsitzender des Rechtsausschusses des Deutschen Städte- und Gemeindebundes.

CHRISTOPH HACKELSBERGER, geb. 1931 in Freiburg/Breisgau, Doktor-Ing., Diplom-Ingenieur, Architekt BDA und Publizist. Seit 1960 als freischaffender Architekt selbständig, vorwiegend im Bereich des sozialen Bauens tätig. Seit Beginn der siebziger Jahre Architekturkritik – zunächst im »Münchner Merkur«, später in der »Süddeutschen Zeitung«. 1980 Kritikerpreis des Bundes Deutscher Architekten, 1983 Förderpreis der Akademie der Künste, Berlin. Zahlreiche Buchveröffentlichungen.

GERHARD JAHN, geb. 1927 in Kassel, Rechtsanwalt, ist seit 1979 Präsident des Deutschen Mieterbundes, gehört dem Deutschen Bundestag seit 1957 an und war von 1969 bis 1974 Bundesminister der Justiz. Mitglied der SPD.

UWE KESSLER, geb. 1938, ist Jurist und Leiter des Amtes für Wohnungswesen in Köln seit 1974. Zahlreiche wohnungspolitische Veröffentlichungen.

MARIA KNAUER, geb. 1950 in München, ist Leiterin des Sozialamtes der Landeshauptstadt München. Von 1980 bis 1988 war sie – nach ihrer juristischen Ausbildung – stellvertretende Leiterin des Münchner Amtes für Wohnungswesen.

MANFRED MELZER, geb. 1934 in Berlin, ist seit 1962 wissenschaftlicher Referent im Deutschen Institut für Wirtschaftsforschung (DIW) und Lehrbeauftragter an der Freien Universität Berlin. Studium der Volkswirtschaft in Berlin und Bristol, England. Buchveröffentlichung: »Wohnungsbau und Wohnungsversorgung in beiden deutschen Staaten – ein Vergleich«, Berlin, 1983.

KURT MÜHLHÄUSER, geb. 1943 in Plochingen am Neckar, ist Verwaltungsdirektor und ehrenamtlich Vorsitzender des Mietervereins München e. V. Promovierter Jurist und Diplom-Kaufmann. Autor der »Münchner Mieterfibel«.

WOLFGANG NAGEL, geb. 1944 in Luedden/Warthe, ist seit März 1989 Senator für Bau- und Wohnungswesen in Berlin. Mitglied der SPD. Studium der Geschichte, Germanistik, Psychologie und Pädagogik an der Freien Universität Berlin und der Universität

München. 1971 bis 1986 wissenschaftlicher Mitarbeiter am Deutschen Institut für Urbanistik.

WOLFGANG JEAN STOCK, geb. 1948, Architektur- und Kunstkritiker in München. Studium der Geschichte. Zahlreiche Veröffentlichungen, u. a.: »Die 20er Jahre des Deutschen Werkbundes«, Gießen 1982.

CHRISTIAN UDE, geb. 1947 in München, ist Rechtsanwalt und seit Mai 1990 Bürgermeister der Landeshauptstadt München. Mitglied der SPD.
Vor dem Jura-Studium Redaktionsmitglied der »Süddeutschen Zeitung«. 1988 Erster Münchner Großstadtpreis »Die Löwenpfote« für seinen Einsatz »gegen die Praktiken von Wohnungsspekulanten und Entmietern«. 1989 Herausgeber des Piper-Bandes »Münchner Perspektiven – wohin treibt die Weltstadt mit Herz?«.

EDITH VON WELSER-UDE, geb. 1939 in Kiel, Bildjournalistin, von 1978 bis 1990 Stadträtin der Landeshauptstadt München, wohnungspolitische Sprecherin der SPD-Stadtratsfraktion und Mitglied des Wohnungs- und Bauausschusses des Bayerischen Städtetags.

ERNST WOLOWICZ, geb. 1953 in Aschau am Inn, ist wissenschaftlicher Mitarbeiter des Direktoriums der Landeshauptstadt München. Studium der politischen Wissenschaft, Soziologie und Kommunikationswissenschaft. Veröffentlichungen: »Linksopposition in der SPD der Weimarer Republik«, Bonn 1983; »Renaissance des Rechtsradikalismus?«, München 1989.

Serie Piper aktuell

Franz Alt
Frieden ist möglich
Die Politik der Bergpredigt. Überarb. Neuausgabe. 124 Seiten. Serie Piper 284

Klaus von Bismarck / Günter Gaus / Alexander Kluge / Ferdinand Sieger
Industrialisierung des Bewußtseins
Eine kritische Auseinandersetzung mit den »neuen« Medien
227 Seiten. Serie Piper 473

Ulf Fink (Hrsg.)
Der neue Generationenvertrag
Die Zukunft der sozialen Dienste
183 Seiten. Serie Piper 919

Anneli Ute Gabanyi
Die unvollendete Revolution
Rumänen zwischen Diktatur und Demokratie
228 Seiten. Serie Piper 1271

Ein ganz normaler Staat?
Perspektiven nach 40 Jahren Bundesrepublik
Herausgegeben von Wilhelm Bleek und Hanns Maull. Mit Beiträgen von Arnulf Baring, Wilhelm Bleek, Karl Martin Bolte, Karl Dietrich Bracher, Hildegard Hamm-Brücher, Wolfram F. Hanrieder, Hartmut Jäckel, Arthur Kaufmann, Hans Maier, Hanns Maull, Peter Pulzer, Johannes Rau, Franciszek Ryszka, Theo Sommer, Kurt Sontheimer, Michael Sontheimer, Rüdiger von Wechmar.
319 Seiten. Serie Piper 1028

Die gespeicherte Sonne
Wasserstoff als Lösung des Energie- und Umweltproblems. Hrsg. von Hermann Scheer. Mit Beiträgen von Wilfrid Bach, Reinhard Dahlberg, Joachim Gretz, Henry Kalb, Konstantin Ledjeff, Harry Muuß, Joachim Nitsch, Rolf Povel, Hermann Scheer, Helmut Tributsch, Werner Vogel und Hartmut Wendt.
301 Seiten mit 52 Abbildungen. Serie Piper 828

Serie Piper aktuell

Serie Piper aktuell

Wolfgang Günter Lerch
Der Golfkrieg
Ereignisse, Gestalten, Hintergründe. 160 Seiten. Serie Piper 956

Hubert Markl
Evolution, Genetik und menschliches Verhalten
Zur Frage wissenschaftlicher Verantwortung
131 Seiten. Serie Piper 623

Hubert Markl
Wissenschaft: Zur Rede gestellt
Über die Verantwortung der Forschung
184 Seiten. Serie Piper 1039

Münchner Perspektiven
Wohin treibt die Weltstadt mit Herz?
Herausgegeben von Christian Ude. Mit einem Nachwort von Georg Kronawitter.
Mit 9 Karikaturen von Hansjörg Langenfass. 239 Seiten. Serie Piper 1230

Reinhard Rode
Die Zeche zahlen wir – Der Niedergang der amerikanischen Wirtschaft
181 Seiten. Serie Piper 920

Christian Schmidt-Häuer
Michail Gorbatschow
Moskau im Aufbruch
Mit einem Essay »Vom Soll und Haben des neuen Mannes: Etappen und Chancen einer Wirtschaftsreform« von Maria Huber.
367 Seiten. Serie Piper 467

Christian Schmidt-Häuer / Maria Huber
Rußlands zweite Revolution
Chancen und Risiken der Reformpolitik Gorbatschows
208 Seiten. Serie Piper 832

Piper 54/11 c

Serie Piper aktuell

Wolfgang Seiffert
Das ganze Deutschland
Perspektiven der Wiedervereinigung. 377 Seiten. Serie Piper 683

Antonio Skármeta
Heimkehr auf Widerruf
Chile im Umbruch?
Politische Reflexionen. 195 Seiten mit 11 Abbildungen, biographischer Notiz und Werkverzeichnis. Serie Piper 1138

Michael Stürmer
Deutsche Fragen oder Die Suche nach der Staatsräson
Historisch-politische Kolumnen. 211 Seiten. Serie Piper 957

Roland Tichy
Ausländer rein!
Warum es kein »Ausländerproblem« gibt
165 Seiten. Serie Piper 908

»Was ist des Deutschen Vaterland?«
Dokumente zur Frage der deutschen Einheit 1800–1990
Hrsg. von Peter Longerich.
285 Seiten. Serie Piper 1269

Michael Wolffsohn
Ewige Schuld?
40 Jahre deutsch-jüdisch-israelische Beziehungen
187 Seiten. Serie Piper 985